高校思想政治教育
理论与实践研究

（2019）

陈建成　朱晓艳　主编

光明日报出版社

图书在版编目（CIP）数据

高校思想政治教育理论与实践研究.2019 / 陈建成，
朱晓艳主编. -- 北京：光明日报出版社，2020.5（2022.4 重印）
ISBN 978 - 7 - 5194 - 5699 - 3

Ⅰ.①高… Ⅱ.①陈… ②朱… Ⅲ.①高等学校—思
想政治教育—中国—文集 Ⅳ.①G641-53

中国版本图书馆 CIP 数据核字（2020）第 059330 号

高校思想政治教育理论与实践研究 （2019）
GAOXIAO SIXIANG ZHENGZHI JIAOYU LILUN YU SHIJIAN YANJIU（2019）

主　　编：陈建成　朱晓艳

责任编辑：郭思齐　　　　　　　责任校对：陈永娟
封面设计：中联学林　　　　　　责任印制：曹　净

出版发行：光明日报出版社
地　　址：北京市西城区永安路 106 号，100050
电　　话：010-63139890（咨询），63131930（邮购）
传　　真：010 - 63131930
网　　址：http://book.gmw.cn
E - mail：gmrbcbs@ gmw.cn
法律顾问：北京市兰台律师事务所龚柳方律师

印　　刷：三河市华东印刷有限公司
装　　订：三河市华东印刷有限公司
本书如有破损、缺页、装订错误，请与本社联系调换，电话：010 - 63131930

开　　本：170mm×240mm
字　　数：278 千字　　　　　　印　　张：16.5
版　　次：2020 年 5 月第 1 版　　印　　次：2022 年 4 月第 2 次印刷
书　　号：ISBN 978 - 7 - 5194 - 5699 - 3
定　　价：68.00 元

目　录
CONTENTS

教育教学研究 …………………………………………………… **1**

"毛泽东思想和中国特色社会主义理论体系概论"课成果导向教学方案设计
——以"邓小平理论"一章的教学为例　3

传统文化融入"中国近现代史纲要"教学的几点思考　10

"思想道德修养与法律基础"课试题库建设刍议　14

《思想理论教育导刊》的文献计量分析
——基于CSSSCI（2008—2017）数据　20

理工科高校艺术团建设存在的问题及改善路径　35

实验中心微信公众平台建设　43

理论及实践热点探讨 ……………………………………… **47**

从语言差异到文化差异　49

新形势下我国高校志愿服务制度建设的现状分析　55

京津冀协同发展大背景下的北京市核心功能区人口疏解模式研究　66

论紧急状态下公民基本权利的限制　72

中国特色社会主义制度优势的五个维度　81

政商关系的实质及根源　94

我国公民生育权全面实现的制度考量与法治保障　100

"人类命运共同体"的理论价值　110

后危机时代西方新社会运动的变化　115

沪渝两地房地产税试点改革浅析　124

十八大与十九大报告对比之民生问题　137

香港特别行政区法律地位的解析　145

马克思主义生态观及当代启示　152

历史与哲学研究 ……………………………………………… 159

《周易》与古代天文学　161

坚定文化自信，必须坚持"三个统一"　169

长征路上的激昂乐章

　——红二方面军的长征诗歌宣传　176

荀子论儒家修学的三个次第　185

六盘山上高峰，红旗漫卷西风

　——浅谈宁夏六盘山长征文化资源的开发与利用　194

遵义长征旅游路线的设计对策　199

列宁和布哈林关于"文化"的几点争论　205

"人与自然是生命共同体"的哲学阐释

　——基于马克思主义哲学视角　213

浅析文化自信与传统文化的关系　219

马克思资本主义批判思想的形成理路探究　227

反对历史虚无主义论述的方法论研究　237

浅谈革命文化对文化自信的作用　244

青年马克思批判思想的理论逻辑　250

01

教育教学研究

"毛泽东思想和中国特色社会主义理论体系概论"课成果导向教学方案设计

——以"邓小平理论"一章的教学为例*

成果导向（OBE）教育理念和方法要求从明确教学成果出发，反向推导出合理的教育培养方案或课程设计方案，目前在工科教育教学和工程认证活动中具有广泛的应用性。将这种理念和方法贯彻到高校思想政治理论课教学中是对教学改革的有益尝试。实践证明，在"毛泽东思想和中国特色社会主义理论体系概论"课的课内实践活动中运用成果导向方法进行方案设计和运用实施，学生最终在掌握知识、收获能力以及素质养成等几个方面都颇有收获，实现了方案设计出发点中希望获得的成果，既具有操作性也体现了思政课教学的实效性。

一、成果导向教育理论

（一）缘起

成果导向（Outcome –Based Education，以下简称 OBE）的意思是指教育方案的设计全部并且始终围绕所有学生在学习结束时必须能够做到的去组织。这种教育理念的提出背景可以追溯至 20 世纪七八十年代美苏两个超级大国之间的争霸，一向自恃为教育强国的美国看到苏联在经济、军事以及高科技等领域的

* 作者简介：曾毅红，女，北京信息科技大学马克思主义学院副教授，主要研究方向为马克思主义中国化。

本论文为校教改立项重点资助项目《"以学生为中心"的思政课差异化教学研究——以"毛泽东思想和中国特色社会主义理论体系概论"课为例》（项目编号 2018JGZD11）的阶段性研究成果。

迅速发展，因而对自身在教育、科技等方面的表现感到不满，开始反思教育的实用性以及教育成果的重要性。在此背景下，成果导向教育于1981年由美国学者斯巴迪（Spady W. G）率先提出并获得了广泛重视和应用，经过此后10年左右的发展形成比较完整的理论体系，并日渐成为美、英、澳、加、欧盟及中国香港等国家和地区教育改革的主流理念。

（二）"反向"是OBE教育的灵魂

OBE教学要求我们首先要清晰地确定学生能做到什么、哪些东西是最重要的，然后据此去组织课程、开展教学以及相应的评价考核，从而确保开始所期望的学习最终得以实现。可见"反向"是这种教育理念的灵魂及其最重要的"黄金规则"，从学生最终理想的学习成果出发来反推出合理的培养方案，换言之，高校在进行培养方案和课程设计时的逻辑起点绝不是我们能够给学生"教什么"，而是学生在学习结束之后能够掌握什么知识和技巧、具备什么样的素质和能力。为了贯彻这种"反向"原则，高校的专业以及课程设计中要摒弃"包罗所有"或"面面俱到"的做法，保留那些能够支持达到最终学习成果的真正重要的东西，而一些与学习成果关联轻微的内容甚至可以删除掉。

因此，推行OBE教学时要紧抓两个焦点：一是通过课程设计实现教学质量的提升。为了确保达到预期的学习成果，就必须设计恰当的"教与学"的方法，明确教学法的实施步骤，并阐述这样的方法为何能够促进达成预期的学习成果。二是通过学习成果评价的反馈来保障和进一步改善教学质量。这里首先要明确学习成果应当包括不同的方面，例如学生掌握的知识、收获的能力和具备的相应价值观、态度等素质，然后针对不同的方面设计相应的考核评价方式来获取有价值的反馈信息。

（三）OBE教育的适用性

OBE被认为是追求卓越教育的正确方向，其应用最典型地体现在工程认证上，我们从美国工程教育认证协会（ABET）所颁布的工程教育认证标准中就可以看到OBE理念的贯穿始终。以工程专业为例，ABET将其学习成果非常明确地界定为以下11个方面：（1）应用数学、科学和工程知识的能力；（2）设计、控制实验以及分析、诠释数据的能力；（3）设计一个能够满足政治、伦理、健康安全、可制造性和可持续性等诸多现实条件约束的系统、零件或程序的能力；（4）在跨学科团队中发挥作用的能力；（5）识别、建构和解决工程问题的能力；（6）对专业精神和道德责任感的理解；（7）有效沟通的能力；（8）具有宽广的知识储备，能够在全球性的经济、环境、社会背景中理解工程解决方案的影响；（9）对终身学习的重要性有明确认识，并具备终身学习的能力；（10）对当代重大问题的了解；（11）具备在工程实践中运用所需的各种技术、技巧和先进设备的能力[1]。这11个方面的学习成果，既明确概括了该专业学生需要掌握的知识和获取的专业能力，也阐述了在通用性意义上大学生应当具备的价值观和态度等素质，同时体现了 OBE 教育很好的操作性和可考核性。

正因如此，OBE 已成为国际工程认证中普遍采用的标准制定依据原则。我国 2013 年申请加入成为国际本科工程学位互认协议《华盛顿协议》的预备成员，其后我国工程教育专业认证协会（CEEAA）颁布的《工程教育认证标准(2015)》就充分体现了 OBE 理念，明确要求"专业必须通过评价证明所培养的毕业生达到毕业要求"。2016 年 6 月我国成为该协议正式会员，因此国内也有更多的高校和专业用 OBE 教育理念和方法来引导工程教育改革，制订课改方案。

那么，OBE 这样一种最初从强调教育的实用性出发来构建、并且实践证明对工科专业教育和课程教学设计具有很好适用性的教育理论和标准建构原则，是否也适用于高校的思想政治理论课教学呢？笔者认为，高校思政课最重要的使命是对大学生进行价值观的塑造和引领，促使他们形成正确的思想观念、科学的价值取向和健康的精神风貌。这种对大学生灵魂的塑造绝不是抽象和空洞的，它需要相应的知识和能力做支撑，这也是我们在探讨思政课教学改革中日益强调教学实效性和学生获得感的原因。基于此，我们可以将 OBE 的观念和原则运用于思政课教学，从最终的学习成果出发，反向设计出能够与成果对应的教学和考核评价方案。以下是笔者在"毛泽东思想和中国特色社会主义理论体系概论"课（以下简称"概论课"）教学中运用 OBE 进行教学方案设计的一次有益尝试。

二、OBE 在高校思政课教学中的运用——以"概论课""邓小平理论"一章的教学为例

我校"概论"课原培养方案是 64 课时，其中有 16 课时为课内实践，本设计方案运用 OBE 的教育理念和原则将"概论课"2018 版教材中第五章"邓小平理论"的教学设计为"多媒体案例讨论"，是一次课内实践活动，整个活动时长为 4—6 课时。

（一）出发点——关于学习成果

学生在完成这次活动也是学习后需要达到的理想成果应当包含三个方面：

1. 掌握知识

第五章"邓小平理论"是新教材体系中第二个模块"邓小平理论、'三个代表'重要思想、科学发展观"中的第一章，前面四章是第一个模块"毛泽东思想"部分。作为中国特色社会主义理论体系的开篇，这一章无疑具有承上启下的作用，它回答了为什么当代中国会发生历史性巨变？改革开放怎样改变了中国和影响了世界？新时期党和国家全部理论和实践的主题是什么？等等重大问题。在这一章的学习中，学生应当掌握的知识点主要包括：一是对前一阶段所学习的"毛泽东思想"模块进行总结回顾，使学生进一步掌握毛泽东思想的主要内容、活的灵魂以及历史地位和指导意义。二是在活动中使学生掌握第五章"邓小平理论"的主要内容，理解思想解放、改革开放的重要意义，把握新时期党和国家全部理论和实践的主题。三是重点围绕如何评价毛泽东和毛泽东思想展开讨论，使学生理解毛泽东思想和中国特色社会主义理论体系的关系，理解改革开放前后两个历史时期不能割裂开来、相互否定的道理。

2. 收获能力

通过参与本次活动和学习过程，学生应当能够提升其资料收集能力、批判性思维以及阅读理解和材料分析能力、口头表达能力、团队协作和有效沟通能力等。

3. 素质养成

这里主要指通过活动促进学生养成科学正确的价值观和态度。以上述知识点和能力做支撑，学生应该能够客观公正地评价毛泽东和毛泽东思想，正确认识我国社会主义建设初步探索中的艰难曲折，摒弃把改革开放前后两个历史时期割裂开来、对立起来的错误观点，增强社会责任感和国家使命感，进一步提升对中国特色社会主义理论、道路以及制度的自豪感和自信心。

（二）教学法——多媒体案例讨论

这项活动所采用的教与学的方法包括以下几点：

1. 阅读

活动中不仅要求学生阅读教材第五章"邓小平理论"，而且推荐了大量相关的阅读材料，这些材料有助于他们理解讨论中涉及的问题。换言之，学生在课堂讨论开始之前是否在课余时间阅读了相关材料会对活动开展的效果有关键性影响。因此，活动需要提前布置，给学生一定的准备时间。

2. 观影

本次活动的案例主体材料是电影《邓小平》，这部影片着重讲述了以邓小平为核心的党中央第二代领导集体，在党和国家事业发展的关键时刻，带领全党和全国人民冲破"左"的思想的束缚，走上改革开放道路的伟大历史进程。影片既刻画了人物，生动地描绘出邓小平同志勤政爱国、公正无私等优秀的人格魅力和崇高风范，也展现了我国改革开放起步时期的一系列重大事件，让观者可以观看到邓小平这位改革开放的总设计师带领中国人民走上小康和富裕道路的过程。由于电影较长，一次播放会影响讨论活动的效果，因此安排分2—3次放映，通常每次2课时的课程用大约30分钟观影，之后开展讨论活动。

3. 讨论

包括课下和课堂讨论两部分。课下的讨论由学生自行安排，在阅读相关材料后根据事先所布置的题目在宿舍或学习小组成员之间展开，通过讨论锻炼学生的理解、分析问题和沟通等方面的能力。课堂讨论是活动的主体部分，学生将观影过程中的感受和提前准备的对问题的思考表达出来，教师根据学生的回答进行补充和点评。通常每个问题的发言可以请3位学生作答，不点名，鼓励学生自主抢答，锻炼他们的口头表达能力，展示其课下准备的思考成果。

4. 作业

由于课堂讨论中参与发言的学生毕竟有限，因此课堂观影和讨论活动结束后，要求每位同学提交一份书面作业（作业具体要求见设计方案），作为对学生参与活动质量的重要考核依据。

（三）设计方案

第五章 "邓小平理论"多媒体案例讨论
要求及说明

一、背景材料

1. 教材第五章"邓小平理论"

2. 电影《邓小平》

3. 案例：天安门城楼上的毛主席像将永远保留下去

4. 延伸阅读材料：

（1）《实践是检验真理的唯一标准》

(2)《答意大利记者奥琳埃娜·法拉奇问》（《邓小平文选》第二卷）

(3)"对起草《关于建国以来党的若干历史问题的决议》的意见"（《邓小平文选》第二卷）

(4)《关于建国以来党的若干历史问题的决议》（节选，27—31）

二、案例讨论

请结合影片内容并联系实际开展下列题目讨论：

1. 电影里的哪些情节、台词或对话给你留下了深刻印象？为什么？

2. 该片导演丁荫楠曾说过，这部电影的主题是"小平老了，中国年轻了"，所有细节的选择也是围绕这个主题进行的。你怎样理解导演的阐述？

3. 电影里关于《光明日报》的那篇文章，它的主要观点是什么？它引发了什么样的大讨论？这场讨论产生了怎样的影响？

4. "在拨乱反正进程中，我们又遇到'左'和右两股思潮的干扰"，请指出这两股思潮是什么，有何危害？

5. 邓小平为什么说"我们不会像赫鲁晓夫对待斯大林那样对待毛主席"？

6. 邓小平在回答法拉奇的提问时表示：天安门上的毛主席像要永远保留下去。这句话有何深刻含义？

7. 如何认识邓小平理论的形成条件？（时代背景、历史根据和现实依据）

8. 如何理解邓小平理论回答的基本问题？

9. 邓小平理论包括哪些主要内容？试就其中1—2个方面结合影片情节或联系实际进行介绍分析。

10. 以上之外，看过电影和相关材料，你还有没有想提出的问题？并请谈谈你对该问题的思考。

三、讨论和书面作业要求

1. 课堂观影，课下阅读相关背景材料并自行开展相关讨论。

2. 课堂讨论。同学们可按照上述题目做好课前准备，课堂讨论过程中鼓励主动踊跃发言，发言记入平时成绩。

3. 所有同学提交纸质版书面作业。作业要求选择上述问题中的2个来回答，其中3—6题里任选一题，7—10题里任选一题。

4. 作业可打印，亦可手写。打印作业要求A4纸、正文部分为宋体"小四号"字、左侧装订；手写作业要求横格纸或方格纸，字迹清晰整洁。

（四）考核、评价与反馈

1. 关于考核与评价

以上设计方案表明，本次活动的考核方式主要是两个部分：一是课堂自主发言。在课堂讨论过程中要尽量鼓励学生主动踊跃发言，提升活动的参与度与活跃度，并将发言记入学生的平时成绩中，但这部分参与的人数会受到讨论时间、学生个性等因素的限制，因此不能作为唯一的考核依据。二是课后作业。为了督促学生在课上认真观影、课下阅读案例材料和主动查阅相关资料，讨论题目的设计是有针对性的，既体现了教材中对本章知识点掌握的要求，又设计了一些开放或半开放的问题，注重对学生能力和素质的培养。

从课堂讨论发言和课后作业的表现情况看，这样的设计方案是能够与活动的出发点即学习成果部分形成对齐关系的，学生在掌握知识、收获能力以及素质养成几个方面的成果都得到体现。

2. 反馈与改进方案的思考

从期终考试的情况看，与该专题相关的内容学生答题情况较好；在期末的学情调查中，绝大多数学生表示很喜欢"多媒体案例讨论"这项活动，认为它丰富了教学形式，活跃了课堂气氛，通过讨论使大家交流了思想，对相关内容的记忆更加深刻，也提高了同学们的参与积极性。由此可见，方案的实施在掌握知识、收获能力以及素质养成几个方面都实现了方案设计出发点中希望获得的成果，是既具有操作性又体现教学实效性的有益尝试。

但是，也有同学在反馈信息中提到视频案例的时间太长了（110 分钟），虽然只是个别学生，但笔者认为这个意见应该引起足够重视，特别是我校的"概论"课培养方案从 2017 级起要调整为 48 学时，其中课内实践调减为 12 学时，因此需要对原有课程设计方案根据新情况做进一步的调整完善。

参考文献：

［1］迈克尔·密里根 . ABET 工程教育认证概述（三）［N］. 清华大学校报，2014－04－04（8）.

传统文化融入"中国近现代史纲要"教学的几点思考*

传统文化是中华民族在形成和发展过程中积淀下来的与时俱进的动态思想体系，是中华民族的"根"与"魂"。作为传承传统文化的重要阵地，高校思想政治理论课堂发挥着不可替代的作用。因此，将中华优秀传统文化融入思政课的教学过程中，是新时代高校思政课教师义不容辞的责任和使命，也是我们在实际的教学过程中需要不断探索的一个重要命题。在"中国近现代史纲要"的教学实践中，首先厘清传统文化的概念，在此基础上，将传统文化作为"中国近现代史纲要"的有机组成部分，贯穿到整个教学的各个环节中，凸显中华优秀传统文化在建设社会主义文化的当代价值和理论意义，为实现中华民族伟大复兴的中国梦提供不竭动力和精神支撑。

2014 年教育部出台《完善中华优秀传统文化教育指导纲要》，明确指出要将中华优秀传统文化融入课程和教材体系，"以弘扬爱国主义精神为核心，以家国情怀教育、社会关爱教育和人格修养教育为重点，着力完善青少年学生的道德品质，培育思想人格，提升政治素养"。[1] 2017 年，中央办公厅、国务院办公厅印发了《关于实施中华优秀传统文化传承发展工程的意见》，随后，党的十九大报告在此基础上进一步提出加强推动中华优秀传统文化"创造性转化、创新性发展"，特别是近日习近平总书记在学校思想政治理论课教师座谈会上的重要讲话，重申了新时代思想文化建设的重要意义并指明了前行的方向，同时也对新时代思政课教师提出了殷切期望。因此，传承并弘扬中华优秀传统文化并融

---

　* 作者简介：石桂芳，女，北京信息科技大学马克思主义学院副教授，主要研究方向为中国近现代思想文化史。

入到思政课的教学过程中，是新时代高校思政课教师义不容辞的责任和使命，也是我们在实际的教学过程中需要不断探索的一个重要命题。下面我就以"中国近现代史纲要"（以下简称"纲要"）课程为例，谈谈我自己的思路和做法。

（一）何谓传统文化

厘清概念是一切工作的前提和基础，也是我们进行深入学习和研究的关键环节。传统文化是在中华民族形成和发展的过程中积淀下来的与时俱进的动态思想体系。在"纲要"课的教学实践中，一些学生对传统文化的认知存在着一定的片面性，甚至陷入误区之中，把传统文化等同于孔孟之道，进而浓缩为儒家的纲常伦理道德，认为提倡传统就是复古，就是和现代化背道而驰。事实上，传统不是守旧，更不是复古，文化传统的复活，是"在一种高级的形式下的复活"，即传统的"复活"并非"药方只贩古时丹"，而是肩负着新时代的文化使命，"以古人之规矩，开自己之生面"，使传统文化在中华民族的古老"旧邦"中绽放时代风采。这样的传统文化，才是真正意义上的传统文化，也因之才是我们努力提倡并传承的传统文化。

（二）传统文化是中国近现代史的有机组成部分

意大利哲学家克罗齐曾提出"一切真历史都是当代史"，也就是说，过去的历史只要与现在的生活存在着某种意义上的联系，那么这种与现实存在联系的真历史就是当代史。从这个意义上讲，中国近现代史绝不能把它单纯地理解为1840年鸦片战争之后的历史，更不能把它片面地理解为断代史。恰恰相反，中国近现代史是沟通古代与近现代，中国与世界的桥梁和纽带。不了解中华民族的过去，就不可能很好地把握现在，更不能客观地去预知未来。正如美国哈佛大学的历史教授费正清在《剑桥中国晚清史》中所说的那样，中华民族曾经创造了举世瞩目的古代文明，"但是到19世纪中期，它就证明是一个躯壳中空的巨人"。[2]而"导致中国衰落的一个原因恰恰就是中国文明在近代以前已经取得的成就本身，要理解中国的衰落，就必须懂得中国早先取得的成就……"[3]因此，中华民族的优秀传统文化，不仅是学习近现代史的必要铺垫和前提，而且要贯穿于整个中国近现代史的教学过程中，是中国近现代史不可分割的有机组成部分。

（三）传统文化的当代价值

新时代我们正在建设有中国特色的社会主义文化，而中国特色社会主义文化，"源自于中华民族五千多年文明历史所孕育的中华优秀传统文化，熔铸于党领导人民在革命、建设、改革中创造的革命文化和社会主义先进文化，植根于中国特色社会主义伟大实践"。[4]因此，中华优秀传统文化是中华民族的精神家园并指导中国特色社会主义的伟大实践，具有鲜明的民族特色和永不褪色的时代价值。所以，在"纲要"课的教学过程中，不仅要融入传统文化，更重要的是，还应该结合新时代思想文化建设的方针政策，阐述传统文化的当代价值和社会意义。

1. 传统文化是中华民族的"根"与"魂"

生生不息的中华民族有着悠久的历史和优秀的传统文化，传统文化是中华民族的文化基因和精神家园。我们生而为中国人，最根本的是我们有中国人的独特精神世界，身上都有鲜明的中华文化烙印和有别于其他民族的独特标识。"求木之长者，必固其根本；欲流之远者，必浚其泉源。"（唐代魏征《谏太宗十思疏》）其中足见传统文化对于中华民族的重要意义，正如习近平总书记所说的那样，"优秀传统文化是一个国家、一个民族传承和发展的根本，如果丢掉了，就割断了精神命脉"；"文明特别是思想文化是一个国家、一个民族的灵魂"。[5]历史和现实都充分证明，一个抛弃或者背叛自己历史文化的民族，不仅不会发展起来，而且很可能上演历史悲剧。从这个意义上来说，传统文化是中华民族的"根"与"魂"。

2. 传统文化是践行社会主义核心价值观的理论源泉

习近平总书记强调："一个民族、一个国家的核心价值观必须同这个民族、这个国家的历史文化相契合，同这个民族、这个国家的人民正在进行的奋斗相结合，同这个民族、这个国家需要解决的时代问题相适应。"[6]这就是说，社会主义核心价值观必须满足两个条件，一是要同中华民族的历史和传统文化相契合，二是要同中国人民正在进行的中国特色社会主义事业和实现中华民族伟大复兴的中国梦的实践相适应。培育和弘扬社会主义核心价值观的要求，正是基于这样的标准提出的。因此，培育并践行社会主义核心价值观必须立足于中华民族优秀的传统文化。从历史的角度来看，传统文化与社会主义核心价值观有着不可分割的内在联系。源远流长的中华优秀传统文化，积淀着中华民族最深厚的精神追求，具有深刻的道德理论根基和道德实践宗旨，是社会主义核心价值观固有之根基和涵养之源。

3. 传统文化是实现中华民族伟大复兴中国梦的精神动力

在世界历史的长河中，中华文明虽历尽沧桑，却是世界古文明中唯一没有中断并传承至今的伟大文明，华夏五千年的历史孕育出中华优秀的传统文化，是华夏民族传承下来的丰厚遗产，闪耀着民族的智慧和精神的光芒，历久弥新而熠熠生辉。在新时代建设有中国特色社会主义的伟大事业中，站在新的历史起点，深入挖掘并理性反思根植于中华民族文化基因中的优秀特质，并同世界先进文化相融通，实现传统文化的创造性转化和创新性发展，展示中华优秀传统文化的当代价值，是新时代实现中华民族伟大复兴中国梦的不竭动力和精神支撑。没有中华文化的繁荣兴盛，就没有中华民族的伟大复兴。

总之，在建设有中国特色社会主义的新时代，伴随着中华民族伟大复兴的进程，传承中华优秀传统文化再一次被推到了历史的前沿。作为新时代的高校思政课教师，我们应该充分发挥自身的积极性、主动性和创造性，将中华优秀传统文化渗透到"纲要"课的教学体系中，在深刻的自我反思中进行自我扬弃和自我发展，为实现中华民族伟大复兴的中国梦提供精神支撑。

参考文献：

[1] 完善中华优秀传统文化教育指导纲要 [EB/OL]．中国教育新闻网，2014 - 04 - 02.

[2]〔美〕费正清．剑桥中国晚清史（上卷）[M]．北京：中国社会科学出版社，1985：34.

[3]〔美〕费正清．剑桥中国晚清史（上卷）[M]．北京：中国社会科学出版社，1985：6.

[4] 习近平在中国共产党第十九次全国代表大会上的报告 [EB/OL]．人民网，2017 - 10 - 28.

[5] 习近平．习近平：在纪念孔子诞辰 2565 周年国际学术研讨会上的讲话 [EB/OL]．新华网，2014 - 09 - 24.

[6] 习近平在北京大学考察时强调：青年要自觉践行社会主义核心价值观与祖国和人民同行努力创造精彩人生 [EB/OL]．人民网，2014 - 05 - 05.

"思想道德修养与法律基础"
课试题库建设刍议*

　　建设"思想道德修养与法律基础"课试题库是国家对新时代高校思想政治理论课提出的新工作要求。研究与探索试题库，有利于加强试题的科学性与规范性，有利于提升课程的教学质量，有利于传统教学方式与现代信息技术的有机结合。建设"思想道德修养与法律基础"课试题库需要注意试题题量、试题题型、试题难度、试题更新与选择试题库软件等重要问题。抓紧改革课程考试方式，是现阶段"思想道德修养与法律基础"课教学改革的重要内容。

　　教育学中一般把课程的教学过程划分为五个基本环节，即备课、课堂教学、批改作业、课外答疑辅导、测评考试。考试是思想政治理论课教学过程的重要环节，是监控和考评思政课教学质量的重要手段之一。通过考试，既能反映出学生的学习水平，也能在一定程度上反映出教师的教学水平。考试合理考查学生学习水平并反映教师教学水平，试题的科学性是关键。在国家对新时代高校思想政治理论课提出新教学要求的社会背景下，研究与探索建设"思想道德修养与法律基础"课试题库，既符合党和国家的工作要求，也有利于提升"思想道德修养与法律基础"课的教学质量。

一、建设"思想道德修养与法律基础"课考试题库的基本工作内容

　　概括来说，建立"思想道德修养与法律基础"课考试题库的工作基本包括：第一，需要由本教研室任课老师集体分工，按照教学大纲的要求，设计各种题

---

　　* 作者简介：唐彦，女，北京信息科技大学马克思主义学院讲师，主要研究方向为法学。
本文为北京信息科技大学校教改课题阶段性研究成果，课题项目编号：2019JGYB27。

型，在各种题型中再细分不同难易程度的试题，在一定试题数量的基础上建立成库。第二，运用计算机试题库软件对考试题进行分类和管理，逐步实现期末考试时由计算机自动出题，从而替代人工命题。第三，期末考试客观题部分实现机考。目前，一些高校的马克思主义学院已经根据国家教委的最新要求，不仅率先建立了思政理论课试题库，对考试形式也进行了一些尝试与创新，将考试形式进一步与现代计算机技术相结合，对期末考试客观题采取机考的形式，并由电脑自动判卷计分并做出考卷分析。

二、建设"思想道德修养与法律基础"课试题库的必要性

（一）符合新时代国家对高校思想政治理论课教学工作的新要求

2018 年 4 月，教育部印发了《新时代高校思想政治理论课教学工作基本要求》（后文简称《新时代教学基本要求》）的通知。该文件要求各高校在思政课教学工作中，加强引导大学生树立正确的世界观、人生观、价值观，提高教学质量，让大学生在思想政治理论课的教学中有切实的获得感。《新时代教学基本要求》充分反映了党和国家高度重视高校思想政治课的教育教学质量，彰显出思政理论课高等教育在我国高等教育中举足轻重的位置。

《新时代教学基本要求》对当前思想政治理论课的教学工作提出了十六条基本要求。其中，第十条主要内容是改进完善思政课的考核方式。文件具体要求"采取多种方式综合考核学生对所学内容的理解和实际运用，注重考查学生运用马克思主义立场观点方法分析、解决问题的能力，力求全面、客观反映学生的马克思主义理论素养和思想道德品质。坚持闭卷统一考试为主，与开放式个性化考核相结合，注重过程考核。闭卷统一考试须集体命题，不断更新题库，提高命题质量。开放式个性化考核应具有严格的组织流程和明确可操作的考核评价标准"。新形势下，党和国家高度重视高校思想政治理论课的教学工作，对思政课的考核方式提出了新要求，要求组织教师集体命题，实现闭卷考试，建立试题库，提高试题质量。这一要求表明，教育部明确要求通过完善考试命题方式的途径来提高思想政治理论课的教育质量。因此，我们应当与时俱进地探索与研究"思想道德修养与法律基础"课试题库建设，使"思想道德修养与法律基础"课教学水平上一个新台阶，真正起到"引导学生扣好人生第一粒扣"的作用。

此外，按照教育部的要求，"思想道德修养与法律基础""马克思主义基本

原理概论""毛泽东思想和中国特色社会主义理论体系概论""中国近现代史纲要"课闭卷考试题库应当齐头并进地进行统一建设，四门课相互借鉴与学习，为思想政治课程建立统一闭卷考试题库做出有益的探索和积累必要的经验。

（二）能够有效提高考试试题的规范性与科学性

考试是教学过程中的重要环节之一。科学合理设计考试试题能够恰如其分地反映一门课程的教学质量与教学效果，而建立考试试题库是提高试题的标准化与规范化水平的有效途径之一。在国家大力重视思政课教学质量的当下，完善"思想道德修养与法律基础"课考试方式，建立"思想道德修养与法律基础"课考试试题库是十分必要的。

一直以来，多数高校"思想道德修养与法律基础"课期末考试一般采取开卷考试的形式，其中多以主观题题型为主。这种考核方法存在一些显见的缺陷和问题。第一，主观题型过多的试卷往往存在试题对教学大纲覆盖面有限的问题。同时，试卷以主观题为主会导致学生考试答卷书写量很大，教师阅卷工作量也相对比较大。第二，每次期末考试出题老师不同，试题容易受出题老师个人偏好或经验等影响，使得试题缺乏一定的客观性与规范性。如果在出题教师对上几年考题不够了解的情况下，考题还有可能出现重复或者雷同的问题。第三，思政课教师教学任务往往非常繁重，在考试前由任课老师花费大量的精力和时间出题，会增加思政课老师的工作量，不利于教师把精力集中在教学上，有碍教学工作效率的提高。

我们可以通过建立试题库有效解决"思想道德修养与法律基础"课期末考试传统出题方式存在的各种问题。试题库可以实现主观题与客观题题量的合理搭配，从而实现对教学大纲要求的科学覆盖。另一方面，建立试题库，出题时由系统随机抽题，既能够有效避免教师的主观性对试题质量的影响，也能有效防止历年考题的重复与雷同。

（三）建立试题库有利于提高"思想道德修养与法律基础"课教学质量

建立科学规范的试题库可以从教学的最后一个环节逆向促进"思想道德修养与法律基础"课教学质量的提高。设立试题库以后，教学管理部门可以有效地监控考题情况，从而有效管理和把握考试试题的质量。一方面，建立试题库有利于教学管理部门对"思想道德修养与法律基础"课试题进行统一有效监管。试题按照教学大纲要求的基本概念、主要内容、相关理论系统建库，教学管理部门可以较好地了解与把握考题覆盖教学大纲的范围、考察难易度情况。另一方面，使用计算机软件建立试题库，可以由计算机随机在考试题库中挑选试题，充分实现考教分离。在期末考试、期末评卷、试卷评分上设立科学规范的标准，教学管理部门可以通过试题覆盖面、难易度与学生考试成绩等多个维度评估教师的教学情况，从而把握教师的教学质量，评估教学水平，检查教学效果。

（四）有利于促进传统教学方式与现代信息技术的有机结合

建设试题库，由计算机出题，采取网上在线答题，计算机自动判卷计算分数，统计分析试卷答题情况。这种考试方式的改革可以实现"思想道德修养与法律基础"课考试无纸化模式，低碳环保，节省资源。同时也能有效减少思政课教师的工作量，使得考试更加高效、客观与公正。此外，"思想道德修养与法律基础"课建立试题库有利于实现对本课程教学水平的大数据管理。大数据是统计学中的一种数据研究方式，用于指导人们的商业行为、战略决策、未来预期的一种分析处理方法。从本质上来说，大数据是通过特定工具、平台、系统等载体为了某种目的采集分析而生成的，具有特定属性。在教育教学管理中，大数据的统计研究有利于教育教学水平的提高。大数据管理的前提是将数据提前录入计算机系统并上网在线。因此，建立试题库是实现国家教育管理部门对思政课进行大数据统计与管理的重要基础。

三、建设"思想道德修养与法律基础"课试题库的路径

建设"思想道德修养与法律基础"课试题库，应当引起各高校的高度重视。高校应当充分发动优秀教师，投入优质资源建设自己的试题库。教育部以及各省级教育管理部门应当定期召开教学研讨会议，让各高校之间共享资源、互相学习、互相借鉴，以提高"思想道德修养与法律基础"课试题库整体水平。如何建设好"思想道德修养与法律基础"课试题库，需要重点考虑试题题量、试题题型、试题难度、试题更新与选择试题库软件等几个方面的问题。

（一）试题题量的问题

试题题库的题量应该达到一定数量。首先，保证一定数量的试题可以确保对教学大纲教学要求的全面覆盖；其次，每学期期末考试时，也保证电脑随机出题有较大的选择范围，尽量避免出现重复的题目。"思想道德修养与法律基础"课教研组老师应当在教研室主任的统筹规划与领导下，按教学大纲要求集体出题，尽可能在数量上保证试题库的题量。

（二）试题题型的问题

长期以来，多数高校的"思想道德修养与法律基础"课期末考试一般采取开卷考试的形式，考试题型以主观题为主。教师出题不愿使用客观题型的主要原因之一就是出客观题，如单项选择题、多项选择题等，需要花费更多时间和精力。考试题型均为主观题的局限性表现为题量不能充分覆盖教学大纲，学生考试书写量过大，教师批改试卷的阅卷工作量大等。按照教育部《新时代教学基本要求》的要求，考试应当以闭卷考试为主，辅之以开放型考试形式。闭卷考试考题的客观题与主观题应当合理搭配。过去，出题老师不愿意出客观题的原因主要在于出客观题工作量太大，而建立试题库可以有效解决考试题型多样的问题。

（三）试题难易度的问题

为保证试题库的科学性，试题的难易度应当有一定梯度。这样才能考查学生对教学内容掌握的具体情况，同时也拉开不同努力程度学生之间的成绩分数，客观反映学生的学习状况。试题应当分为Ⅰ类题（容易题），Ⅱ类（中等题），Ⅲ类题（难题）。Ⅰ类题数量应该最大，约占全部试题库题量的百分之五十，考查学生对大纲要求基本概念、基本内容的掌握程度，考查学生对教材上基础知识的学习程度。Ⅱ类题约占试题题目总题量的百分之三十，主要考查学生运用课堂学到的知识解决一般问题的能力。Ⅲ类题数量约占题库试题量的百分之二十，主要考查学生灵活运用理论知识综合分析解决现实问题的能力。

（四）试题的更新问题

教育部在《新时代高校思想政治理论课教学工作基本要求》中指出，应当"不断更新题库，提高命题质量"。与其他专业课程相比，思想政治理论课具有较强的时政性与实时性。思政课的性质决定了其对教学内容的时新性、理论联系实际上有比较高的要求。在教学上，思政课教师应当紧密关注党和国家最新的思想理论动态，将教学内容与社会发展实际相结合，不断丰富与创新教学内容，让学生在课堂上充分感受时代精神的内涵。在试题库的维护更新上，"思想道德修养与法律基础"课试题库的维护与更新必须要求严于其他专业课程。教师应当及时根据国家的形势、政策的新变化，与时俱进地对试题库的试题进行更新和调整。

（五）试题库软件的应用问题

目前，市场上已经有一些开发较为成熟的试题库软件可供选择。高校需统筹规划组织教师，出好试题，将试题输入试题库软件，软件就可以按照要求随机出题、判卷、分析试卷考试情况。现有的试题库软件能够保证题型的多样性，支持文字题、图片题、动画题、视频题等，能够在较大程度上丰富"思想道德修养与法律基础"课的考试题目形式。试题库软件还能帮助教师通过各种组合条件筛选试题，通过关键词搜索相关题目，或者对试题进行收藏或标记。此外，试题库软件还能智能测试试题的雷同程度，保证每学期期末考试试题的质量。有的试题库软件可以提供人工出题与随机出题的并用模式，满足出题教师多层次的需要。当然，部分有条件的高校，也可以自行研发思政课试题库软件，根据本学校"思修"课教学与考试的需要自主设计软件程序。

四、结语

建立"思想道德修养与法律基础"课试题库符合新时代国家对思政课工作的新要求，从考试环节保证提高思政课教学质量的与时俱进之举。抓紧研究"思想道德修养与法律基础"课的考核方式改革，建立试题库，时不我待。目前，部分高校已经开始改变过去"思想道德修养与法律基础"课开卷考试的传统方式，对本课程进行闭卷考试并建立课程试题库。重视对试题库科学性与规范性的研究，加大力度推进试题库的建立，是当前"思想道德修养与法律基础"课进行教学改革的重要工作内容。

参考文献：

[1] 教育部关于印发《新时代高校思想政治理论课教学工作基本要求的通知》[Z]．中华人民共和国教育部官网，2018-04-24．

[2] 叶欢欢．大数据背景下的高校教学管理创新应用［J］．课程教育研究，2018（51）：221.

[3] 李晓华．高校试题库建设实践与探讨［J］．北京印刷学院学报，2017（6）：98-100．

[4] 李文武．高校思想政治理论课考试存在问题的实质性探析［J］．辽宁行政学院学报，2017（6）：43-46．

[5] 侯兰梅．高校思想政治理论课题库建设问题［J］．文教资料，2018（21）：183-184．

[6] 张峨建．高校思想政治理论课网络试题库建设管见［J］．韶关学院学报，2009（7）：120-122．

《思想理论教育导刊》的文献计量分析

——基于 CSSSCI（2008—2017）数据 *

借助 citespace 软件，运用文献计量方法对中文社会科学引文索引收录《思想理论教育导刊》2008—2017 年发表的 3420 篇论文进行了计量与可视化分析，结果显示高校"思想政治理论课""思想政治教育""马克思主义""社会主义核心价值观""中国特色社会主义""习近平""中国梦""新媒体"等是《思想理论教育导刊》的研究热点，其发文的主题和侧重点是高校思想政治教育教学类的论文，尤以高校思想政治理论课、高校马克思主义理论研究与教学，社会主义核心价值观、中国特色社会主义理论等相关论文为主，客观上验证了《思想理论教育导刊》的办刊宗旨。

一、研究数据与研究方法

（一）数据来源

南京大学中文社会科学引文索引（简称 CSSCI）是专门用来检索中国人文社会科学领域的论文收录和被引用情况的文献研究数据库，已经成为我国学术界人文社会科学主要文献信息查询和文献研究的重要工具，得到了众多学术研究机构和学者的认同，取得了较好的评价。

创刊于 1994 年的《思想理论教育导刊》（以下简称《导刊》）杂志是"由教育部主管、教育部社科司、思政司直接领导、高等教育出版社主办的高校马克思主义理论与思想政治教育指导性刊物"。[1] 目前检索相关论文，发现对高校

---

* 作者简介：陈建成，男，北京信息科技大学马克思主义学院副教授。

思政课教学研究"量化研究成果更少，几乎可以忽略不计"[2]，对《导刊》刊载论文进行计量分析的文章更是少之又少。故本文依据 CSSCI 数据库 2008—2017 年度的相关数据，采用文献计量的方法结合可视化图谱，对《导刊》的文献计量特征和学术影响力进行定量分析。具体操作如下：登录中国社会科学引文索引（cssci），来源文献检索页面"期刊名称"输入"思想理论教育导刊"，勾选后边"精确"选项，发文年代选择 2008—2017，进行检索，得到《导刊》2008—2017 年发文情况如下：论文（3420），综述（173），评论（76），传记资料（21），报告（36），其他（62）。

（二）研究方法

本研究运用文献计量的方法，同时借助美国德雷克塞尔大学教授陈超美团队开发的 CiteSpace 软件结合 Excel 等进行分析。对 2008—2017 这 10 年间《导刊》刊载的 3420 篇论文进行了数量统计与可视化分析，绘制了相关科学知识图谱，以期直观清晰地、多角度地展示该刊物近 10 年来的发文量、高产作者、发文机构、关键词共现分析、高被引文献、被引频次等具体内容。

二、研究的基本情况

（一）发文量分析

2008—2017 年《导刊》发文情况如下：论文（3420），综述（173），评论（76），传记资料（21），报告（36），其他（62）。论文 3420 篇中，"来源作者"为"《导刊》编辑部""思想理论教育导刊编辑部""本刊编辑部"的有 54 篇。各年发表文章数量见图 1。

虽个别年份有小幅波动，但总体而言，《导刊》2008—2017 年的发文量呈上升趋势。

（二）高产论文作者、发文机构分析

2008—2017 年在《导刊》上发表论文（不包括综述、评论、传记资料等）7 篇以上的高产作者有 55 位，具体情况见表1。

表1　2008—2017 年《导刊》高产作者统计

高产作者	发文量	高产作者	发文量	高产作者	发文量
顾钰民	24	汪亭友	11	罗映光	8
梅荣政	23	仝华	11	陈大文	8

续表

高产作者	发文量	高产作者	发文量	高产作者	发文量
梁柱	19	佘双好	11	辛向阳	8
张雷声	18	王树荫	11	白显良	8
王炳林	17	骆郁廷	10	蒋广学	8
田心铭	17	冯刚	10	秦宣	8
顾海良	16	刘建军	10	黄建军	8
刘书林	16	颜吾佴	10	祝志男	7
李松林	16	杨承训	10	陈旻	7
周新城	16	王易	10	宇文利	7
田克勤	15	陈勇	10	陶文昭	7
杨瑞森	13	肖贵清	10	陈占安	7
沙健孙	13	郑永廷	10	李婧	7
柳礼泉	13	孙蚌珠	9	胡树祥	7
黄蓉生	13	何兰	9	寇清杰	7
李方祥	12	韩喜平	9	武东生	7
陈锡喜	12	丁俊萍	9	李梁	7
石云霞	12	沈壮海	9		
逢锦聚	12	赵晓春	9		

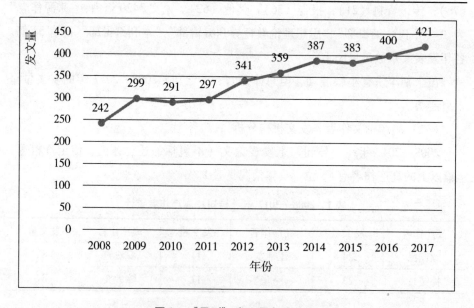

图1 《导刊》发文量年度分布

CiteSpace 作者共现分析可以识别出一个研究领域的核心人物及研究人员之间的合作、互引关系。图 2 展示了《导刊》作者网络共现图谱的一部分，其中每个节点（圆圈）代表一位作者，圆圈大小显示了该位作者发表论文量的多少，节点的颜色越红，节点在网络中占有的地位就越重要。如果两位作者之间发文有过合作，他们之间就会出现连线。两个圆圈之间的连线越粗，代表两者研究领域的相关性越大，进行合作研究的次数也越多。就图 2 整个图谱来看，高产作者合作关系呈现出明显的离散状态，表明《导刊》高产作者虽然数量较多，但大部分文章都是独著，未能形成合作性作者网络，研究者之间缺乏协作，没有形成规模较大的学术研究共同体。这可能跟马克思主义学科的研究特点和研究方法有关。

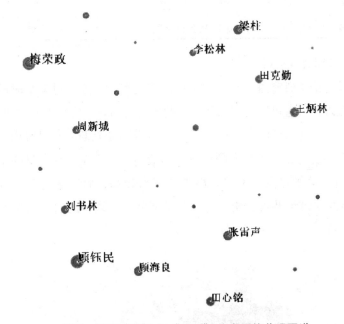

图 2　2008—2017 年《导刊》作者网络共现图谱

利用 citespace 输出的相关结果并结合 Excel 合并分析，2008—2017 年在《导刊》上发表文章最多的机构为中国人民大学，高达 142 篇，其次为北京大学 90 篇，武汉大学 85 篇，清华大学 70 篇。由表 2 可知，相关高校是《导刊》高发文主力机构。

表 2　2008—2017 年《导刊》排列前 10 位高发文机构

序号	机构名称	发文次数
1	中国人民大学	142
2	北京大学	90
3	武汉大学	85
4	清华大学	70
5	东北师范大学	55
6	首都师范大学	48
7	教育部	46
8	南开大学	36
9	福建师范大学	35
10	中国社会科学院	33

（三）关键词共现分析

关键词是对论文研究内容和研究主题的高度概括。通过对某个时段的论文的关键词的梳理，读者可以了解到某一主题的研究内容、研究方向和研究热点。在 CiteSpace 中，可以通过词频分析、词汇突现等功能判断一定时段内的研究热点，并根据时序变化分析研究主题演进。一般而言，高频关键词反映了某一时期的学术动向与学术热点。关键词出现的频次越高，研究热度就越强。利用 CiteSpace，运用关键词共现分析，得到关键词共现网络，此网络反映出 2008—2017 年《导刊》刊载论文的研究热点（见图 3 和表 3）。

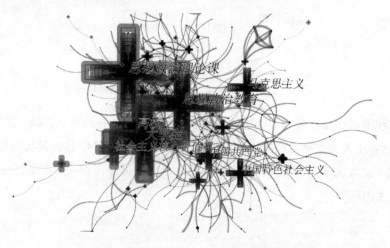

图 3　2008—2017 年《导刊》关键词网络共现图谱

表3 《导刊》刊载论文50个高频关键词排序表

首次出现年份	关键词	中心度	频次
2008	思想政治理论课	0.36	373
2008	大学生	0.26	355
2008	思想政治教育	0.26	339
2008	高校	0.16	234
2008	马克思主义	0.29	169
2014	社会主义核心价值观	0.09	148
2008	中国特色社会主义	0.19	122
2008	中国共产党	0.14	121
2008	社会主义核心价值体系	0.09	93
2009	毛泽东	0.03	77
2008	社会主义	0.08	67
2008	实践教学	0.02	66
2014	习近平	0.07	62
2008	教学	0.04	61
2009	对策	0.02	61
2009	实效性	0.04	48
2008	高校思想政治理论课	0.05	47
2008	学科建设	0.02	42
2009	意识形态	0.02	41
2008	改革开放	0.09	40
2008	科学发展观	0.05	37
2008	教学方法	0.03	37
2009	创新	0.03	36
2009	教育	0.01	35
2013	中国梦	0.01	35
2011	教学改革	0	33
2008	中国特色社会主义理论体系	0.02	32
2012	思政课	0.02	31

续表

首次出现年份	关键词	中心度	频次
2008	马克思主义理论	0.04	30
2011	路径	0.02	29
2008	思想政治工作	0.02	28
2009	辅导员	0.01	28
2011	高职院校	0.01	26
2009	邓小平	0.02	24
2008	中国近现代史纲要	0.02	24
2008	马克思主义中国化	0.01	23
2013	立德树人	0.01	22
2009	大众化	0	22
2010	建设	0.01	21
2008	高校辅导员	0.05	21
2008	毛泽东思想	0.01	21
2008	发展	0.01	20
2009	问题	0	20
2009	理想信念	0.01	19
2009	历史虚无主义	0.02	19
2011	思想道德修养与法律基础课	0	18
2008	马克思主义理论学科	0	18
2014	培育	0	18
2014	新媒体	0	17
2008	教学体系	0.02	15

通过图3和表3，合并"思想政治理论课""高校思想政治理论课"以及"思政课"，可知《导刊》刊载论文高频关键词主要有：思想政治理论课、大学生、思想政治教育、高校、马克思主义、社会主义核心价值观、中国特色社会主义、习近平、中国梦、新媒体等。能够看出《导刊》发文最多的是"思想政治理论课"，发文的主题和侧重点是高校思想政治教育领域的论文，尤以高校思想政治理论课、高校马克思主义理论研究与教学，社会主义核心价值观和中国

特色社会主义理论相关论文为主，突出了为高校大学生思想政治教育教学服务的功能定位。这也客观验证了《导刊》的办刊宗旨："坚持以马克思主义为指导，全力为推进高校思想政治理论教育教学改革和课程建设、教材建设服务，全力为加强马克思主义理论学科建设服务，全力为加强和改进大学生思想政治教育服务。"[3]

　　研究前沿是指一组突现的动态概念和潜在的研究问题，是强调新趋势和突现的特征，"共词（特征词或关键词）图谱更有利于人们分析研究热点及热点的演变，尤其配合突现词（burst term）功能的使用"，[4]可以用文献被引频次或关键词出现次数等的变化率来表征。在 CiteSpace 软件中，用突现性这一概念来表征关键词的变化率。关键词突现度可以反映一段时间内影响力较大的研究领域。在《导刊》2008—2017 年关键词分析中得到 74 个突现词（见表 4）。表 4 直观显示了《导刊》2008—2017 年刊载的论文主题内容的演进过程，大致可以分为三个阶段：（1）2008—2009 年，这一时期《导刊》刊载论文主题主要集中于"改革开放""普世价值""科学发展观""马克思主义理论""和谐社会"等方面。2008 年是改革开放 30 周年，这段时间《导刊》刊载大量"改革开放"的文章，2007 年十七大把"科学发展观"写进了党章，"科学发展观"和"和谐社会"成为了 2008—2009 年的研究主题；（2）2009—2012 年，这一时期《导刊》所载论文主要集中于"社会主义核心价值体系""大众化""中国特色社会主义理论体系""马克思主义基本原理"等方面；（3）2013—2017 年，这一时期《导刊》所载论文主要集中于"习近平""中国梦""社会主义核心价值观""中华优秀传统文化""新媒体""慕课"等方面，这表明自 2012 年党的十八大召开以来，社会主义核心价值观、中国梦、习近平等关键词很快被学者关注和研究，研究成果及时呈现在《导刊》里。10 年间，《导刊》刊载论文关键词突现度排在前 20 位的依次为：社会主义核心价值观、改革开放、社会主义核心价值体系、科学发展观、马克思主义理论、学科建设、普世价值、毛泽东、实效性、中国梦、高职院校、新媒体、马克思主义大众化、对策、培育、抗日战争、四个全面、大众化、思想道德修养与法律基础课、金融危机。这说明这 10 年间《导刊》紧密结合时代热点，与时俱进，及时刊载高校思想政治理论领域前沿的研究论文。

表4　《导刊》2008—2017年关键词突发性图谱

Keywords	Strength	Begin	End	2008—2017
科学发展观	13.6584	2008	2010	
普世价值	6.5403	2008	2009	
学科建设	8.0852	2008	2010	
改革开放	18.1906	2008	2009	
社会主义	5.2525	2008	2009	
科学发展	2.5092	2008	2009	
理论创新	3.012	2008	2009	
课程建设	4.6482	2008	2010	
资本主义	3.012	2008	2009	
和谐社会	3.5151	2008	2009	
马克思主义理论	8.5534	2008	2010	
马克思主义基本原理概论	2.7516	2009	2011	
金融危机	5.2655	2009	2010	
社会主义核心价值体系	17.2624	2009	2012	
马克思主义中国化	3.8703	2009	2011	
中国特色社会主义理论体系	5.1898	2009	2013	
大众化	5.5363	2009	2012	
大学生思想政治教育	3.0116	2009	2010	
和平发展	2.6521	2009	2010	
基本经验	4.3971	2009	2011	
社会实践	4.2239	2010	2011	
形势与政策	3.9973	2010	2012	
马克思主义基本原理	3.9064	2010	2012	
实效性	6.3083	2010	2012	
教学体系	4.4334	2010	2012	
马克思主义大众化	5.848	2010	2011	
建设	2.9077	2010	2013	
基础课	2.6048	2010	2012	

Keywords	Strength	Begin	End	2008—2017
思想道德修养与法律基础	3.9064	2010	2012	
途径	3.1259	2010	2012	
唯物史观	3.3946	2010	2011	
教学	2.9068	2011	2012	
高职院校	6.001	2011	2013	
对策	5.7344	2011	2012	
教材体系	3.2376	2011	2012	
校园文化	3.2376	2011	2012	
思想道德修养与法律基础课	5.4038	2011	2014	
概论课	4.0889	2011	2012	
教学模式	4.0274	2012	2013	
十八大精神	4.0274	2012	2013	
中国梦	6.1005	2013	2017	
网络	2.5763	2013	2015	
培养	2.7187	2013	2014	
马克思	2.9326	2013	2014	
高校思想政治教育	3.2001	2013	2014	
修订	2.5763	2013	2015	
毛泽东	6.5261	2013	2014	
长效机制	2.5763	2013	2015	
社会主义核心价值观	37.5652	2014	2017	
核心价值观	2.7916	2014	2015	
功能	3.2579	2014	2015	
经验	2.5725	2014	2015	
中华优秀传统文化	2.7982	2014	2017	
话语体系	2.7982	2014	2017	
原理课	2.7916	2014	2015	
依法治国	5.126	2014	2015	
影响	3.149	2014	2017	

续表

Keywords	Strength	Begin	End	2008—2017
教育	3.232	2014	2017	
改革	3.7245	2014	2015	
历史虚无主义	4.6921	2014	2015	
经典著作	2.4477	2014	2017	
新媒体	5.9627	2014	2017	
教学改革	2.4843	2014	2017	
培育	5.6179	2014	2015	
价值观	3.7369	2015	2017	
理想信念	2.6909	2015	2017	
抗日战争	5.6124	2015	2017	
发展	3.7513	2015	2017	
高校辅导员	2.7188	2015	2017	
内涵	3.525	2015	2017	
慕课	2.8009	2015	2017	
四个全面	5.6124	2015	2017	
话语权	3.7369	2015	2017	
网络思想政治教育	3.7369	2015	2017	

（四）被引文献分析

文献被引用率是现在国际比较通用的衡量论文质量与期刊影响力的标准，一般而言，被引用次数越多，作者的学术权威性越高，期刊的学术影响力也越大。"高被引论文意味着较高的学术影响力，它反映了一个学科的学术前沿和研究热点。对于作者和机构而言，其产出的高被引论文越多，表明该作者和机构在本学科的学术影响力和学术地位越高；对于期刊而言，其刊载的高被引论文越多或比例越高，则表明该期刊的办刊水平越高。"[5]

前面分析了《导刊》高产作者相关情况，"高产"是衡量学者学术影响力的因素之一，但学者的影响力，更主要地体现在其学术成果得到同行关注并纳入其论述内容的程度，即被引用的情况。利用 citespace 中"共被引分析"里的"共引作者"功能，运算得出《导刊》2008—2017 年刊载论文中高被引的前 20 名作者，名单见表 5。

表5 2008—2017 年《导刊》高被引作者名单前 20 名

序号	被引作者	被引频次
1	胡锦涛	278
2	中共中央文献研究室	166
3	习近平	151
4	马克思	151
5	邓小平	143
6	毛泽东	120
7	江泽民	100
8	列宁	92
9	张耀灿	77
10	教育部社会科学司	56
11	沈壮海	49
12	郑永廷	31
13	刘书林	29
14	张雷声	28
15	梅荣政	26
16	冯刚	26
17	顾海良	26
18	佘双好	26
19	逄先知	24
20	中共中央宣传部	24

通过表 5 可知，马克思、列宁、毛泽东、邓小平、江泽民、胡锦涛、习近平等精神领袖和国家领导人的领袖著作对《导刊》刊载论文有着绝对的影响力，中共中央文献研究室是编撰、整理党和国家重要人物和事件的文献的机构，其整理的党和国家领导人的重要文献对《导刊》论文的刊载发挥了重要作用。知名学者如张耀灿、沈壮海、郑永廷、刘书林、张雷声、梅荣政、冯刚等的学术论著也被《导刊》刊载论文广泛引用。

检索 CSSCI 数据，"被引期刊 = 思想理论教育导刊"，被引年代：2008—2017，输出结果数：1，349，即有 1349 篇《导刊》刊载的论文被 CSSCI 数据库中论文所引用。总计被引为 2，202 篇次。《导刊》所载的论文中，高被引论文具体情况见表 6。

表6　《导刊》2008—2017 年排列前 30 高被引论文

序号	被引作者	被引文献篇名	被引文献出处	被引次数
1	沈壮海	论思想政治教育理论研究的新范式与新形态	2007（2）	16
2	彭庆红	大学生网络利他行为及其对高校德育的启示	2005（12）	13
3	张雷声	马克思主义整体性的三个层次	2008（2）	12
4	陈占安	"马克思主义中国化"的科学内涵	2007（1）	12
5	逄锦聚	《马克思主义基本原理概论》编写体会和讲授建议	2007（5）	11
6	陈秉公	试论思想政治理论课教材体系向教学体系转化的规律性	2008（9）	10
7	骆郁廷	论思想政治教育主体、客体及其相互关系	2002（4）	10
8	沈壮海	改革开放以来思想政治教育研究的学术版图	2008（11）	10
9	刘武根	论共享发展理念	2016（1）	10
10	沈壮海	思想政治教育学科建设的关键词	2010（10）	9
11	梅荣政	坚持以社会主义核心价值体系引领社会思潮	2007（6）	8
12	杨立英	论网络思想政治教育的主客体关系特性与教育创新	2005（11）	8
13	许志功	大力加强社会主义核心价值体系建设	2007（10）	8
14	梁树发	关于马克思主义理论创新主体的若干思考	2005（6）	8
15	刘书林	论思想政治教育的本质——坚守"灌输论"的缘由	2012（10）	8
16	李卫红	统一思想明确任务扎实工作高质量实施高校思想政治理论课新课程方案	2006（增刊）	7
17	沈壮海	宏观思想政治教育学初论	2011（12）	7
18	侯惠勤	新中国主流意识形态建设的基本经验（下）	2009（9）	6

序号	被引作者	被引文献篇名	被引文献出处	被引次数
19	靳辉明	关于马克思主义理论研究和建设工程与马克思主义理论学科体系和课程体系建设	2007（11）	6
20	李卫红	深入贯彻党的十七大精神不断开创高校校园网络文化建设和管理工作新局面	2008（1）	6
21	刘建军	关于思想政治教育的学科内涵及建设的思考	2007（3）	6
22	张耀灿	思想政治教育研究的人学取向探析	2006（12）	6
23	邱柏生	试论开展社会主义核心价值体系教育的话语体系支撑	2010（11）	6
24	吕治国	略论新媒体环境下马克思主义大众化的传播路径	2011（9）	6
25	杨承训	制度优势：破解"中等收入陷阱"之本	2011（8）	6
26	柳礼泉	论思想政治理论课实践教学的形式	2007（3）	6
27	梅荣政	历史虚无主义思潮的泛起与危害	2010（1）	6
28	侯惠勤	论"共同富裕"	2012（1）	6
29	蒋永穆	共享发展与全面建成小康社会	2016（3）	6
30	侯为民	立足完善基本经济制度实现共享发展	2016（3）	6

由表6可知，在《导刊》2008—2017年排列前30高被引论文中，武汉大学马克思主义学院的沈壮海成为名副其实的被引"达人"，共有4篇文章被引，被引次数达到42次，其次为武汉大学马克思主义学院的梅荣政，共有两篇文章被引，被引次数达到14次，其他的有北京科技大学马克思主义学院的彭庆红、教育部原副部长李卫红、中国人民大学马克思主义学院张雷声、北京大学马克思主义学院陈占安等人的论文被引。整体而言，论文被引次数不是很多。

三、结论

本文采用文献分析工具CiteSpace和其他软件对《导刊》2008—2017年发表的学术论文进行了作者分析、机构分析、关键词共现分析，被引分析等，大致得出了以下几点结论：

其一，《导刊》服务对象鲜明，办刊宗旨明确，联系时代热点紧密，坚持以马克思主义为指导，全面推进高校思想政治理论课建设，全力为加强马克思主义理论学科建设服务，全力为加强和改进高校大学生思想政治教育服务。

其二，《导刊》作者主要集中于高校，尤其是高校马克思主义学院。高校成为了《导刊》所载论文的主要来源。高产作者较多，但整体而言，高产作者大多没有成为高被引文献作者。

其三，马克思、列宁、毛泽东、邓小平、江泽民、胡锦涛、习近平等精神领袖和国家领导人的著作对《导刊》刊载的论文有着绝对的影响力。武汉大学马克思主义学院和中国人民大学马克思主义学院无论是发表文章还是被引文献都表现突出，高引文作者前两位都是武汉大学马克思主义学院的教授，发文量最多的为中国人民大学。

参考文献：

[1]《思想理论教育导刊》10 年发展巡礼 [J]．思想理论教育导刊，2009 (1)．

[2] 邢国忠，刘阳．二十多年来高校思想政治理论课教学研究的对象、主题与方法 [J]．思想理论教育导刊，2018 (7)．

[3]《思想理论教育导刊》10 年发展巡礼 [J]．思想理论教育导刊，2009 (1)．

[4] 陈悦，陈超美，刘则渊，等．CiteSpace 知识图谱的方法论功能 [J]．科学学研究，2015 (2)．

[5] 王军．思想政治教育学科期刊高被引论文分析 [J]．思想理论教育，2014 (8)．

理工科高校艺术团建设存在的
问题及改善路径*

　　高校艺术团是高校校园文化建设的重要载体，但在发展过程中面临各种各样的问题，特别是理工科高校艺术团的建设，存在问题更为显著，发展更为缓慢。应对好这类问题，要在进一步确立大学生艺术团在高校艺术实践中的引导地位、注重大学生艺术团后备队伍建设、打造高校艺术团品牌节目，同时完善艺术教育课程，发挥学校层面的主导作用等方面做好工作，为艺术团的健康发展提供基础保障。

　　高校艺术团是高校校园文化建设的重要载体，在培养大学生艺术知识、提高艺术素养，引领、提升大学校园文化生活质量方面起着重要的作用。近年来，在全面推进素质教育，促进学生全面发展和健康成长教育方针指导下，高校艺术团在提升大学生审美意识和审美能力等方面，为大学生们呈现了大量优秀的艺术作品，繁荣了各高校的校园文化生活，展现了当代大学生的精神风采，取得了显著的成效。但在发展过程中也出现了各种各样的问题，特别是理工科高校艺术团的建设，面临着一定的局限性和特殊性，发展较为缓慢。现就相关问题及改善路径探讨如下。

一、存在问题

（一）高校对艺术团的管理协调机构不够健全

目前理工科高校艺术团隶属机构有校团委、校学生处、校艺术教育中心等，

---

　　* 作者简介：郭颖，女，北京信息科技大学团委艺术教育中心主任，副教授，主要研究方向为艺术教育和大学生思想政治教育。

由于职能部门工作繁多，对艺术团常会出现管理不力的情况，造成一些艺术团平时训练不够，有汇演时忙加班应付，任务结束偃旗息鼓。由于管理协调机构的不统一，也会造成艺术团一些分团之间缺乏必要的合作和沟通，致使活动时不能最大限度调动学生参与的积极性，达不到预期的教育效益。就整个学校教育来讲，是文化建设持续发展观念的缺失。

另外，相当一部分高校的校园文化活动是由多个部门牵头组织，一些活动有的是学校临时性工作安排，有的则是形式上的需要。就学校总的工作而言，缺乏整体性。

（二）人才匮乏，队伍不稳

目前，经教育部批准53所高校可以招收艺术特长生，其他高校无资格特招艺术特长生。这些拥有艺术特长生的高校艺术团水平自然会高一些。近年来，随着国家招生政策的调整，即便具有招收艺术特长生条件，高校招收数量也大大减少。一般高校特别是理工科高校，其优秀艺术人才更为难求。高校艺术团的学生掌握一门艺术是需要较长时间的，对于基础较差的艺术团队，组织者常常感到束手无策，力不从心。加之学生到大三以后，一些艺术团的骨干即将毕业或其他原因，退离艺术团的情况时有发生，艺术人才青黄不接，极大影响到艺术团的正常发展和艺术的延续。

（三）艺术教育课程普及不够

目前一些高校缺少艺术教育类课程，一些工科高校对于艺术类的课程更是开设不多。即便开设了一些课目，其设置也较随意，课程结构不尽合理。这对提升高校全体学生的文化艺术修养是一大缺失，尤其是高校艺术团人才培养和艺术水平的提高，更需艺术教育课程进行有效铺垫。

（四）学校指导部门和其他教学部门内外脱节，合力不够

在包括艺术团在内的整体的艺术教育各方面，形成艺术团管理薄弱、艺术技能差、活动规模小、体制管理脱节，急需改革探索。

二、改善路径

（一）整合完善高校大学生艺术团

1. 进一步确立大学生艺术团在高校艺术实践中的引导地位

从全国高校来看，在学校层面，多成立有艺术团。目前各高校艺术团的组建有这么几种形式，一是有特长生的高校，特长生是艺术团内的骨干，据有关

资料统计，全国约有350多个以艺术特长生为主的学生团队[1]；二是有艺术专业的高校，如艺术院校、师范院校、普通高校和民办院校艺术专业学生为主组建的艺术团；三是其他各类高校，艺术团成员从全体学生中选拔。其中第三类高校数量较多。艺术活动开展规模较大的学校，还有的成立了大学生艺术团总团。不少学校的大学生艺术团拥有合唱团、交响乐团、国标（民族）舞蹈团、钢琴乐团、手风琴乐团、民乐团、话剧团、管弦乐团、戏剧（曲）团、朗诵团等艺术分团。大学生艺术团都有明确管理制度，成立有事务管理部门对各分团的学习及训练情况进行管理。艺术团设团长和团支部书记，各分团设立分团长等，有的艺术团还设置秘书部，协助做好组织、策划、宣传等工作。

不少省市教委还在重点高校的基础上，组建成立省市级大学生艺术团，如北京、上海等地还制定了申报条件，提出了申报标准来进行评估与选拔，定期对大学生艺术团进行评审与验收等。需要提及的是，在一些未设艺术专业也未有艺术特长生的高校，特别是理工类高校，其艺术团数量在逐年增加，艺术活动规模蓬勃发展的势头方兴未艾。

这些都充分显示了大学生艺术团在高校艺术教育中的龙头作用，说明在大学生中愿意积极参与和接受这样的艺术实践形式，有利于集结高校艺术资源，创作优质的艺术作品，并在高校校园文化艺术实践活动中起着积极的引导作用。

2. 注重大学生艺术团后备队伍建设

高校大学生艺术团后备队伍建设一直是学校文化建设的重要环节。由于高校学生流动性的特点，艺术团成员稳定性差，大学生艺术团经常出现时而快速发展，时而青黄不接的情况。良好的生源是实现艺术团水平提升的基本保证，因此，高校如有招收艺术特长生资格，对于艺术团整体水平的大幅提升将是非常有利的。但目前只有53所高校经教育部批准具有招收艺术特长生资格，且为多年前所批准。而大部分高校在一定时期内并不具备招收艺术特长生的权力。因此，高校培养吸纳更多优秀后备人才仍是艺术团工作的重中之重。

每年新生入校时的"招新"是高校艺术团的重要节点。招新前要通过各种宣传工具，诸如校报、广播、微博等媒体来宣传艺术团团队特色和艺术风采，使新生了解艺术团，喜欢艺术团，为招新工作创造优良的氛围；在针对全校新生情况开展招新活动的同时，还要沟通各院系及熟悉新生的高年级同学，如在迎新生联欢会、元旦联欢会等活动中，给新同学提供一个展示才华的舞台和机会，这也是艺术团"招兵买马"、发现人才、扩充力量的好时机。

尝试建立艺术团梯队是高校艺术团建设的一种新模式。如南开大学合唱团、天津大学北洋合唱团都具备两个合唱梯队。天津大学在新生入学后先进行"招新"活动，组建"新生团"。对"新生团"进行声乐基础训练、乐理、视唱练耳和合唱初级训练。一年后，大一的学生能演唱近二十首简单的合唱作品，具有一定的五线谱视唱水平。在第二个学期末进行升入"演出团"的考试，择优录取的同时兼顾合唱团具体的声部人员发展平衡原则；北京交通大学立足艺术选修课，从普通学生中选拔有专业基础的同学，采取一团、二团分级建设的方式。一团承担重大演出任务，二团承担平时校内演出任务，并为一团补充人才。另外，北京理工大学在有多个校区情况下，在保持大学生艺术团完整性的基础上，建立不同校区不同年级的艺术分团，这是保证大学生艺术团阶梯式成长的一种很好的方式。

注重艺术团老团员的引领作用，不少艺术团的骨干成员在毕业后还时时关心着本校艺术团的发展成长，在招新时推荐有艺术特长的新生加入艺术团，还经常回来进行排练指导，对艺术团的成长起到了特殊的促进作用和榜样力量。

对于大多数理工科类高校来说，在没有艺术特长的学生中选拔组建艺术团，主要靠艺术教师一点一滴的辛勤培训和学生的刻苦练习来提高学生的艺术技能。因此，引导和支持并合理解决相关问题，使大学生艺术团的作用在校园文化活动中持续不断，承继有序，也是学校要积极关注的问题。

3. 加强大学生艺术团各分团的相互协作

艺术团活动要以创新的形式来展现，实现跨团合作和各类艺术展示的有机结合，使艺术作品更精致。如一些高校艺术团在合唱中加入一些舞蹈形式，钢琴团或乐团引入合唱，话剧中借鉴一些舞蹈、声乐因素等，克服单一分团一枝独秀的形式，加强沟通与交流，各艺术团分团团队也积极与各兄弟院校进行艺术活动的沟通，在彼此不断的交流进展中学习进步、取长补短，为艺术团的创新发展注入了新的活力。

4. 打造高校艺术团品牌节目

高校每学期都要举办多次各类校园文艺活动，如新年晚会、迎新晚会、十佳歌手大赛等，既展示了大学生特长，实现了学生们的自身价值，又活跃了校园文化氛围。这中间，不少高校艺术团都有好的艺术节目传承下来，有的优秀品牌节目延续多年，成为高校的保留品牌。但由于多数工科高校艺术团成员稳定性差的现状，一些工科高校经常是有任务临时组织节目，任务结束团队名存实亡，以致于一些花费很大精力排练的优秀节目很难得以保留和传承，削弱了校园文化的作用。

为此，要立足本校特色，挖掘学校历史内涵，选取典型事件，打造一些原创作品，创作一批具有学校特色的舞蹈、歌曲、小品、话剧等艺术作品，弘扬优良传统，传承校园文化。如北京航空航天大学学生舞蹈团的经典舞蹈剧目《红旗颂》《飞天之梦》，延续十多届，演出数百场。北京交通大学艺术团原创话剧《茅以升》，再现了茅以升老校长立志求学、倾情造桥、挥泪炸桥、精勤育人的辉煌一生。2018 年 1 月，北京物资学院大型原创舞剧《运》在北京舞蹈学院舞蹈剧场首演，这是一部结合民族文化、京杭大运河文化和校园文化的舞剧，也是唯一一个非专业艺术院团申报立项成为"北京文化艺术基金"支持项目的剧目。

同时，还可以积极鼓励艺术团成员在学院和班级的文化艺术活动中发挥带动作用，使更多同学参与到艺术活动中来，也可以将生活中感人的事迹，通过艺术加工以节目的形式融入校园文化，寓教于乐，更接地气。只有培育打造一批高校艺术团的品牌项目，才能使艺术团具有强大的生命力、持久性。

进行一些地区之间的交流，如北京大学生艺术节汇演中，就邀请了天津、河北一些高校的艺术团参与演出，体现了京津冀高校在校园艺术方面的协作联动。这些高校艺术团与北京一些大学生艺术团的同学们互相协作、开阔眼界，共同提升了各类校园艺术的表演水平。

（二）完善艺术教育课目，为艺术社团提供实践基础保证

目前，我国有相当多的工科高校已按照教育部《全国普通高校公共艺术课程指导方案》的要求，面向全体学生开设了音乐、舞蹈、戏剧、美术等门类公共艺术理论与欣赏课程，作为学校艺术类的选修课并纳入学分管理。

就工科高校艺术团艺术实践的一些课目，尚有进一步探讨的空间。在一般工科高校中，学生艺术团体的学生数量，每年一般保持400—600人的规模[1]。有的高校学生文化骨干的数量可以占全校学生的10%—15%。[2]对这类学生，特别是艺术团的艺术骨干，开设一些专门的艺术实践课程，对大学生艺术团成员进行深化培训，是工科高校艺术教育课程的延伸和补充，既提高了艺术团学生艺术素养与演技水平，也增强了学生的实践和创新能力，是工科高校培养复合型人才的重要方式之一。

对以大学生艺术团为主要授课对象开设的艺术实践课程，多为个别课，即

一对一教学（特别对于技法的训练）；小组课、一对几教学以及集体课等几种授课形式。[3] 由于艺术团的实践特点，教授课目需从各个时期的代表性作品形式着手，进行实际的分析、讲解及实践指导。如中国农业大学这类课目有："声乐基础""声乐表演""舞蹈基础""舞蹈表演""弦乐基础""弦乐表演""喜剧基础""喜剧表演""管乐基础""管乐演奏""合唱基础""合唱表演""民乐基础""民乐表演"等14门课。

对以大学生艺术团为主要授课对象的这类艺术课程，重点在于培养学生的艺术表现能力。这就要根据各分团的实际情况，配备专业指导老师，全程指导正常教学、日常训练和节目展演。实际上对相关指导教师来讲，是提出了更高的要求，要在课程内容设置以及艺术实践的指导方法等方面有着科学合理的规划。必要时可外聘一些经验丰富的艺术家担任艺术顾问，加强实践环节，提高实践成效。

高校艺术团是普通高校大学生进行艺术实践活动的重要载体，艺术课程提高了这部分学生的艺术素质和创造能力，为学校的文化建设培育骨干力量提供了条件，对发挥大学生艺术团在校园文化建设中的引领作用有着重要的意义。同时，作为学校层面，也可将艺术教育课程体系与学校整体的学科专业布局有机结合起来，把其纳入整体学科专业发展计划中进行考虑，将这部分课程作为普通高校开设与艺术相关的辅修专业和第二学位课程体系的一部分，既有利于美育教学的深化，也有利于培养多样化应用型高素质人才，对完善构建科学规范的普通高校艺术教育的课程体系也是一种有益尝试。[4]

（三）发挥学校层面的主导和保障作用

教育部《关于推进学校艺术教育发展的若干意见》指出，高等学校要有校级负责人分管艺术教育工作，并明确公共艺术教育教学机构，体现在以下三个方面。

一是学校决策部门的顶层设计。学校决策部门应将高校文化工作作为一项大事来抓，建立领导班子，提出文化建设规划，制定落实制度。随着中央对文化工作的要求，越来越多的高校对文化建设表现出更高的重视程度。如北京航空航天大学成立了由书记、校长挂帅，主管校领导负责的学校艺术教育指导小组，负责全校艺术教育工作的整体规划、组织领导和工作协调；北京交通大学成立有学校艺术教育工作领导小组；北京理工大学成立了体育与艺术教育委员会等。不少高校主管领导任组长，校团委或艺术教育中心作为组员部门，具体实施大学生艺术团以及校园文化艺术建设等工作。不少高校还根据本校情况，全面研究并连续出台文化建设五年发展规划，每年召开艺术教育工作会议，部署学校艺术教育实施方案等。

二是成立学校实施艺术教育的牵头机构。不少高校设立了文化艺术领导组织（或协调机构），具体实施机构多为校团委、艺术教育中心、人文（艺术）中心等，为整合文化艺术资源集聚育人力量、树立全局观念。随着艺术教育的不断发展完善，一些高校把包括艺术团在内的艺术教育资源，单独组建成一个艺术教学部门，诸如艺术教育中心等。这类机构的建立更有利于对艺术团进行专业化管理，在师资上也有相对的保障，对艺术团的持续发展提供了良好的平台。如果暂时成立不了艺术教育机构，可进行过渡，在校团委设立文化艺术部，与学校目前行使艺术教育职责的部门合署办公，协调全校艺术社团及全校文化艺术活动的组织和管理。如清华大学、北京大学、北方工业大学、北京信息科技大学等。校团委负责全校文化艺术活动组织管理，号召性强，艺术教育中心负责全校包括艺术团建设的艺术教育，专业优势明显，两者分工协作，共同来协调学校艺术团及艺术教育工作，对艺术团健康发展更为有利。

三是健全完善艺术团相关激励机制。一些学校制定了对艺术团发展做出较大贡献的师生进行奖励的措施，强化对艺术团成员的激励作用。对表现突出的学生，可优先获得评奖评优、优先修满学年学分、优先推荐给用人单位的机会；优秀成员可申报校级优秀团员称号等，如北京工业大学推荐品学兼优、工作能力强的同学免试攻读硕士研究生，不仅帮助一些学生圆了攻读研究生的梦想，而且延长了他们的艺术生涯。对参加校级以上大型演出活动成绩突出者，颁发荣誉证书。北京航空航天大学设置了象征该校文化艺术工作的最高奖项"艺馨杯"，以推动全校文化艺术类活动积极有序地开展。在教师方面，对在省级及全国大学生艺术展演等大赛活动中获奖的艺术指导教师给予相应的奖励，并计入晋级的重要指标等。

总之，大学生艺术团是引领高校校园文化的重要载体，尽管在发展过程中存在各种问题和困难，但只要跟随时代的步伐，结合自身特点，注重大学生艺术团后备队伍建设和发展；创立高校艺术团品牌节目；完善艺术教育课目，不断为艺术团发展提供实践基础；发挥学校决策层面主导和保障作用，健全完善艺术团相关激励机制等，就一定能在实践中探索一条发展路径，使高校艺术团在健康向上的校园文化建设中显示优势，发挥作用。

参考文献：

[1] 韩学周，等. 我国高校艺术特长生招生与艺术团发展现状调研 [C] //韩学周. 高校艺术教育论文集. 北京：中国广播电视出版社，2012：258.

[2] 王怡. 普通高校艺术教育效率问题及其改善路径研究——非专业音乐教育为例的实证分析 [D]. 南京：南京农业大学，2014.

[3] 贺春华. 对普通高校大学艺术团建设的几点思考 [J]. 北京理工大学学报，2003（2）：19－20.

[4] 王怡. 普通高校艺术教育效率问题及其改善路径研究——非专业音乐教育为例的实证分析 [D]. 南京：南京农业大学，2014.

实验中心微信公众平台建设 *

　　微信是当今人们应用最广泛的社交软件。在多年发展中，微信平台的功能愈加完善。以实验中心信息化建设为基础，探究如何使用个人身份证搭建实验中心微信公众平台的方法。在该公众平台上，教师可以面向学生实现实验中心展示、优秀学生作品展示、开放实验报名等信息的迅速推送，学生亦可通过该公众平台实现与教师的互动。

　　随着互联网的飞速发展，特别是智能手机等移动终端的普及，作用于其上的微信广为流行。目前，通过智能手机等移动终端上网获取信息的方式，在一定程度取代了利用计算机上网的习惯。微信已成为高校大学生一种全新的社交和生活方式，成为他们获取知识和信息的主要渠道。利用高校实验中心微信公众平台这种互动自媒体可以推进师生交流，增强教学工作的实效性和针对性。

一、移动入口下的实验中心管理模式

　　实验中心的管理模式发展大致可以分为三个阶段：第一阶段指所有实验中心管理信息完全依赖纸张，实验中心的排课、设备的运维等管理职能完全依赖记录本纸质材质进行登记管理；第二阶段指互联网技术对第一阶段的实验中心管理方式进行补充，将实验课程安排、设备报修、实验中心建设情况等业务通过信息化的平台进行整合，实现实验中心的信息单向开放；第三阶段是指移动式入口应用平台对实验中心管理引起的革新，这种管理模式与当下学生信息获取的行为方式发生重大改变紧密相关，该模式可以进一步扩大信息对称，实现信息双向开放，实验中心管理信息的对称程度在一定程度上体现了实验中心的管理效能。

---

　　* 作者简介：高平，女，北京信息科技大学高级实验师，研究方向为实验室建设与管理。

　　实验中心管理发展的第一阶段，两者之间的信息闭塞，缺乏信息沟通渠道、粘连性差。实验中心管理发展的第二阶段，利用互联网技术构建的信息化实验中心管理平台，为两者提供了便捷信息沟通渠道，促进了实验中心管理者和使用者之间的信息对称交换，但面临信息及时性较差的问题，难以满足不断变化的用户需求，如使用者在实验过程中发现的问题要反馈给管理者，还需要回到计算机旁重新整理提交，不利于信息对称程度的加深。实验中心管理发展的第三阶段也就是融合移动入口的实验中心管理模式，该模式是前两个阶段的必要补充，本质上要求实现对实验中心人、财、物、信息四要素的更优化配置，模式外延则要求为使用者提供实验中心管理的移动入口，其意义在于扩大信息对称，满足不断变化的学生使用模式，加深实验开放力度。[1]

　　移动入口的实验中心管理模式主要是基于微信公众号和微信小程序第三方平台二次开发，将实验中心的相关功能整合到微信平台中。

二、微信公众号设计

　　微信公众平台是腾讯公司在微信的基础上新增的功能模块，通过这个公众平台，个人、单位、机构、企业都可以打造一个自己的微信公众号，实现和特定群体文字、图片、语音、视频的全方位沟通、互动。通过以下四种方式可以实现以上功能：

　　（1）二维码添加，通过发布微信公众号二维码，让微信用户随手添加；

　　（2）自动回复，通过设置规则或编程开发自动回复消息，为用户提供服务；

　　（3）群发消息，通过一对多地发送消息实现信息的传播；

　　（4）自定义菜单，通过菜单、子菜单为用户提供信息和资讯。

　　我们实验中心想搭建我们自己的微信公众号，可是，我们只有个人身份证，只能选择注册微信公众平台订阅号。[2]

　　实验中心微信公众号自定义 3 个菜单[3]：

　　（1）实验中心：对实验中心的演播室、录音棚和媒体编辑机房的基本情况进行介绍。

　　（2）学生作品：对学生优秀的图、文、声、像作品进行展示。

　　（3）关于我们：介绍学院概况，对实验中心建设评优投票，开放实验报名。

　　用户关注后，可以通过手机了解实验中心基本情况和发布的信息，本校学生还可以通过本公众号报名参加开放实验。

三、微信订阅号搭建步骤

（1）在微信公众平台上用身份证注册订阅号帐户。

（2）在"功能/自动回复/被关注回复"编辑窗口可以添加文字、图片、语音、视频。选择添加文字"欢迎关注公共管理与传媒学院实验中心！北京信息科技大学官方网站：http：//www. bistu. edu. cn/"。

（3）在"功能/自定义菜单"编辑窗口添加菜单，添加实验中心、学生作品、关于我们三个菜单，在每个菜单中还可以添加多个子菜单：实验中心视频介绍、演播室、录音棚、媒体编辑机房、摄像作品、摄影作品、音频作品、学院概况、投票、开放实验报名。

（4）在每一个子菜单中可以编辑子菜单名称，选择"子菜单内容"，"子菜单内容"分为发送消息、跳转网页、跳转小程序三种。如选择发送消息，可以添加图文消息、图片、语音、视频，如选择发图文消息，可以从素材库选择，可以自建图文，还可以转载文章。每编辑完一个子菜单点击"预览"按钮，满意后点击"保存并发布"按钮。菜单、子菜单都可以通过点击"菜单排序"按钮重新排列顺序。

（5）在"管理/素材管理"中，可以新建图文素材、上传大小不超过5M的图片素材、添加大小不超过30M的语音素材、添加大小不超过20M的视频素材。也可以删除不需要的素材。在编辑新建图文素材时，可以对字体进行编辑，可以插入超链接，点击"超链接"，弹出编辑超链接对话框，输入公众号文章链接信息。

（6）在"功能/投票管理"中可以新建投票，建立对实验中心建设评优投票。

（7）通过子菜单可以跳转到微信小程序。目前，微信小程序已和传统的公众号界面实现了较高程度的互通，二者间已达成关联和界面跳转，小程序是微信公众号的拓展与补充，将小程序融入公众号中，可以提升实验中心移动端的服务水平。开放实验报名子菜单比较复杂，需要有开放实验场景的轮播图、开放实验项目选题通知、联系老师、报名信息和我们的位置信息，所以，我们在此嵌入一个微信小程序实现这些功能。

四、教生互动

登录微信公众平台帐号，在"管理/消息管理"中可以回复学生的提问，可以互发图文、图片、语音、视频信息。

　　实践证明课前运用微信公众平台推送学习材料、课堂培训实际技能和课后分享交流提升三结合的混合式学习模式，能够调动学生学习的积极性、主动性，培养学生利用教育技术获取信息的能力，提高学生的参与意识、交流分享意识，更好地达到课程设定的学习目标。

　　加强沟通，为师生、生生提供更有利的交互空间，传统教学模式下师生交流互动的机会少，师生关系淡漠。在信息时代教师应该冲出面对面交流的藩篱，以投其所好的方式融入学生群体中。从知识传递方式的选择角度看，教师适应学生比起学生适应教师来得更为"润物细无声"。微信作为广为学生使用的信息获取交流方式，给在网络环境下的高校学生提供了一个崭新的平台，已经成为现代大学生的一种生活方式，利用好这一工具为教育所用是一种积极的教学态度。在微信公众平台的支持下，师生、生生的交互空间从课堂拓展到网络，教师可以通过平台直接与学生互动，利用平台中消息管理的功能查看学生发送消息的情况，及时有效地对集中的、突出的问题进行答疑解惑，也可以通过个人微信建立群聊，分小组互动。

五、结语

　　实验中心开放不仅包括了时间、内容的同时开放，更强调实验中心以培养创新实践人才的内涵要求。信息对称程度是促进实验中心管理效能提升的关键，而基于微信公众号的实验中心管理模式则为学校创新型人才培养提供了更宽松、更好的实验环境支撑。

参考文献：

　　［1］李旭，王岩松，孙莉焰，等．基于微信小程序的开放实验室管理模式探索［J］．实验技术与管理，2018，35（3）：248 - 251.

　　［2］孙建．微信营销与运营——公众号、微商与自媒体实战揭秘［M］．北京：电子工业出版社，2016.

　　［3］冀芳，王召露，张夏恒．社会科学类学术期刊微信公众平台自定义菜单应用现状及优化方向［J］．中国科技期刊研究，2016，27（11）：1169 - 1174.

02

理论及实践热点探讨

从语言差异到文化差异[*]

中英文在"国家""嫁娶""叔舅""公婆""借与"等语言表述上的差异实际上折射着中西方传统的生产方式上的差异，社会基本结构上的差异，人与人关系上的差异，社会治理方式上的差异，以及在此基础上所形成的人们观念上的差异和文化上的差异。中国在经济、政治、文化、社会等方面的改革和建设中要充分认识到这种差异。

一、国家观的差异

汉语将"国"与"家"连称，称为"国家"，英语中的"国家"则是"country"，是个纯粹地域性的概念，其背后反映的是东西方文明中国家观的差异。在西方的政治理念中，"国"与"家"的关系更多的是分离的，甚至是对立的。这符合欧洲国家的历史。在欧洲长达1000年的封建社会里，国家权力处于极其孱弱的状态，根本起不到保护公民的作用，社会不得不将许多应由国家权力承担的社会职能转移给权力相对较大的教会。如公民的婚姻和死亡，本应是政府管理的事务，但在中世纪却由教会代管。中世纪之后兴起的资本主义生产关系以及资产阶级是作为封建国家政权的对立面出现的，其对封建的国家政权极度不信任，甚至仇恨。所以，认为国家是实现个人利益的障碍，只是为了保障个人利益的实现人们才不得已结成"国家"，这在作为西方国家理论基础的

---

* 作者简介：任旭阳，女，北京信息科技大学马克思主义学院马克思主义理论专业硕士研究生，主要研究方向为马克思主义理论。

刘永成，男，北京信息科技大学马克思主义学院教授，主要研究方向为马克思主义哲学及中国传统文化。

"社会契约论"中有着充分的体现，如霍布斯、卢梭等人的"社会契约论"。在语言上，英语将国家表述为一个纯粹地域性的概念；而其政治理论则将国家理解为一种社会成员出让个人权利的不得已的"契约行为"；而且认为，人们一旦将自己的权利出让出去建立国家，国家一定会妨害个人权利的实现。如美国最初的十条宪法修正案，以及许多西方政治史上的权利法案都是在这样的政治文化背景下产生的。与西方不同，中国传统文化中更多地将"国"看作是"家"的扩展和延伸，是个人生活和尊严的保障。如孔子说："有国有家者，不患贫而患不安，不患寡而患不均。"在儒家的伦理体系中，国家的政治伦理不过是国民私人伦理和家庭伦理的扩展，"孝"的扩展就是"忠"，"圣人以孝治天下"。

二、婚姻观的差异

中国人男女结婚，在男方称为"娶"，在女方则称为"嫁"。"娶"在古代就简单地写作"取"，其含义是将女人"取"进了家。而"嫁"的含义则是"家"，即女人有了自己的"家"。中国婚姻关系上，男女双方用字上的差异，体现了传统婚姻对于男女意义的不同。中国传统的婚姻有所谓"六礼"，即结婚的六个程序。"六礼"是一问名，也就是寻问对方生辰八字，正式提亲。二纳彩，即收受丝绸彩礼，订婚；三订期，确定婚期。四亲迎，即娶亲。五奠雁，即在大雁前奠洒酒，就是婚誓，因为据说大雁是最忠于两性之爱的，婚礼上两个新人要"喝"交杯酒，称为"合卺（音 jǐn）"，"卺"是由一个葫芦剖开制成的两个瓢。六庙见，即拜谒祖庙。"六礼"中的最后一个程序，即"庙见"是最重要的，旧式的婚姻素有"不庙见不成妇"的婚俗，即是说，如果没有完成"庙见"的程序，男女双方的婚姻就不成立。比如，如果在举行"庙见"仪式前女方忽然得急病去世，那是不能进男方家的祖坟的。"六礼"，特别是其中的"庙见"，体现出中国传统婚姻的实质并不是男女双方的事情，而更多的是关乎两个家庭或家族的事情。一方面是女方嫁给了这个男人；另一方面，更重要的是女方嫁进了这个家，要为这个家传宗接代。中国传统的家庭结构是"纵向"的，而不是"横向"的；"横向"的夫妻关系并不是家庭关系的"主轴"，"纵向"的家庭关系才是家庭关系的"主轴"。这与现代的婚姻及西式的婚姻有着明显的不同。

在英语中，无论是男方或女方，对于"结婚"的表述都是"marry"，从语言上并不体现出男女的不同。从实际情况来看，即使是现代，西方人对于婚姻及家庭的理解也明显与中国人不同。在西式的婚姻及家庭关系中，结婚是两个人的事情，与家庭或家族中的其他成员并无关系。家庭就是所谓的"核心家庭"，即夫妇和孩子，家族的其他成员，如男方的父母并不是"家庭"中的成员。青年男女成人后即表示父母已经完成了对于子女的抚养义务，孩子也就逐渐脱离原来的家庭；男女一旦结婚，其原来的家庭关系更是发生了实质性的变化。总的来看，西方人家庭关系的"主轴"是"横向"的夫妇关系；而传统中国人的家庭关系是"纵向"的关系。虽然，城市化改变了现代中国人的家庭观念，但传统的观念、习惯、文化不可能不在人们的生活中留下痕迹，造成影响。这些痕迹、影响都体现在现代中国人的婚姻及家庭关系上。

三、家庭观的差异

汉语中称父亲的弟弟为"叔叔"，妈妈的兄弟为"舅舅"；英语则不同，统统称为"uncle"；汉语中称父亲的姐妹为"姑"，称母亲的姐妹为"姨"，英语统称为"aunt"。在中国文化的语境中，母亲一方的亲属为"外亲"，父亲一方的亲属为"内亲"，这是十分清楚的。语言的差异反映出不同文化背景下，人们家庭观的差异，以及实质的家庭结构的差异。传统的中国是个农业国，农业以土地为主要的生产资源。依靠土地生活的人离不开土地，往往世世代代在同一块土地上生息繁衍，迁徙是很偶然的，由此便形成了传统社会"血缘"和"地缘"相交织的家庭或家族的社会结构。在中国的农村会发现一个很普遍的现象，即一个村子往往有两三个大姓，这两三个大姓人家占了全村人口的大部分或绝大部分；而同一姓氏内的村民往往又有着复杂的亲缘关系，他们实际上是一个大的家族。以家庭或家族为主的社会结构决定了中国传统的治理模式是"德治"或"礼治"而不是"法治"，也决定了中国传统的信仰是以家庭关系为依托的"祖先崇拜"。这种以家庭或家族为主要结构的社会是一个"差序格局"，就是说在人与人的关系上是有差等的。汉语中的"叔叔""舅舅""姑姑""姨"，以及"堂兄""表兄""内亲""外亲"等将这种差序表示得清清楚楚，这是现实的亲缘关系的反映，也是维持既定的社会关系的需要。中国传统社会在表述亲缘关系上有"五服"的说法。所谓"五服"是体现人伦亲缘关系远近的五种丧服。一个人去世了，与他关系越近的人所穿的丧服就越差，越粗糙；关系越远的人其丧服就越精细，这是现实人与人关系中"差序格局"的反映。

中国传统社会的生产方式决定了中国传统社会以家庭或家族为主的社会结构。家庭的职能不仅是繁衍后代，它也是一个生产资源的集合体，组织生产的集合体，社会治理的基本单元，人们主要的精神寄托。

西方以商业立国。商业的主要特点是居无定所，迁徙频繁。由此所形成的家庭结构与中国传统的家庭结构完全不同。其家庭的结构并非中国传统社会的"差序格局"，而是由父母和自己孩子构成的"核心家庭"；对于"核心家庭"来说，其作用、意义完全有别于中国的传统社会，对于"核心家庭"以外的成员关系也无须厘定得很清楚，这些必然会反映在语言上。

四、法律观的差异

汉语中，丈夫对妻子父母的称谓为"岳父""岳母"；妻子对丈夫父母的称谓为"公公""婆婆"，其所表达的是不同成员之间的亲缘关系。英语中无论男方或女方，对于对方父母的称谓均是"mother–in–law""father–in–law"，其所强调的是彼此间的法律关系。无疑，语言差异背后折射的是法律观的差异。

西方社会以商业立国。维持商业关系存在的基础是"契约"，而维持契约权威的是法律。因此，西方社会是一个"契约"社会、"法制"社会；传统的中国社会则是一个以家庭伦理关系为基础的"德治"或说"礼治"社会。在传统社会，对一个犯了错误的人实施惩罚时所依的往往是家族内部的"礼"或"礼俗"。实施惩罚的组织往往是家族内部的族人，而不是法庭。人与人关系的维护所依靠的并非法律，而更多的是"礼"与"德"。我们在费孝通先生所著《乡土中国》中可以很形象地看到这种西式的"法治"与传统的"礼治"之间的冲突——一个"二流子"与村里的一个妇女私通，被女人的丈夫发现，打了"二流子"。如果按照过去的礼俗来处理，受到惩罚的一定会是两个私通的人。可是，近代的革命发生后，农村的情况也发生了变化，村里建起了法庭。"二流子"将与之私通的女人的丈夫告上了法庭。法庭按照法律判决：与人私通是无罪的，且没有证据；但打人是有罪的。所以，打人的男子受到惩罚。这样的判决让村民很不理解，法律怎么能袒护恶人呢？这事件背后实际体现着东西方社会治理理念及治理方式的差异，而这差异背后则是中西方社会结构和生产方式的差异。西方以商业立国，国家和社会治理更多地依靠"法律"，法律所维护的是当事人的权益。中国传统社会以农业立国，社会治理所依靠的更多的是"礼治"与"德治"；这种"礼治"与"德治"所维护的是传统的伦理关系，而不是商业性的个人权益。

随着中国工业化、城镇化的推进，社会治理也由原来的"礼治"与"德治"趋向于"法治"，这是历史的必然，也是历史的进步。但是，在中国这样有着深厚"礼治"和"德治"传统的亲情社会中进行法治建设理所当然要兼顾中国的历史和实际情况；因此，中国的法治建设一定要有鲜明的中国特色，兼顾中国的历史、文化以及人们的法治观，如在强调"依法治国"的同时，也必须强调与"以德治国"相结合等。

五、商业观的差异

在英语中，"借"有两种表达方式，"借给人"的借为"lend"，而从别人那里借则是"borrow"；而在汉语中，两种完全不同的"借"只用同一个"借"字表达，其所表达的债权关系是不清楚的。这不仅反映出东西方法律观念上的差异，在更深层次上体现的是商业社会与农业社会的差异。传统的中国以农业立国，在长期的历史发展中一直有重农轻商，甚至重农抑商的传统，农为本，商为末，其结果就是士人羞于言商，反映在语言上，就是对商业借贷关系的表达含混不清；与中国不同，西方社会以商业立国，有着长期的重商主义的传统。反映在语言上，即是对商业借贷关系的表达清晰明确。

六、整体观的差异

中国人起名字将家族的姓氏放在前面，个人的名字放后面；西方人取名则相反，家族的"姓氏"放在后面，而将自己的名字放在前面，如乔治·布什；中国人写地址是先大后小；西方人写地址正相反，是从小到大。西方文化更重视个体，东方文化更重视整体。

在个体与整体的逻辑关系上，西方文化中蕴含的逻辑是无个体即无整体，整体是由个体构成的。个体或个人的价值高于整体。东方社会与之相反，认为无集体则无个体，个体的一切都是在整体、社会之中获得的，整体、集体是个体存在的前提，只有在整体之中才是真实的个体。西方文化更重视个体，更加倾向于个人主义，东方文化或中国文化则更重视整体、集体的价值，更加倾向于集体主义。

西方文化中注重个体，轻视整体的另一个方面则是忽视个体之间，或部分之间，以及个体与整体、部分与整体的联系，也就是其对事物的认识角度或方法是孤立的、割裂的。相反，中国传统文化则更多地将事物放在与其他事物的关系中去考察，而不是孤立地、割裂地认识事物，对待事物。如在中国传统文化中有着基础地位的"五行说"即是典型地以整体的、相互联系的方法看待事物、对待事物的理论或学说。

又如这种整体观反映在中医与西医的差异上，则体现为中医更重视综合，更注重人体各部位、各脏器的整体联系，对于任何一个部位或器官的诊断无不是将其置于与其他部位或器官的相互联系中予以考察的。而建立在解剖学基础上的西医则不同，基本上是孤立地对待有机体的各个系统、各个器官的。

《庄子》中有个寓言故事："南海之帝为儵，北海之帝为忽，中央之帝为浑沌。儵与忽时相与遇于浑沌之地，浑沌待之甚善。儵与忽谋报浑沌之德，曰：'人皆有七窍以视听食息。此独无有，尝试凿之。'日凿一窍，七日而浑沌死。"这是一个很具代表性的寓言，反映出庄子或道家的整体观，反对分离或割裂地看待事物。《庄子》中说："其分也，成也；其成也，毁也。""百年之木，破为牺尊，青黄而文之，其断在沟渠。比牺尊与沟中之断，美恶有间矣，其于失性者一也。"

百年长成的树木，木匠将其锯开，做成尊贵的酒器，再以青黄的颜料涂上色彩，而裁断的废料则丢在沟渠之中。制成的酒器与沟渠中的废料之间的差异很大，但二者都失去了原木的本性。所以，庄子说："其分也，成也；其成也，毁也。"割裂了的事物就不再是原来的事物了。主张将事物放在其本来的与其他事物的联系中去认识事物，这是中国文化的一个重要特点。

中国特色社会主义建设必须建立在对于"中国特色"的充分而清晰的认识基础上。我们的"文化自信"也必须建立在对于我们文化特点和优点充分认识的基础上。在与西方文化的比较中充分认识到我们文化的特色及优势对于建设中国特色社会主义，以及增强我们的"文化自信"乃至"道路自信""理论自信""制度自信"无疑有着十分重要的意义。

参考文献：

[1] 费孝通. 乡土中国 ［M］. 北京：生活. 读书. 新知三联书店，1985.

[2] 曹础基. 庄子浅注 ［M］. 北京：中华书局，1982.

[3] 论语 ［M］. 太原：山西古籍出版社，1999.

新形势下我国高校志愿服务制度
建设的现状分析*

健全志愿服务制度是推动志愿服务持续健康发展的关键。我国高校志愿服务的制度化建设在新形势下取得了较大进展，主要表现在注册志愿者制度在高校广泛实行，志愿服务的记录、招募等管理制度依托信息化建设快速发展，志愿服务激励制度不断加强等，但也仍然存在一些问题，特别是高校志愿服务保障制度建设亟待推进。

中央精神文明建设指导委员会《关于推进志愿服务制度化的意见》指出，我国志愿服务领域存在"活动开展不够经常、体制机制不够完善、服务水平不够高等问题"，"解决这些问题，关键在于健全志愿服务制度"。[1] 文件中着重强调了志愿服务在招募注册、培训管理、记录制度、激励机制以及政策和法律保障等方面制度的建立健全。此后，教育部发布的《学生志愿服务管理暂行办法》、中央文明办、民政部、教育部和共青团中央联合发布的《关于规范志愿服务记录证明的指导意见》、民政部发布的《志愿服务信息系统基本规范》行业标准、中宣部及中央文明办等多部门联合印发的《关于支持和发展志愿服务组织的意见》等若干文件都涉及志愿服务的制度建设问题。这些"意见""办法"和"标准"的出台无疑为推进志愿服务制度建设提供了良好的政策环境。基于

* 作者简介：曾毅红，女，北京信息科技大学马克思主义学院副教授，主要研究方向为志愿服务，马克思主义中国化。
苏超莉，女，北京工业大学马克思主义学院讲师，主要研究方向为志愿服务，执政党的意识形态建设。
本论文为由共青团中央牵头的"中国高校志愿服务发展报告"课题的阶段性研究成果。

此，我们在高校志愿服务发展状况的调研过程中将制度建设作为重点，通过文献研究、材料收集、问卷调查及实地调研等方法，掌握并分析新形势下我国高校志愿服务的制度建设状况。

关于问卷调查，是由调研组从我国大陆 31 个省级行政区的高校中分别抽取4 所高校（其中至少包括"211"工程学校 1 所、高职高专院校 1 所），向它们发放了两份调查问卷：针对大学生的问卷调查，采用在线填写方式（网址：ht-tps：//sojump. com/jq/9931559. aspx），共回收问卷 32868 份。由于各省间样本数量差距较大，为保障数据分析的有效性和科学性，调研组以回收的问卷为基础进行了以各省为分类标准的第二轮数据抽样，各省市分别以 400 为样本数量上限随机抽样，不足 400 份的省市问卷样本全数抽取，由此取得有效问卷 9767份。另一份是用邮件形式向上述 124 所高校团委发放"高校志愿服务总体情况调查问卷"，共回收 112 份，其中有效问卷 105 份，有效率 93.75%。另外，课题组还分赴江苏、天津、湖北等 8 省市的近 20 所高校进行实地调研，深入了解高校志愿服务发展状况。调研表明，目前我国高校志愿服务制度建设取得了较大进展，但依然存在需要改善和创新的地方。

一、注册志愿者制度覆盖面广，但注册率有待进一步提高

志愿者的注册管理是指"志愿者在实施志愿服务时通过相关志愿者组织机构的确认并登记注册，同时领取志愿者注册登记证和相应的徽章，成为有注册档案的服务者"。[2]推行志愿者注册制度是新形势下深化志愿者行动的具体措施，是加强社会主义精神文明建设和青少年思想道德教育的有形抓手，是丰富人才培养方式和有效开发人力资源的重要手段。为了进一步规范注册志愿者管理工作，大力弘扬"奉献、友爱、互助、进步"的志愿精神，推动志愿服务项目化运作、社会化动员和制度化发展，共青团中央于 2013 年底重新修订颁布了《中国注册志愿者管理办法》，此后，全国高校更加重视并规范对志愿者的注册管理。调研中，105 所高校里有 100 所表示本校实施了注册志愿者制度，表明该制度在国内高校得到较普遍推行。

但在针对大学生的调查中，只有 65% 的被调查者确认自己是"注册志愿者"，可见注册志愿者制度覆盖面虽广，但注册率仍有待提高。调研发现，不少学校为保障注册率采取了一些有效措施：有的学校如武汉职业技术学院会要求新生在报到时填写志愿者注册号，快速辨识学生是否已在中学完成志愿者注册；

有的学校，如中国农业大学则在新生第一门思政课即"思想品德修养和法律基础"课上要求学生完成志愿者注册程序；更多高校则把注册志愿者身份与参加本校志愿服务项目以及相关评比活动联系起来，如对外经济贸易大学把志愿服务作为一门必修课，本科在校期间累计须修满100学时才能获得相应的2学分，而只有注册志愿者才能申请参加志愿服务项目、记录志愿服务时长、参与志愿服务方面的评奖评优等，这种关联学生所有在校志愿服务经历的志愿者注册号就相当于学号。上述措施虽然都带有一定强制性，但能够显著提高志愿者注册率，保障注册志愿者制度的落实，最终有助于志愿服务管理的制度化和规范化，是值得借鉴的。

二、志愿服务管理制度依托信息化建设快速发展

功能完善的志愿服务信息平台是为志愿服务各方提供信息的重要渠道，通过志愿服务信息化建设，发挥网络传播、数据化存储、云计算决策支持系统的优势，形成自助式、高效率的志愿服务管理是一种必然趋势，特别是在志愿服务的记录、招募等管理制度上，依托信息平台建设，志愿服务制度的建立健全取得了快速进展。

调查发现，超过六成高校已建立统一的志愿服务信息化平台，但不同类型高校间存在较大差异（见图1），这其中应当既有技术因素，也与管理理念和能力有关。

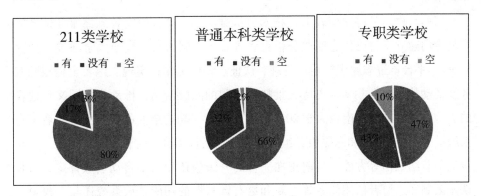

图1 各类高校志愿服务网络信息平台建设情况对比图

目前我国高校志愿服务信息化平台主要包括两类：一类是志愿服务信息管理系统，另一类是志愿服务微博、微信公众号和官方网站等。

（一）主要依托"志愿云"等类似平台建立高校志愿服务信息管理系统

2014 年中国志愿服务联合会发布"志愿云"，旨在建立全国统一的志愿服务信息系统，解决全国志愿者实名注册、服务记录转移接续、志愿服务供需对接、志愿服务组织在线管理等问题，实现全国志愿服务数据库的互联互通。其移动客户端"中国志愿"App 也随之上线，具有查找、参加志愿服务团体、项目、扫描二维码记录志愿服务时间等功能。全国各地也相继建立起自己的"志愿云"，如北京的"志愿北京"、内蒙的"志愿内蒙古"等，它们通过全国"志愿云"系统相互连接，因此志愿者注册、志愿服务记录、个人信息跨省转移均可以通过本省"志愿云"得以实现。目前国内大部分高校都依托本省的"志愿云"网站建立了高校志愿服务信息系统，例如"志愿北京"几乎成为北京所有高校的志愿服务信息管理平台，学校可通过该平台发布项目和志愿者招募通知、记录认定学生的志愿服务时长，学生志愿者也能够及时了解志愿服务项目，实现志愿服务的自助式管理。又如，湖北省建立了以湖北"青年云"青楚网为核心、以团省委和省志愿者协会官方微信、微博、移动客户端为支撑的青年志愿服务网络平台，发布全方位、可视化的"志愿服务地图"，畅通志愿服务供需信息，实现志愿者、服务对象、社会资源的有效对接，推广具有时间记录、信息查询、积分兑换等功能的志愿 V 卡，实现志愿者服务管理的信息化。该制度已在武汉大学、武汉理工大学等多家高校公益组织试点，发送志愿 V 卡近3000 张。

当然，也有一些规模较大、技术力量雄厚、已具备较完善志愿服务体系的高校专门建立了自己的志愿服务信息管理系统。例如西安交通大学通过"西交Youth"平台推进志愿者注册、管理、认证、评价工作，实现志愿者全程跟踪服务及活动信息多点共享，支持大批特色鲜明的品牌活动，推动了校园文化建设的有力突破。又如，南京大学 2013 年自主开发了功能全面的"青年志愿者信息系统"，涵盖志愿者和志愿服务组织的注册、项目招募、时长统计和认定、活动策划与总结归档等方面，目前正在完善的升级版还加入了自动星级评定、时长认定限制和志愿者信用体系等更新和更有针对性的功能。该系统还与学校第二课堂成绩单平台无缝对接，学生志愿服务经历会自动录入第二课堂成绩单，作为留学申请、求职、评奖评优的官方认定。正是通过技术创新完善了制度保障，使该系统成为南京大学开展、管理、保障志愿服务工作的新抓手，实现了学校志愿服务活动的信息化、规范化发展。

（二）微博、微信公众号等平台的应用成为招募、培训等制度建设的重要载体

自媒体时代，高效便捷的信息获取途径是志愿服务工作顺利开展的重要保障，利用志愿者协会官方网站、微博、微信公众号等方式实现"互联网＋"，提高了志愿服务的宣传和管理实效。这些平台主要向本校志愿者及时发布志愿服务项目招募和培训信息，志愿者由此获得参与志愿服务、接受培训以及交流互动的机会。对外经济贸易大学志愿服务中心曾在全校范围开展调查发现，该校学生主要通过微信公众平台获取志愿服务信息，比例高达96.60%，其次是通过同学朋友宣传和浏览海报刷屏，比例分别为33.67%和30.61%，只有极少数人通过校园 BBS 和其他途径获取信息。[3]可以认为，微博、微信公众号等平台已经成为高校志愿服务制度建设尤其是招募、培训等日常管理制度建设的重要载体，其影响范围和程度也成为衡量该校志愿服务活动水平的重要标志。

通过信息化平台的建设和使用，有效促进了高校志愿服务组织的服务效能和管理水平的提高。同时我们也注意到，在问卷调查中有部分学生从未参与过志愿服务，其中超过六成的人认为是"志愿服务活动宣传不够、自己不知道，没有机会参加"，在所有选项中占比最高（见表1）。因此，如何提高各类志愿服务信息平台的影响力无疑是高校志愿服务制度建设过程中要解决的重要课题。

表1　（多选题）您至今未参加志愿服务活动的原因是：

选项	小计	比例
A. 学习太忙, 功课比较紧张, 没有更多的时间	679	53.59%
B. 觉得志愿工作是零碎活, 学不到什么东西	63	4.97%
C. 感觉志愿服务活动意义不大, 对志愿服务活动没兴趣	83	6.55%
D. 志愿服务活动辛苦, 没有回报	45	3.55%
E. 交通、餐费等支出较多, 物质补贴太少	107	8.45%
F. 对志愿者权益的保障比较欠缺	165	13.02%
G. 志愿服务活动宣传不够, 自己不知道, 没有机会参加	773	61.01%
H. 其他(请注明):	104	8.21%
本题有效填写人次	1267	

三、高校志愿服务的激励制度不断加强，但基础仍待夯实

建立并完善志愿服务激励制度是希望通过制度性安排为志愿者提供持续性激励，以留住志愿者并维护其热情服务，使志愿工作步入良性循环，实现健康和可持续发展。

调研发现，高校志愿服务的激励制度得到不断加强，105 所被调查高校中有 98 所已建立了全校性志愿服务表彰机制，超过 6 成的高校还建立了星级志愿者评定制度（根据教育部发布的《学生志愿服务管理暂行办法》，在大学学段应实行学生志愿者星级认证制度。学校根据学生志愿者参加志愿服务的时长，自大学学段以来累计志愿服务时间达到 100、300、600、1000、1500 小时的，分别认定为一至五星志愿者）。表彰不仅针对志愿者个人，还包括对志愿服务项目、团队以及基层组织等，不少高校还逐渐把对志愿服务的激励机制纳入高校整体奖惩激励体系的宏观框架中，形成既适合志愿服务又与其他评比、推优奖励挂钩的校、院系、班级或团支部以至于个人的志愿服务奖励网络体系。例如，南开大学分别针对志愿者、志愿组织、志愿服务项目和志愿服务基地设立了评选奖项和相关评比标准，建立了日常考评、年终考评和附加分制度。这种多维度考评制度使志愿服务的评价更全面、公平，对个人、团队和院系等不同层面起到了更好的激励作用，使各学院青年志愿服务中心能吸纳大量志愿者，开展丰富的志愿活动，从而促进了学校志愿服务工作的整体全面发展。

但是，以上述及的主要是处于高端的"荣誉性激励制度"，要推动志愿服务健康可持续发展，"基础性激励制度"更应受到高度重视。调查发现，只有 7.88% 的被调查者认为参与志愿服务不需要任何激励，其他绝大多数人还是希望得到一定形式激励的（见表 2）。

表中数据既说明在志愿服务活动中建立和运用激励制度的重要性，也为健全激励制度提供了方向指引。其中占比较高的几项如"志愿服务证明""学校、老师和朋友的支持和肯定""建立志愿服务个人档案"以及"计入学分"等表明大学生参与志愿服务不再只是出于传统的"助人"或"社会责任感"动机，而且希望由此实现学习和自我提升并能够与他们的社交需要和对未来职业生涯的规划相关联。同时这些选项涉及志愿服务规范化管理的一些基础性工作，这也提示我们，"激励"不等于"评奖"或"表彰"，建立健全激励制度要抓住学生的时代特点，夯实基础，突出针对性。

表2　（多选题）您希望参与志愿服务能得到哪些形式的激励？

选项	小计	比例
A. 什么都不需要	770	7.88%
B. 志愿服务证明	6396	65.49%
C. 主办方提供的物质奖励，表示对你的尊重和鼓励	2483	25.42%
D. 学校、老师和朋友的支持和肯定	5700	58.36%
E. 建立志愿服务个人档案	5004	51.23%
F. 计入学分	4644	47.55%
G. 新闻媒体的宣传	788	8.07%
H. 主办方和服务对象的肯定和感谢	3658	37.45%
I. 其他(请注明):	38	0.39%
本题有效填写人次	9767	

针对高校的组织问卷调查则从另一个侧面说明在激励制度建设中基础工作的重要性。有74.29%的高校认为"考评机制有待完善"，在所有选项中位列第二（见图2）。考评机制是激励制度的基础和依据，由此可见激励制度的建设仍存在较大改进空间，特别是基础层面的工作尚待加强。

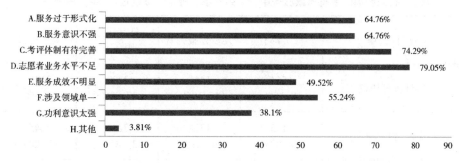

图2　您认为当前大学生志愿服务中自身存在的问题有哪些？

四、志愿服务保障制度建设亟待推进

志愿服务属于民事行为，志愿者在参与志愿服务过程中涉及相关权责问题，为志愿服务设立一定的保障机制有助于保护志愿服务各参与方的合法权益，保

障志愿服务活动顺利开展。调研中我们发现大部分高校都设立了一定的志愿服务保障制度，如对志愿服务实施监督、指导，提供岗前培训等。但"志愿者权益的保障比较欠缺"仍是阻碍大学生参与志愿活动的重要原因。在那些认为参加志愿活动存在阻力的同学中，这一因素的比重高居第二位（见图3）。

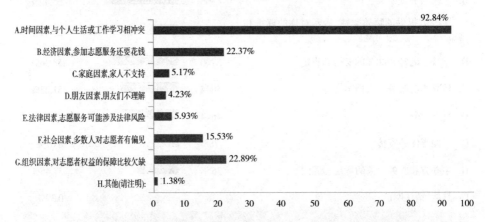

图3　（多选题）您认为参加志愿服务活动的主要障碍因素有哪些？

保障缺失主要表现在服务协议、相关保险、活动补贴以及服务证明等方面。表3显示，近4成的志愿者在志愿服务活动中从未签订过志愿服务协议，超4成的志愿者从来没有享受过相应的保险，3成多的志愿者没有得到过交通费等补贴。

表3　在您参加的所有志愿服务中，下列各项保障是否提供过？[矩阵单选题]

题目/选项	每次都有	大多数服务有	只有部分服务有	从未有过
签订服务协议	1544 (18.16%)	1461 (17.19%)	2299 (27.05%)	3196 (37.6%)
为志愿者提供保险	1195 (14.06%)	1378 (16.21%)	2282 (26.85%)	3645 (42.88%)
为志愿者提供补贴 （如交通补贴等）	1414 (16.64%)	1656 (19.48%)	2763 (32.51%)	2667 (31.38%)
提供志愿服务证明	3127 (36.79%)	2231 (26.25%)	1861 (21.89%)	1281 (15.07%)

造成上述高校志愿服务保障缺失的原因，我们认为主要是三个方面：

一是国家层面虽有相关文件或规定出台，但主要是原则性的，对志愿者及志愿活动的保障没有明确统一的标准和操作方案。例如，中宣部等多部门联合印发的《关于支持和发展志愿服务组织的意见》明确指出对志愿服务组织要加大经费支持和保险保障，"鼓励多渠道筹资为志愿者购买保险，鼓励保险公司与志愿服务组织合作，设计开发符合志愿服务特点、适应志愿服务发展需要的险种，为志愿服务活动承保，为志愿服务组织健康持续发展提供有力保障"。但事实上这些保障政策的落实本身还缺乏相应的保障。相对而言，目前大型活动的志愿服务保障机制建设比较健全，其他日常类的志愿服务保障制度则亟待完善。

二是高校志愿服务缺乏稳定的资金来源。志愿服务是无报酬但有成本的，活动从前期联络、宣传到志愿服务的实施，都会产生诸如材料、场地、交通、通讯以及保险等相关费用，同时高校志愿服务组织的自身建设，比如团建、沙龙等活动也会产生相应费用。教育部发布的《学生志愿服务管理暂行办法》明确要求"地方和学校应设立学生志愿服务工作专项经费，纳入学校预算管理，专项用于志愿服务组织实施、认定记录、认证表彰、教育培训以及根据需要为学生参加志愿服务购买保险、提供物质保障等"。但实际上很多高校志愿服务组织都缺乏长期稳定的资金来源。图4显示了105所高校对"阻碍大学生参与志愿服务的主要因素"选择，其中"志愿活动经费不足"是第二位的，占比高达近八成。通常高校承接大型赛会志愿服务能够获得相应的资金支持，因此会给志愿者提供较规范的各项保障或补偿，但在一般志愿活动中很难有足够的资金保障，因此，大多数高校不仅难以建立起规范的保障制度，很多时候甚至需要学生组织者和志愿者自己出钱补贴，这对本来就没有自主经济能力的大学生而言，无疑会挫伤其参与志愿服务的积极性。

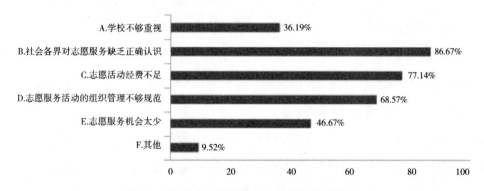

图4　（可多选，按重要性由高到低依次排序）
您认为阻碍大学生参与志愿服务的主要因素有哪些?

　　三是目前对于高校志愿服务活动中各方责权关系的认识尚未达成明确共识。图5是105所高校组织问卷的统计情况，显示志愿服务组织和管理者对于"责任承担"问题有较大分歧。类似的问题在志愿者调查中获得的数据也体现了一定分歧，但主流观点是认为责任"应由志愿服务组织、志愿者及服务对象三方共同承担"（见表4）。

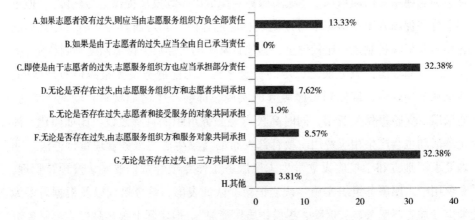

图5　您认为如果志愿者在服务中自身利益或者服务
对象受到损害，应当由谁负责？

表4　（单选题）无论志愿者自己是否存在过失，志愿者在服务中自身
利益或者服务对象受到损害，应当由谁负责？

选项	小计	比例	
	1090		12.82%
应当由志愿者自己承担	475		5.59%
应当由服务对象承担	115		1.35%
应当由志愿服务组织方与服务对象共同承担	1039		12.22%
应当由志愿者自己与服务对象共同承担	301		3.54%
应当由志愿服务组织与志愿者自己共同承担	1489		17.52%
应当由志愿服务组织、志愿者及服务对象三方共同承担	3991		46.95%
本题有效填写人次	8500		

由此可见，志愿服务过程中的责任厘清问题比较复杂，高校志愿组织和大学生志愿者对此虽有一定共识，但也还存在相当大的差异，这是导致很多高校未能建立起比较规范的志愿服务保障制度的重要原因。

由于缺乏规范的保障制度，大学生在参与志愿服务过程中一般没有专门的人身保险、意外保险等，一旦出现权益纠纷或意外事故，志愿者的权益很难得到有效维护，这必然导致大学生参与志愿服务的热情降低，服务水平难以提高。因此，高校志愿服务保障制度的建设亟待推进。

除了上述几个制度建设的主要方面外，高校志愿活动在实践中还产生了对一些具体制度的需求，例如，一些学生对志愿活动的态度比较随便，缺乏信誉，想来就来，想走就走，需要对类似行为建立相应的约束制度。又如，不少高校志愿者注册率与志愿者的活跃度之间存在很大反差，是否应当建立起注册志愿者的退出机制？等等。一些学校已经在探索相关制度的建立上进行了有益的尝试，例如对外经济贸易大学建立了志愿者信用记录和评估机制，将学生在志愿服务活动中的表现以信用分的形式录入志愿者注册管理系统，普通参与得 1 分，各分组组长得 2 分，领队得 3 分，志愿者信用累计分成为志愿活动筛选志愿者的重要依据之一。

总之，"推进志愿服务制度化，对于推动志愿服务持续健康发展、促进学雷锋活动常态化，对于培育和践行社会主义核心价值观、在全社会形成向上向善的力量，具有十分重要的意义"。[4]不仅宏观层面，各高校也应当结合本校实际，及时推进志愿服务制度的建立健全和创新，使高校志愿服务更规范，真正获得大发展。

参考文献：

［1］关于推进志愿服务制度化的意见［EB/OL］．中国文明网，2014 - 02 - 26.

［2］志愿者知识问答（三）［EB/OL］．中国青年志愿者网，2012 - 05 - 09.

［3］对外经济贸易大学内部资料．2006—2016 对外经济贸易大学志愿服务发展报告［R］．

［4］关于推进志愿服务制度化的意见［EB/OL］．中国文明网，2014 - 02 - 26.

京津冀协同发展大背景下的北京市
核心功能区人口疏解模式研究[*]

　　人口规模的持续快速膨胀对首都科学发展构成了严峻挑战。《京津冀协同发展规划纲要》于2015年4月出台，如何有效疏解北京市核心功能区的人口是摆在我们面前的一个难题。研究北京市核心功能区人口疏解的模式具有重要的现实意义。本文阐述了北京市人口发展的现状和核心功能区人口疏解面临的难题，深入研究了北京市人口规模调控与人口疏解的模式和方法。提出了优化调整城市功能布局、积极进行产业结构调整、加强人口精细化管理、高标准建设安置新区等人口疏解方案，并对今后五年人口疏解的七个重点和两个关键问题进行了探析。

　　《京津冀协同发展规划纲要》指出，要确保到2020年北京市常住人口控制在2300万人以内。人口在核心功能区高度聚集已经造成教育、交通、医疗等资源严重紧张和环境持续污染恶化等问题[1]，因此疏解北京市核心功能区人口是当务之急。本文研究了北京市核心功能区人口疏解的模式和方法。

一、北京市人口发展现状及核心功能区人口疏解面临的问题

　　"十三五"时期，首都常住人口、老年人口、劳动适龄人口、流动人口仍将保持惯性增长的态势，人口结构性问题日益凸显，各类人群对基本公共服务均等化的要求越来越高。人口数量、素质、结构、分布等问题相互交织，人口问题与城市功能布局、经济社会发展、资源环境约束、城市运行效率等问题聚集

---

　　* 作者简介：吴慧芳，女，北京信息科技大学马克思主义学院副教授，研究方向为思想政治教育、人口与经济、高等教育基本理论。

叠加，呈现出前所未有的复杂局面。人口规模快速膨胀、交通拥堵和经济发展方式滞后已经成为严重影响制约首都全面协调可持续发展的关键问题。其中，人口问题居于核心地位。[2]人口规模的持续快速膨胀对首都科学发展构成了严峻挑战。[3]

北京人口持续快速增长，资源能源保障及水资源储备压力及忧虑不断增大，控制人口规模也在"悄然"进行。然而，人口规模控制，一再被现实的人口增长所突破，人口年平均增长率在过去十多年间达到前所未有、全国最高的3.8%。2017年，北京城市化水平升至86.2%，流动人口占比达到36.8%。由于我国正处于城市化加速发展时期，北京的城市化水平与流动人口占比保持正相关性这一特征，短期内不会改变。[4]中央及市委、市政府高度重视，社会各界对合理调控首都人口规模已形成初步共识，市委、市政府有关部门已经对此问题进行深入研究，并按照"以业控人、以房管人、以证管人"[5]的思路，陆续出台了一系列政策措施，还将根据形势的发展和需要，出台后续政策措施。

人口问题归根到底是发展的问题，是人口与经济社会和城市建设协调发展的问题。北京的人口问题说到底就是北京的发展问题。北京既应该吸纳全国各地一部分人口到北京，融入首都发展之中；又要通过首都功能的实现，服务全国人民。为了更好地履行服务职能，考虑到首都资源环境的承载力，就必须合理调控人口规模，特别是要积极疏解核心功能区人口。北京市面积为1.64万平方公里，每平方公里人口密度为1195人。但是分地区看，人口分布极不平衡，核心区人口密度达到每平方公里23407人，是拓展区的3.1倍，发展新区的24.4倍，生态涵养区（包括平谷、怀柔等郊区）的109.8倍。[6]因此，疏解核心功能区人口迫在眉睫。

以往实现人口疏解主要是依靠传统的拆迁政策，通过拆迁减少中心城区住宅而减少中心城区人口，即"减载体"的模式。但随着新的征收办法出台后，这一模式已逐渐不适应中心城区发展的需要，面临着诸多问题。

一是现有政策并不有助于人口疏解。二是外迁安置房源对于旧城区人口的吸引力不足。要疏解旧城人口，需要尽量在中心城区以外建设居民外迁安置用房。目前在市政府的支持下，取得的几个外迁安置房对接项目尽管都位于轨道交通附近，未来交通十分便利，但地理位置都在四环以外，甚至六环周边，缺乏各项必要的配套设施，对旧城内的居民吸引力不大。

综上所述，如何有效疏解北京市核心功能区的人口是摆在我们面前的一个难题。我们要积极应对首都功能定位和发展目标的要求，防止和避免人口无限过快增长，使人口发展与首都性质、功能相协调，与首都资源、环境承载力相适应，促进人口科学发展，探索走出一条在社会主义市场经济条件下、在全国城镇化进程加快和京津冀协同发展背景下，合理调控人口规模和积极疏解核心功能区人口的新路子。

二、着力优化调整城市功能布局，引导人口在市域范围合理分布

一是以功能疏解带动人口疏解。旧城内承担着大量的、服务全国的政治、经济、文化职能，同时还汇集了大量全市乃至全国的商业、教育、医疗等优质资源，各类功能高度叠加也成为造成旧城人口密集过高的重要原因之一。以东城区、西城区、海淀区三区为例，集聚的功能和优质的资源吸引了大量的市内人户分离人口和外来人口。人户分离人口以"拆迁搬家""投亲靠友"者为主，具有长期居留的趋势。通过将部分功能向边缘集团和新城疏解，可以引导旧城人口合理有序向外疏解，同时还能带动其他地区的改造提升。[7]

近年来，北京市在这些方面已有一些尝试。如在医疗资源方面，东城区的同仁医院和东直门中医院分别在亦庄、通州建设了分院，地坛医院已迁至朝阳区来广营地区，天坛医院也已迁往丰台区，这些举措既有助于全市优质医疗资源更加均衡合理布局，增加郊区和新城的居住吸引力，同时可以减少就医人流对旧城造成的交通压力，提升核心功能区城市管理综合水平。

二是以功能更新带动人口疏解。依据核心功能区空间发展战略规划，按照传统居住型、首都职能型和综合发展型三种类型及不同指导原则进行人口调控与疏解。

三、构建京津冀协同发展格局，积极进行产业结构调整

产业结构是影响人口规模、人口素质和人口空间布局的重要因素。拉美国家由于没有有效遏制低效益的传统第三产业的过度膨胀，从而导致了人口在城市核心区的畸形聚集。由于大量农村人口涌向城市核心区，而城市工业又无力承担如此快速的城市化带来的压力，从而导致城市人口严重超载，失业率居高不下；城市贫富悬殊，人口贫困向城市转移，城市被贫民窟包围；环境污染，治安混乱，社会失序，资源生态遭到严重破坏，形成了典型的"过度城市化"现象。[8]改革开放三十年来，北京市的城市化进程也在加快，由于产业结构的不

尽合理，北京市吸引了大量外来人口，其中不乏低文化水平人员。以东城区为例，户籍人口受教育水平要高于外来人口。东城区常住人口的主要职业是专业技术人员、办事人员和有关人员、商业、服务业人员，其中外来人口偏重于商业、服务业人员。吸取拉美国家过度城市化的教训，北京市必须充分发挥市场机制的调节作用，通过以资本和技术密集型产业代替劳动力密集型产业，不断优化产业结构，提高就业"门槛"，从而有效引导中心城区人口的疏散。

核心功能区经济要坚持"高端化、低碳化、集约化"发展方向，构建以服务经济为主导、以文化经济为特色、以总部经济为支撑的经济高端发展格局。目前，北京市核心功能区劳动密集型产业的生产率还比较低。要逐步将传统工业、劳动密集型服务业等产业向郊区和市域外转移，减少就业总人数。例如，可将大红门、动物园服装批发市场等区域性商品批发交易市场迁往市中心50公里以外的河北、天津地区。目前，仅雍和园一处，利用原有工业外迁腾退出的空间，就已打造出方家胡同46号院、人民美术印刷厂等一批"胡同创意工厂"。通过产业结构的不断优化升级，吸引各类高素质技术型、服务型、管理型人才，进一步优化就业人口结构，实现人口的疏解。

要围绕利益格局和普惠原则，注重就业疏散和居住疏散相结合，既要实现人口的绝对迁出，又要注重人口置换。一方面，要适当分散旧城内高度叠加的政治中心、文化中心、商业中心等功能，充分发挥产业结构调整的倒逼机制，发展高端业态，逐步调整低端产业的比重。通过市场介入使初级就业人口逐步迁出旧城。另一方面，在历史文保区保留一定比例原住民的同时，可以考虑通过政策引导、房屋置换等方式，引导那些喜爱北京传统文化、历史文化保护意识强并具有一定经济条件的人群来文保区居住，以保持文保区的活力和可持续更新能力。同时，还可以探索引入一些具有深厚底蕴的文化等的研究机构，进一步营造文保区的文化氛围。

在实现经济结构转型的战略背景下，人口调控最合适的方法是建立产业升级为主导的综合人口调控体系，需要考虑产业规划。制定产业政策战略，推动重点行业发展，建立落后产业退出机制。重点发展行业包括文化创意行业中的广告会展、艺术品交易和设计服务业行业。鼓励金融衍生行业发展，此外鼓励保险等潜力较大行业的企业总部和区域性管理中心在功能核心区聚集。新兴服务业中要鼓励知识产权服务、职业中介服务业的发展。信息服务业中加快信息技术服务业，包括服务外包、软件制造等新兴信息服务业的发展。实行差别地价、税收制和财政补贴、利益导向促进产业转型。功能核心区可以考虑利益导向促进产业升级转型，实施有差别的地价政策，对信息服务业、金融业、文旅产业给予优惠税收政策，甚至给予教育、医疗的特殊政策。

通过跨区域合作，结合北京城市副中心建设，合理控制人口分布。城市发展要摒弃"摊大饼"模式，要将原来单中心均质发展的状况向多中心与新城发展战略转变，通过建设副中心和多个分中心，分散城市中心区的功能。

四、发挥政府职能作用，加强人口精细化管理

维持户籍政策控制人口的功能，制定人才战略。应该发挥户籍制度的吸引作用，进一步规范户籍迁入制度，合理分配迁入指标，积极引进人才。加强出租屋管理，推动流动人口登记系统的建立。要加强对房屋出租的管理，控制和逐步拆除违章搭建，全面推行租屋租赁合同登记、治安、安监及计划生育等综合管理责任制度。

建立人口统计和监测体系，推行人口管理新体制。开展人口动态监测，逐步实现人口居住证制度改革，建立集居住、就业、保险、治安、计生、卫生和统计管理等功能于一体的居住管理系统。建立四位一体、五级垂直和部门交互的人口数据立体更新机制和人口管理与服务预警调控机制。即网格、住宅、家庭、个人四位一体；市—区—街—居—网格五级垂直；统筹公安、流管、民政、婚登、卫生、教育等部门与基础单位建立人口资源数据立体交互体系，形成综合性实有人口数据库，建立人口数据发布中心，形成人口承载和人口规模动态预报预警长效机制。最终实现实有人口的"精细化"管理和重点人群的"需求化"服务，满足广大居民行政管理和公共服务的需求。

五、小结

今后五年，在人口疏解方面要强化七个重点：重点做好构建京津冀协同发展格局，有效进行产业结构调整工作；重点做好历史文化名城保护和中心城区人口疏解政策的研究工作；重点做好地下空间的清理整治工作，推动出租房屋有序管理，控制流动人口数量；重点做好人口疏解对接安置项目，建设交通便利、环境优美、设施齐全的高品质对接安置小区；重点开展禁止违法建设工作，依法拆除用于居住的违法建设，消除安全隐患；适时成立人口规模调控领导小组，形成人口疏解工作的合力；加快推进东西城合并，大力促进新城区功能调整，着力凸显首都和中央服务功能。在功能疏解方面，要把握两个关键。即：把握"以业控人"吸引高端产业进驻本区，逐步淘汰劳动密集型产业；把握"公共服务输出"在人口疏解对接安置地区配套建设优质的教育服务机构和卫生医疗机构，解决外迁居民的后顾之忧，促进人口疏解任务的落实。

总之，核心功能区人口疏解工作是实现历史文化名城保护与发展的必然要求，是加快转变经济发展方式、实现科学发展的必然要求，是发挥全国文化中心示范作用、建设社会主义先进文化之都的必然要求，是建设"首都文化中心区、世界城市窗口区"的必然要求。京津冀协同发展规划纲要为我们描绘了科学发展的宏伟蓝图，首都北京肩负着建设具有世界影响力的文化中心的重担，首都功能核心区责无旁贷地要走在引领时代的前列。展望未来，站在首都新的发展起点上，更需要我们大力弘扬和践行"北京精神"，以更加饱满的热情做好城市规划工作，积极推动民生工程建设，促进人口布局的优化调整，做好历史文化名城保护，为建设"人文北京、科技北京、绿色北京"而努力奋斗！

参考文献：

[1] 赵秀池. 北京市优质公共资源配置与人口疏解研究 [J]. 人口研究，2011，35（4）：75-84.

[2] 童玉芬. 人口承载力研究的演进、问题与展望 [J]. 人口研究，2017，41（5）：28-35.

[3] 童玉芬，李铮. 人口因素在北京市水资源压力中的驱动作用分析 [J]. 人口学刊，2014，34（5）：30-38.

[4] 刘志. 北京人口调控的战略要点 [J]. 前线，2018，10（2）：59-61.

[5] 罗源昆，王大伟，刘洁. 大城市的人口只能主要靠行政手段调控吗？——基于区域人口承载力研究 [J]. 人口与经济，2013，22（1）：52-60.

[6] 毛伟豪，殷丽娟. 北京市人口分布严重失衡核心区人口密度百倍于远郊 [J]. 共产党员，2016，31（5）：24.

[7] 张车伟，蔡翼飞. 中国城镇化格局变动与人口合理分布 [J]. 中国人口科学，2015，28（6）：44-59.

[8] 张惟英. 拉美过度城市化的教训与北京人口调控 [J]. 人口研究，2006，30（4）：84-89.

论紧急状态下公民基本权利的限制*

　　紧急状态指的是在特定的时间、空间之内所发生的紧急事件，该事件的发生威胁到了国家安全，对社会秩序产生了十分恶劣的影响，常态社会将会转变为非常态社会。在宣布进入紧急状态之后，国家的管理权力必然会发生扩张，国家权力来源于公民，公民让渡部分个人权利，使国家更好地对社会进行管理。因此一旦进入紧急状态后，国家的权力发生扩张，公民的权利必定会受到相应的限制。国家权力在此时的扩张需要具备充分的必要性，但此时如何使国家在对公民权利进行限制的同时，保护公民的基本权利，是本文讨论的主题。

一、紧急状态下公民基本权利限制概述

（一）紧急状态的概念及内容

　　紧急状态指的是在特定的时间、空间之内所发生的紧急事件，该事件的发生威胁到了国家安全，对社会秩序产生了十分恶劣的影响，并且使社会状态变为非常态。[1]紧急状态于 1982 年被写入我国宪法，在此时间节点之前，我国宪法中并没有出现"紧急状态"一词，仅有关于"戒严"的规定。

　　我国现行宪法关于紧急状态的规定主要包括：范围、决定机关、宣布机关。首先，我国宪法将非战争原因引起的社会秩序混乱认定为一般紧急状态，战争原因引起的社会秩序混乱认定为特殊紧急状态。其次，我国宪法中载明，紧急状态的决定权归属于全国人大常委会和国务院，宣布权归属于国家主席、国务院。

---

　　* 作者简介：梁彦丽，女，北京信息科技大学马克思主义学院，讲师，主要研究方向为民商法、国际商法。

（二）公民基本权利概述

从语义角度理解"公民基本权利"这一概念，也可推知公民基本权利是全体公民所享有的最基础、最根本性的权利。一般来说，基本权利会被规定在一国的宪法当中。但在现实生活中，公民享有的基本权利和宪法中所规定的公民得以享有的基本权利范围往往不是重合的，前者的范围比后者更宽。究其原因，是因为我国宪法对于公民基本权利采用的立法技术为列举式立法，将公民所享有的基本权利进行穷尽式列举是不具备可操作性的。正因为这样，许多专家、学者认为公民应当拥有的部分权利没有出现在宪法条文中。因此，当我们谈及公民的基本权利的相关问题时，不能仅仅将宪法的条文作为判断标准，还应当参考国际人权保护的相关内容进行判断。

公民基本权利具备四个显著特征，分别为广泛性、平等性、现实性、一致性。其中广泛性具有双重含义，其一指的是享受权利的主体广泛，其二指的是享受权利的内容广泛。所谓平等性，指的是全体公民平等地享有基本权利，没有人可以享受超越宪法的特殊权利。所谓现实性，指的是宪法对公民权利的保障不仅仅体现在宪法的条文中，还体现在现实生活中，公民的基本权利是可实现的，并不是一纸空文。所谓一致性，指的是权利义务的主体相一致。[2]

我国宪法将公民基本权利分为三个类型，分别是：个人权利、政治权利、社会权利。个人权利指的是公民个人精神、经济、文化方面的权利。而政治权利指的是公民参政议政的权利。至于最后一类社会权利，则指的是和社会环境有着较大联系的权利。

（三）紧急状态下国家权力和公民基本权利间的关系

为了更好地实现社会管理，公民让渡部分个人权利，由国家获得管理的权力，这也是国家权力产生的实质。正是因为国家的权力来源于人民，所以国家的权力行使也是为了公民的利益。但是紧急状态是一种十分特殊的状态，在该种状态之下，国家权力行使的内容发生了一定的变化。在紧急状态之下，整个国家面临不容小觑的危机，社会秩序混乱，公民个人的人身、财产安全当然也会随之遭遇挑战。因此在这种状态之下，维护国家安全、社会秩序成为了一个国家的最为重要的任务，国家的权力在此刻就会临时突破宪法的限制，进行一定程度的扩张，与此相对应的，公民的基本权利将受到一定范围内的限制。通过对公民的基本权利限制，来维护国家安全以及公共利益是紧急状态之下国家迫不得已的选择。另外，从宪政的角度而言，国家之所以存在，意义在于维护公民的合法权益，为公民创造幸福的生活，保障人权是国家权力运行的目标之一。因此即便在紧急状态之下，国家也不能过度削减公民的基本权利，而是应当尽可能地保障公民基本权利，对公民权利进行最低程度的限制

在紧急状态之下，一方面国家为了国家安全需要对公民的基本权利进行一定程度的限制，另一方面国家又不能过度地限制公民的基本权利，还是应当最大程度地保障公民的基本权利，然而目前我国宪法又没有对紧急状况下国家对公民基本权利的限制程度做出明确、具体之规定，因此如何做到国家行使权力之时在保障公民基本权利和限制公民基本权利之间达到平衡就成为了一个重要的课题。

二、紧急状态下公民基本权利限制的理论基础及法律依据

（一）紧急状态下公民基本权利限制的必要性

1. 在紧急状态之下，秩序价值要求国家对公民的基本权利做出限制

自由、秩序均是人们长久以来所追求的价值。通常情况之下，自由的价值位阶高于秩序的价值位阶，自由才是全人类所追求的最高价值，秩序是自由的下位价值，秩序的存在是为自由服务。但是当国家被宣布进入了紧急状态之时，国家安全遭遇巨大威胁，社会秩序也变得空前混乱，此时再让秩序的价值为了自由的价值服务显然已经失去了合理性，倘若在紧急状态之下，仍然将自由作为最高的价值位阶，就会使原本就陷入混乱的社会变得更加混乱，毫无疑问，在一个完全失控、秩序混乱的国家之中，自由也会成为空中楼阁。因此在紧急状态中，对公民的自由进行限制是为了尽快地恢复国家的秩序，进而实现公民的自由。

2. 在紧急状态之下，义务本位代替了权利本位，成为了社会规则，义务本位允许了国家对公民的基本权利进行一定范围内的限制[3]

在社会生活中，没有任何一位公民仅享有权利，无需履行义务，也不存在任何一位公民，仅须履行义务，而无权享受权利。权利和义务往往如影随形。公民得以享受基本权利，也须履行基本义务。研究《社会契约论》的专家学者提出，正是因为国家权力产生的实质是公民让渡了原本属于个人的权利，因此国家使用该权利的目的也必然是保障公民权益。在非紧急状态的社会中，在有序的环境中，公民天然地享有一系列权利，相应的，当国家进入了紧急状态，公民也天然地应当履行义务。倘若公民不履行义务，在混乱的社会之中，其基

本权利谈何实现。在紧急状态的社会当中，公民削减自身的权利就是履行义务的体现。在紧急状态社会中，公民有义务根据国家管理社会的需要做出一定程度的牺牲。例如遵守临时法令、服从紧急安排。

3. 公共利益优先的原则使得在紧急状态当中，国家可以为了公共利益的需要，对公民的权利进行限制

长久以来，公共利益与社会利益无论从语义的角度进行解释或是从法律的角度进行解释，都是一对看似矛盾的概念。每当两者之间发生冲突之时，公民往往需要先牺牲部分的个人利益，以成全关系到大多数社会成员的公共利益。如此看来，公共利益和个人利益似乎是矛盾的概念。换个角度来看，公共利益的含义是全体公民的利益，而个人利益仅仅关系到某个公民私人的利益，个人利益的实现往往是有前提的，前提是拥有一个稳定有秩序的社会环境。当一个国家被宣布进入了紧急状态，就应当率先保护公共利益，否则个人利益无法实现。

（二）紧急状态下公民基本权利限制的原则

1. 不歧视原则

不歧视原则亦被称为平等原则，该原则通俗地可以解释为法律面前人人平等，每个公民都不应当受到歧视。然而在紧急状态之下，歧视产生的概率会大大增加。只要不是有意针对少数人群的歧视应当被允许。如果在紧急状态之下，小部分拥有不同种族、宗教的群体相较于社会中的其他成员，对国家安全造成了更大的威胁，国家对少数成员进行制裁和限制是否违反了不歧视原则呢？关于这个问题，笔者认为应当取决于对少数社会群体进行限制是否是因为情势所迫。在紧急状态之下，倘若国家对部分公民的基本权利进行限制，则应当说明理由，若理由不成立，应当取消歧视。

2. 不滥用原则

不滥用原则意为在紧急状态之下，国家限制公民基本权利必须是为情势所迫，国家不能滥用权力对公民的基本权利进行过度限制。不滥用原则具有三个层次的含义，分别为适当性原则、必要性原则、均衡原则。适当性原则指的是国家对公民基本权利进行限制的目的必须是为了国家安全、公共利益。必要性原则指的是国家对公民的基本权利进行限制应当以消除危机为限度，不能过分限制公民基本权利。均衡性原则意为当国家决定对公民的基本权利进行限制时，必须同时考虑一个问题，即限制公民利益给公民带来的损失和给国家带来的利

益两者相比较，孰轻孰重，只有利益大于损失之时，限制行为才是合理的。

3. 行政效率原则

行政效率指的是行政机关在行使职权、进行管理的过程当中，以最小的投入完成管理任务，使得资源利用程度最大化、社会效益最大化。行政效率原则主要包括三个方面的要求。首先，行政权力应当集中实施。其次，行政程序应当简化。最后，行政决策的成本应当降低。

4. 重要权利不克减原则

重要权利不克减原则规定了公民享受基本权利之最重要、最基础的权利。这是公民与生俱来，天然应当享有的权利。倘若公民该种权利受到剥夺，公民的人格、尊严也会被随之剥夺。以国际视野观之，公民不得被克减的权利包括生命权、人格权等权利，该类权利的共同特点是都体现了对人的生命、尊严的尊重，与现代法治理念相符。

（三）紧急状态下公民基本权利限制的内容

世界上许多国家的法律中都规定了紧急状态的相关条文，我国法律也不例外。"紧急状态"一词在 2004 年就已出现在宪法规定中，但是至今我国仍然没有制定关于紧急状态的专门性法律，除了宪法之外，也有其他部门法对紧急状态进行了规定。在通常情况之下，国家在紧急状态时可以对公民权利进行限制，但限制的方式、程度必须严格遵从宪法、法律规定。

正如前文所述，公民的基本权利由三个部分组成，分别为个人权利、政治权利、社会权利。因而当我们谈及紧急状态下对公民权利的限制问题事实上是在谈对这三方面权利的限制。个人权利包括人权和其他基本权利。人权是作为一个人的权利，是一种最低限度的权利，包括生命不受非法剥夺，思想不受非法控制，无论在何种时期之下，无论在何种情况之下，国家都不能对公民的这类权利做出克减的决定。在紧急状态之下，国家有权对公民的政治权利、经济权利进行克减，因为在紧急状态中，政治权利和经济权利对于公民来说可谓是奢侈品。而人权是作为人的立世之本，不得被克减即使是在紧急状态之下。[4]

三、国外紧急状态下公民基本权利限制制度分析

（一）加拿大紧急状态下公民基本权利限制制度

加拿大于 2002 年颁布了《紧急状态法》，该法中对紧急状态做出了明确的定义。紧急状态指的是威胁到公民的生命、人生安全的状态，而且这种状态已

经超出了一个省的处理能力。该法将紧急状态分为五个类型，分别为公共福利紧急状态、公共状态紧急状态、公共秩序紧急状态、国际紧急状态、战争紧急状态。

　　不仅如此，该法还规定，加拿大官员若根据此法的相关规定对公民造成了伤害，也应当按照该法的规定对公民履行赔偿义务。换言之，无论任何公民的权利在紧急状态之下受到损害，都可以根据该部法律规定的赔偿要求以及赔偿标准申请赔偿。在加拿大，该部法律一方面来说，是国家行使紧急权力的法律依据，但从另一方面而言，也是限制国家行使紧急权力限度的法律依据。

　　（二）美国紧急状态下公民基本权利限制制度

　　美国是世界上法治最先进的国家之一，并且在美国，自由、平等、民主等观念早已深深植入了大部分公民的内心。然而虽然美国一直有着"人权卫士"的称号，但当这个国家进入紧急状态之后，它必须和其他国家一样采取紧急措施，超越宪法、法律的约束，对人权进行一定限度的限制。美国在建国之时，宪法中并没有规定紧急状态，建国之后才对紧急状态的制度进行了探索。国会规定，紧急状态下国家可以通过征用民兵的形式行使紧急权。在美国进入内战之后，美国总统在紧急状态中的权力发生了大幅度的扩张，甚至已经违反了美国宪法的相关规定，在此背景之下，美国公民的基本权利受到了严重的、不必要的限制。基于此，美国的司法审查重点开始发生变化，向公民基本权利的保护倾斜。在紧急权的法律依据的问题上，美国总统和最高法院发生了分歧。内战结束之后，美国认识到一旦国家进入了紧急状态，就使用较为剧烈的手段进行管理，会造成一系列负面影响，因此国会开始立法限制紧急状态下动用民兵的事项，最终美国将保护公民基本权利的目的作为了国家行使紧急权符合宪法、法律标准的根据。

　　（三）德国紧急状态下公民基本权利限制制度的问题

　　由于 20 世纪爆发过两次大规模的世界大战，欧洲许多国家都经历过或长或短的紧急状态，因此在欧洲紧急状态下公民基本权利限制的话题被广泛讨论。德国学者卡尔施密特也提出了著名的紧急状态理论，该理论使得在德国范围内，甚至是世界范围内，关于紧急状态的研究被推上了高潮。在施密特看来，每个法条的规定都存在例外情形。当社会处于常态时，法律当然被稳定使用，但当一个国家进入了紧急状态，政治、经济、文化都会受到一定程度的破坏，法律也不例外。但是在笔者看来，施密特的观点略显偏激，在他看来，国家一旦进入紧急状态，就会进入非常态状态，常态社会遭到完全的破坏，而独裁者之权力不仅在紧急状态中适用，在一般状态中亦是如此，这会导致一个必然的后果，即紧急状态、非紧急状态混为一谈，与此同时，紧急权也会过度扩张。"二战"后，为避免极权势力出现，欧洲通过了保护人权和基本自由的欧洲盟约（ECHR），该盟约由人权法院、人权委员会监督实施，自此之后，公民基本权利保障不仅仅是国内讨论的话题，也成为了国际化议题。

四、我国紧急状态下公民基本权利限制制度的完善

（一）抓紧制定紧急状态法

目前在我国倘若发生了行政应急状况，通常以突发事件应对法进行调整。但是现实是目前来看，导致公民基本权利受到限制，受到侵害的原因并不是紧急状态的发生，介于紧急状态和正常状态之间的某些事件对于公民的基本权利来说是更大的挑战。

目前我国针对不同灾害、事故等突发事件制定了多部紧急事件处置的法律法规。但令人遗憾的是，虽然对突发事件进行调整的法律法规不在少数，但是至今我国仍未制定一部统一的紧急状态法。关于该法的制定，目前学界有两种主流观点。第一种观点是制定紧急状态法作为总领性法律文件，对紧急状态国家限制公民基本权利的程序、司法救济、赔偿事项等作出规定，倘若采纳第一种观点，紧急状态法将与已经出台的针对紧急状态的法律构成特殊法与一般法的关系。另一种观点是让紧急状态法对已经出台的法律进行补充，两者处于相同的地位。相较而言，笔者更赞同第一种观点，目前我国已经有多部针对紧急状态的法律文件，并且已有相应的执法人员，但现实是无论从法律规定而言或是执法秩序而言，都较为混乱，因此应对紧急状态效果较差。由此可见，制定总领地位的紧急状态法势在必行。

（二）建立紧急状态下信息公开制度

实践中已经充分证明了只有建立起充分、完善的信息公开制度，社会危机、国家危机才能得到有效处理、及时解决。我国正在致力于建立这样一套制度，为此也投入了许多财力和人力，但是距离达到最终的目标，还有很长一段路要走，关于建立完备的、可以为实践服务的信息公开制度，提出以下建议：

首先，从信息来源方面来看，我们应当建立多渠道采集信息的制度。长久以来，公众都陷入了一种误区，认为采集信息的责任仅仅归属于政府部门、主流媒体以及其他具有影响力的媒体，而与公众无关。但事实上这是不对的，每个社会成员都有采集信息的义务。但是如今正处于信息爆炸时代，公众每天都会接收到海量的信息，其中不乏真实信息，但也掺杂着虚假信息。在此时，一个专门的危机预警信息处理器就应当被设计，对在社会中传播的，具有较大传播范围的信息进行甄别。

其次，在信息的传播过程中，核心应当是信息的传播速度以及信息传播的可及率。在之前，传统媒体在我国信息传播的过程中扮演了十分重要的角色，政府欲将信息传递给公众，往往会借助传统媒介的力量。但现在许多新媒体正在兴起，微信朋友圈、微博，由于信息传播速度快，平台基础好吸引了大量受众。并且以微博、微信朋友圈为代表的新媒体信息传播速度相当快，承载的信息量也十分丰富。但也正是因为如此，许多不法分子可能会利用新媒体的这个特点，在新媒体中传播大量的虚假信息。政府此时应当承担起职责，在第一时间对虚假信息进行公布，向公众辟谣，防止虚假信息更大范围地传播。

（三）建立紧急状态下公民基本权利救济制度

"无救济则无权利。"这是一句在法学界十分有名的警语，在公民权利保障领域也可适用。当公民基本权利受到侵害时，公民可能会诉诸司法，以寻求救济。但是此时倘若司法程序无法对公民进行救济，那么此时完善、健全的法律规定就无法发挥丝毫作用，成了摆设。因此，建立完善的公民基本权利救济制度势在必行。

首先，法律应当赋予公民抵抗权。自卫是人类的本能，在紧急状态之中，国家会在第一时间强化权力，其中权力被滥用的情况就很有可能会发生，权力一旦被滥用，公民的个人利益必然会受到损害，并且部分损害不可逆。因此，我国在制定紧急状态法时，应当将抵抗权赋予公民，同时司法机关也应当积极履行职责，防止公民滥用抵抗权，影响国家紧急权力行使。

其次，公民享有诉讼的权利。由于受到政治原因影响，紧急状态之下国家行使权力一般来说被排除在法院的受案范围之外，但是这仅仅是原则，原则之外还有例外，当国家的紧急权滥用，国家无法对其行为进行解释之时，司法作为公民合法权益的最后一道防线就应该发挥积极作用，公民可以提起诉讼维护自身合法权益。[5]

最后，公民享有获得救济权。该项权利指的是在紧急状态时期，公民可以向国家申请，请求国家给予其物质帮助或者其他种类的救济。在紧急状态之下，国家为公民提供救济既是国家的义务，也是公民享有的权利。我们所熟知的公民享有获得救济权的情形往往都是灾害、疫情爆发之时。例如，爆发大规模疾病，例如非典之时，国家进行财政拨款，为公民支付医疗费用，降低公民的负担。又比如汶川大地震发生之后，国家高度重视灾后重建工作，为灾区人民重建家园提供了大量的人力和物力以及金钱救济。

　　紧急状态时期救济应该包括两个阶段，紧急状态发生时国家想尽一切办法救助公民，提供必要的生活物资。紧急状态发生后国家应该帮助公民恢复正常生活，维护社会稳定，提供良好的生活环境。通过各种途经帮他们尽可能地分担，挽回紧急状态下受到的财产损失。

　　我们必须明确，公民权利保障的内容有一个历史发展的过程，不仅不同国家的同一时期，而且同一国家不同时期的宪法对公民的权利规定都甚为不同。从世界各国的大局来看，公民权利的内容经历了自由权利，政治权，向经济的、社会的、文化的等权利的发展特点，因而必须考虑各国国情的、社会的环境和客观条件而作出是否予以保障或限制规定。公民的权利也必须从规范转变为现实，才能真正地实现权利保障目的。为此，一国政府一方面必须创制完善的制度，另一方面，有必要为实现权利创造经济和社会条件，从而使公民的权利具备充分的制度保障，使经济、社会件对权利实现制约和限制减至最小。

参考文献：

　　[1] 江必新. 紧急状态与行政法治 [J]. 法学研究，2004（2）：3 – 16.

　　[2] 乔泽霄. 公民基本权利的保障 [D]. 长春：吉林大学，2007.

　　[3] 殷啸虎. 公民基本权利司法保障的宪法学分析 [J]. 法学论坛，2003（2）：25 – 29.

　　[4] 胡弘弘. 我国公民基本权利之立宪发展 [J]. 政法论丛，2010（3）：18 – 26.

　　[5] 费善诚. 我国公民基本权利的宪法诉讼制度探析 [J]. 浙江大学学报（人文社会科学版），2001（4）：115 – 120.

中国特色社会主义制度优势的五个维度*

中国特色社会主义制度自信来自其独特的制度优势。中国共产党的坚强领导、政府权力与资本权力的明确边界、人民本位的内在向度、政治生活向社会生活的包容"回归"、向"世界和中国说明中国"的价值承载五个维度彰显和展示了新时代中国特色社会主义的制度优势。

中国共产党第十九次全国代表大会报告指出，全党要更加自觉地增强道路自信、理论自信、制度自信、文化自信，既不走封闭僵化的老路，也不走改旗易帜的邪路，保持政治定力，坚持实干兴邦，始终坚持和发展中国特色社会主义。制度自信来自诸多因素，而中国特色社会主义制度自信主要来自其独特的制度优势。这种制度优势主要体现在党的领导、权力利益边界、人民本位、政治包容、国家认同五个维度上。

一、领导力量：中国共产党的坚强领导

亨廷顿在《变革社会中的政治秩序》一书中指出的：发展中国家出现动荡的一个重要原因是没有建立高效的社会制度，社会快速发展，制度体制发展缓慢容易造成制度真空，为社会动荡埋下隐患。而"一个现代化社会中政治体系的安定，取决于其政党的力量。一个强大的政党能使群众的支持制度化"。[1]中国共产党作为中国特色社会主义事业的领导核心，是有着坚定的理想信念和明确的政治方向的政党，是具有自我批判、自我净化能力的政党，是不断走向成熟的政党。党的十九大报告指出，党的领导是中国特色社会主义制度的最大

---

* 作者简介：张春玲，女，北京信息科技大学马克思主义学院讲师，主要研究方向为资本逻辑与现代性问题。

优势。

（一）中国共产党有着坚定的理想信念和明确的政治方向

中国共产党有着坚定的理想信念和明确的政治方向。中国共产党党章明确规定：党的最高理想和最终目标是实现共产主义。邓小平同志在会见外国友人时说过："我们多年奋斗就是为了共产主义，我们的信念理想就是要搞共产主义，在我们最困难的时期，共产主义理想是我们的精神支柱，多少人牺牲就是为了实现这个理想。"[2]十八大以来，习近平总书记发表了系列重要讲话，指出共产党人要坚定对马克思主义的信仰、对社会主义和共产主义的信念。今年，习近平总书记在纪念马克思诞辰 200 周年大会上再次指出，我们纪念马克思也是为了宣示我们对马克思主义科学真理的坚定信念。在前进道路上，我们要继续高扬马克思主义伟大旗帜。理想信念是共产党人精神上的"钙"，没有理想信念，或理想信念不坚定，就可能导致政治上变质、经济上贪婪、道德上堕落、生活上腐化。共产党员以共产主义和社会主义理想信念为理想信念会防止以自我为中心、自我设计、打个人小算盘的资本主义腐朽思想的侵入。无论是在战争年代，还是在建设年代，共产主义理想始终是中国共产党的旗帜，是党员的灵魂，是凝聚和鼓舞人民的号角。

共产主义是我们党的最高理想，中国特色社会主义是我们全党和全国人民的共同理想。我们建设中国特色社会主义就是为实现共产主义理想不断进行积累。中国特色社会主义共同理想既是对科学社会主义基本原则的坚持，又是为一代又一代中国共产党人接力探索的结果。在最高理想的指引下，广大党员把个人价值融入中国特色社会主义建设实践之中，为实现中国特色社会主义共同理想不懈奋斗。

从毛泽东时代社会主义新中国的建立，邓小平时代改革开放的果断实行，一直到进入中国特色社会主义新时代，我国的民生事业不断发展，人民生活水平不断提高。人均国内生产总值从 1978 年的 156 美元增长到 2016 年的 8000 多美元，已经达到中等偏上收入国家水平，城镇居民人均可支配收入和农村居民人均可支配收入从 1978 年的 343.4 元和 133.6 元提高到 2016 年的 33616 元和 12363 元。恩格尔系数从 1978 年的 67.7%，提高到 2016 年的 30.6%，全国城镇居民恩格尔系数 29.7%，农村居民恩格尔系数 33.0%。相对的，在美国，占人口 1% 的最富有美国人掌握的全美国收入已经从 20 世纪 70 年代的 8% 增至 2007 年的 24%。全世界都不得不承认，中国取得这一切成就的根本在于中国共产党的领导。中国经济实力、综合国力、国际地位的提升是一代又一代中国共产党人接力探索、不懈奋斗的结果。

中国共产党是一个政治纪律严明的党。在中国特色社会主义事业的接力探索中，中国共产党已发展成拥有8700多万名党员的大党，集中了社会各个方面的先进分子和优秀人才，他们是中国特色社会主义事业深厚的社会基础和不竭的智力源泉。广大党员有着明确的政治方向、强烈的政治意识、号令意识、执行意识，严格执行党的政治纪律、组织纪律、廉洁纪律、群众纪律、工作纪律、生活纪律，切实用党的路线、纲领、方针、政策统一思想、指导行动，确保全党目标统一、行动一致、精诚团结，不断把中国特色社会主义事业推向前进。

（二）中国共产党是具有自我批判、自我净化能力的党

中国共产党是具有自我批判精神的政党。政党是由不同级别、不同生活环境、不同家庭背景、不同机遇境况的人组成的，政党的意志要通过党员，尤其是领导干部的行动实现，不同生活环境、不同家庭背景、不同机遇境况的人的价值观念可能会不同，有的人可能会犯错误，那么，政党也不可避免会犯错误。如果犯了错误，没有总结教训，而是听之任之，或者没有保持警惕，犯下致命性的错误，这个政党就会走向灭亡。

在历史上，中国共产党犯过错误甚至是严重错误。可贵的是，中国共产党在犯错之后能严肃认真地总结经验，做自我批评，纠正错误。最能证明中国共产党的自我批评和自我纠正能力的是正确认识改革开放前后两个历史时期。2013年12月，习近平总书记在纪念毛泽东同志诞辰120周年座谈会上的讲话中指出："向前走不能忘记走过的路。我们党领导的社会主义建设以党的十一届三中全会为分水岭，分为改革开放前和改革开放后两个历史时期。如果没有1978年我们党果断决定实行改革开放，社会主义中国就可能像苏联、东欧国家，面临解体的命运。同样重要的是，如果没有1949年新中国建立后对社会主义革命和建设正反两方面经验的积累，改革开放也很难顺利推进。对前一个历史时期要正确评价，前一个历史时期的社会主义实践探索为后一个历史时期的社会主义实践探索积累了条件，后一个历史时期的社会主义实践探索是对改革开放前的社会主义实践探索的坚持、改革、发展。对改革开放前的社会主义实践探索，要坚持实事求是的思想路线，分清主流和支流，修正错误，吸取教训，在这个基础上把党和人民的事业继续推向前进。"[3]

历史是不能选择的。正确认识和处理改革开放前后的社会主义实践探索的

关系不只是一个历史问题，更主要的是一个政治问题。中国共产党能正确地看待历史，深刻反思和总结历史，从错误中吸取经验教训，并不断深化对革命、建设和改革规律的认识，就足以彰显其伟大。

中国共产党是具有自我净化能力的政党。但随着市场经济的引入，广大党员的纯洁性面临着严峻的挑战。党的十八大以来，我们党以零容忍的态度重拳反腐，并保持惩治腐败的高压态势。习近平总书记发表了系列重要讲话，多次指出构建亲清新型政商关系。习近平总书记强调：自然生态要山清水秀，政治生态也要山清水秀。要用制度治党、管权、治吏，把权力关进制度的笼子里，要编密扎紧制度的笼子。习近平总书记的讲话贯穿着强烈的问题意识和鲜明的问题导向，深刻地回答了新的历史条件下党和国家发展面临的重大理论和现实问题。2012 年新政治周期开启，一场声势浩大、伤筋动骨式的反腐风暴为本轮政商关系的转型拉开了帷幕，"老虎""苍蝇"一起打，使不敢腐的震慑作用充分发挥，不能腐、不想腐的效应初步显现。十八大以来，我们党把健全惩治和预防腐败体系作为一项重大政治任务来抓。不论什么人，不论其职务多高，只要触犯了党纪国法，都要受到严肃追究和严厉惩罚。彰显了中国共产党与西方国家执政党最大的不同：中国共产党有魄力反对，有能力纠正党内一切脱离人民群众、腐蚀党的健康肌体的消极现象。这也是中国共产党不断发展壮大、永葆生机和活力的根本原因之一。

二、明确关系：政府与资本权力的边界

如果说，统治社会的力量在原始社会是氏族权力，在封建社会是政治权力，那么，在现代社会就是资本权力。资本本来是一种经济活动的力量，但其强势却渗透到社会生活各个方面，以至于政治和资本的关系成为现代性问题。在二者的关系中，若是政治压制资本，经济失去活力；若是政治向资本妥协让步，社会正义无法实现。中国特色社会主义制度较好地解决了政府和资本的关系，为双方设置了权力边界，彰显了中国特色社会主义的比较优势。

资本作为一种有效的社会设置，成为现代社会占支配地位的生产关系。资本以越来越隐蔽的方式深入现代社会各个领域，构成了对现代社会的全面统治。资本已经发展成为一种霸权，全世界所有民族、国家都对资本高度认同，资本力量正在越来越深地嵌入现代人的生活之中，经济、政治、文化、社会生活各领域都围绕资本原则展开，资本逻辑成为"以一驭万"的"终极原则"，成为

凌驾于社会生活各个领域之上的通用的"游戏规则",抹杀了社会生活各个领域的"自主性""差异性"及其"游戏规则",进而带来一系列的现代性问题。这让我们担忧,却不得不参与其中,中国作为"世界工厂"要受制于资本,中国各级政府"招商引资"要受制于资本,中国要发展社会主义市场经济也必然要和资本打交道等。如何限制和规约资本,克服资本悖论,走出现代性危机成为当下中国面临的时代课题。

中国特色社会主义制度是在社会主义市场经济的基础上建立起来的经济制度、政治制度、文化制度、社会制度体系。中国特色社会主义制度明确了市场的定位,把社会主义制度和市场经济相结合,其他一切制度都是在社会主义市场经济的基础上建立的。社会主义市场经济是以市场作为资源分配的最主要方式,而市场经济又是与资本逻辑紧密相连的,用市场来配置资源,其实质就是引入资本配置资源,再加之资本有着超强的渗透性、侵蚀性,使市场的介入在给我国经济发展带来了前所未有的生机和突飞猛进的发展的同时,也给我国经济社会发展带来严峻挑战。社会主义制度和市场资源配置的二元结构可借助社会主义制度优势来弥补资本逻辑对经济社会发展造成的负面影响。有效处理社会主义制度与市场的关系或者说资本与政府二者权力边界成为中国特色社会主义的一大优势。

在改革开放之初,我们理论界关于"计划"和"市场"、"姓资"和"姓社"问题的讨论形成了对资本的初步认识。那时候我们要解决的是要不要市场、要不要资本的问题,现在我们要解决引入资本后给经济、政治、文化、社会生活各个方面所带来的一系列问题。中国现代化所面临的现实情况远比由资本主导的现代化二律背反情况复杂。中国现代化除了要面临资本现代性问题外,还要面对中国特殊的文化传统和政治关系构架对资本逻辑的特殊"修正"作用,资本活动在中国传统文化的影响下具有家族血缘和裙带关系的影子,再加之中国特殊的政治权力结构容易导致权钱"联姻"。中国社会主义市场经济应该是以社会主义核心价值观为本位的,但是,在中国传统文化的影响下,中国的市场经济发展为"关系网市场经济",以血缘和地域为纽带的"关系本位"意识强烈。

改革开放四十年的实践使我们对资本的认识越来越清晰:资本具有两重性,即作为生产要素的资本与作为社会权利的资本。中国特色社会主义市场经济制度承认作为生产要素存在的资本的正当性、合理性、合法性,同时,对作为社会权力的资本进行限制、规约和导控。社会主义市场经济是资本权利主导的经济领域和党领导公共权力的政治领域相抗衡的二元结构社会，其力量对比决定了社会实质正义的实现程度。中国特色社会主义制度体系规范资本权利和公共权力的运作，树立资本逻辑"政治—社会边界"，用资本逻辑的"边界意识"指导中国特色的社会主义现代化建设的实践，有效地防止了资本对政治领域的渗透，防止"公共领域的结构转型"，防止资本向政治领域的僭越和侵犯。

三、人民本位：中国特色社会主义制度的内生向度

中国特色社会主义制度的形成和发展是一个由各种要素构成的有机系统，人民群众是其中的主体动力。人民群众是中国特色社会主义制度的建构主体，也是中国特色社会主义制度完善和发展的主体，因此，中国特色社会主义制度坚持人民至上，致力于实现最广大人民的根本利益，人民群众是中国特色社会主义制度的价值指向，人民本位是中国特色社会主义制度的内生向度。

制度产生于社会的利益分化和利益冲突。"政治权力不过是用来实现经济利益的手段。"[4]马克思在《家庭、私有制和国家的起源》一书中指出："在罗马也是在所谓王政被废除之前，以个人血缘关系为基础的古代社会制度就已经被破坏了，代之而起的是一个新的、以地区划分和财产差别为基础的真正的国家制度。"[5]可以看出，国家制度的产生是基于财产差别和利益分化产生的多元利益主体间的利益冲突，它是阶级利益不可调和的产物。统治阶级利益集团则利用国家这一"从社会中产生但又自居于社会之上并且日益同社会相异化的力量"[6]凌驾于多元利益主体之上，调解利益关系，规范利益秩序。"社会制度的实质是把人们在一定生产、流通、分配和消费过程中形成的经济关系、财产关系、阶级阶层关系和社会地位关系等问题规范化、程序化、法制化，以此明确个人、群体在经济生活、政治生活、文化生活和社会生活等领域的活动范围、活动方式、活动标准。"[7]制度作为国家意志表现为一定社会的阶级利益关系，在阶级社会，制度具有阶级性，代表统治阶级的利益和立场，是统治阶级意志的反映。

人民群众是中国特色社会主义制度的建构主体，是中国特色社会主义制度发展和完善的主体。从农村家庭联产承包责任制到城市的全面改革开放，中国特色社会主义制度顶层设计的智慧来自人民的实践活动。从经济体制改革到政治体制改革、文化体制改革的推进，中国特色社会主义制度的完善和发展更来

自群众的实践活动。中国特色社会主义制度的建构和完善是一个系统工程，需要各种具体形式的制度协同发展。制度建设的顶层设计需具有整体意识，需要深入调查研究，立足于社会发展的现实，研究新情况，解决新问题，积极概括和推广广大人民群众的实践经验，人民群众的社会实践始终是顶层设计的智慧源泉。

中国特色社会主义制度的所有制经济关系保障了人民群众的经济权益。马克思主义唯物史观认为，国家制度根植于现存的物质生活条件之中，"国家决不是从外部强加于社会的一种力量"[8]，"而是源自内部的生产方式和生产关系变化"[9]。"在社会发展某个很早的阶段，产生了这样一种需要：把每天重复着的产品生产、分配和交换用一个共同规则约束起来，藉以使个人服从生产和交换的共同条件。这个规则首先表现为习惯，不久便成了法律。"[10]"法的关系正像国家的形式一样，既不能从它们本身来理解，也不能从所谓人类精神的一般发展来理解，相反，它们根源于物质的生活关系，这种物质的生活关系的总和。"[11]这表明，以法律形态表现出来的国家制度确立的利益关系是由生产力和生产关系状况决定的，制度在生产力与生产关系矛盾运动规律支配下具有内生性特点，制度所维护的必然是基于一定社会生产方式基础之上的利益关系，制度是生产力与生产关系的客观呈现，国家不可能脱离生产方式任意地建构制度的内容。在阶级社会，国家制度所维护的利益是统治阶级的共同利益。中国特色社会主义制度所调整的利益关系正是基于中国现阶段的生产方式所产生的利益关系，以公有制为主体的所有制经济关系和以按劳分配为主体的分配关系决定中国特色社会主义制度整个制度体系的性质和发展方向必然是公有制主体的利益，即多数人的利益。

中国特色社会主义制度的我国政权性质保障了人民群众的政治权益。我国工人阶级领导的、以工农联盟为基础的人民民主专政的国体性质决定了中国特色社会主义制度维护和代表的是广大工人阶级、农民阶级的利益。工人阶级是国家的立法主体，中国特色社会主义制度是人民通过民主程序确定的。中国特色的立法逻辑保障了制度的创制者也是制度的承受者，制度由人民制定，反映人民利益。

中国特色社会主义制度社会的公平正义。社会正义是人类共同的价值追求，是社会制度的首要价值。社会正义有四个维度：劳动正义、空间正义、教育正义、卫生正义。中国特色社会主义制度把追求实质正义作为价值指向。市场经济的价值诉求是"机会平等"，为实现经济价值最大化，市场经济设置一套公平的程序，或者说是公共的规范体系，让其中的个人"自由"选择，以实现程序上的正义。然而，一个正义的社会，不应仅限于形式上的程序正义，而应该有切实可行的制度保证社会的实质正义，即罗尔斯意义上的机会平等。人的出身、门第等"天然的优势"会通过裙带关系、庇护关系、遗传基因等传给其子孙后代，导致社会不公。市场经济设置的程序正义会凸显了个体接受者的缺陷，忽视了基于社会结构的因素。不能充分保障公民的居住权、教育权、医疗权等基本权利，使上学难、看病难、住房难成为影响社会和谐发展的重要问题。处于社会主义制度主导下的市场经济正义诉求不仅仅是程序上的正义，而是在有利于共同利益的情况下，通过社会制度的设计给予处于天赋、出身劣势者以一定的社会补偿，补偿自然的和社会的偶然因素，抹平由先天优劣势造成的差异。社会主义正义建制是真正基于人的需要的基础上保障权利公平，即保障人的生存权。生存权意义上的公平是底线公平、实质公平、消极权利的公平，满足人的生存权利是一个有良心的政府必须坚守的一条底线。中国特色社会主义制度建立了公平、竞争的经济体制，平等透明的政治体制，把为人民群众提供"更好的教育、更稳定的工作、更满意的收入、更可靠的社会保障、更高水平的医疗卫生服务、更舒适的居住条件、更优美的环境"[12]作为奋斗目标，有利于人民自由个性的生成，促进人民群众的全面发展。

四、政治包容：人类社会政治生活向社会生活"回归"

中国特色社会主义制度是人类政治生活的自我扬弃和自我消解，是政治生活向社会生活"回归"的现实路径。中国特色社会主义制度的优越性本质上展现了政治生活对社会生活的高度包容性。制度的包容性决定着国家政治生活对社会生活的代表和容纳程度，决定着人民的自由意志和自由个性的实现程度。

人是名副其实的政治动物，人的社会化存在蕴含着个体生活与社会生活的矛盾。在人类社会早期，共产制经济氏族下的人们都依存于共同体的脐带，个体没有意识到也无法成为实践的主体，个体生活与公共生活是直接同一的，不会出现整体对个体、独立的政治生活对社会生活的容纳和宽容问题。随着社会分工和剩余产品的出现，对财产的私人占有制产生了，代替了原始氏族的公有制，自然形成的共同体生活被打破了，氏族庇护下的个人开始摆脱共同体的束缚，出现了利益分化。氏族开始"由于自己的全部经济生活条件而必然分裂为自由民和奴隶，进行剥削的富人和被剥削的穷人，而这个社会不仅再也不能调和这种对立，反而必然使这些对立日益尖锐化，一个这样的社会，只能或者存在于这些阶级相互间连续不断的公开斗争中，或者存在于第三种力量的统治下，这第三种力量似乎站在相互斗争着的各阶级之上，压制它们的公开的冲突，顶多容许阶级斗争在经济领域内以所谓合法形式决出结果来"[4]，这第三种力量就是国家。

国家产生后，社会公共事务由氏族成员直接参与转变为由部分成员垄断政治生活，人类陷入公开的阶级斗争中，协调和分配不同利益的政治生活开始脱离社会生活，并日益独立化、专门化。到了资本主义社会，政治生活发展成为凌驾于社会生活之上的宰制力量，尽管资本主义社会实现了政治国家与市民社会的二分，但其经济生活领域资本的增值本性决定了其契约化的民主政治，使政治生活沦为经济生活的"侍婢"，使资本主义制度下的政治生活日趋专业化、行政化、技术化、职业化。资本主义制度从本质上看，是传统封建特权对现代资本权力的让渡。

具体到中国而言，中国传统社会在道德教化、血缘宗法和家国一体等基本价值范式基础上确立形成了尊卑有序、秩序井然的忠君爱民、父慈子孝、各安其位的社会结构。其实质是泛道德化基础上的个体间的相互宽容，是以道德为本位、以个体容忍为依托的对人的个性的泯灭，对人的价值和尊严的践踏和扼杀。在现代化洪流的冲击下，中国传统社会的基本价值范式逐渐失范。中国共产党以马克思主义为指导，以暴力革命为手段，凭借"政治解放"的现实路径彻底否定了中国传统社会的基本价值范式，在制度构建层面为中国社会发展植入彻底的宽容精神奠定了基础，为个体的自由和解放提供了制度支撑。

马克思主义的世界历史理论强调在人类社会历史发展中逐步扬弃国家、阶级，共产主义社会阶级和国家将走向消亡，政治生活会实现自我消解，社会生活在经历了政治生活、经济生活、文化生活的分化后会重新走向统一，政治会丧失"政治性"，日益"回归"社会公共生活，成为在历史中生成的，人的充分、自由、全面发展就会实现。中国共产党从夺取政权开始，就致力于消灭剥削、消除两极分化。其领导下的中国特色社会主义制度所内蕴的宽容精神会在社会历史嬗变中借助于自主发展范式选择逐步实现。现阶段，在中国特色社会主义制度建设过程中，制度的政治性不但没有削弱反而在某些时候还会加强，必要时还会表现为不宽容，但这都是暂时的，中国特色社会主义制度最终会走向政治生活的自我扬弃、自我消解，实现向社会生活的"回归"。

五、国家认同：既"向世界说明中国"，又"向中国说明中国"

改革开放四十多年来，中国经济社会实现了中国历史和人类历史上罕见的高速发展，一个政治稳定、经济迅速、社会和谐、人民赋予的中国傲然屹立于世界的东方。中国特色社会主义给世界带来希望。中国特色社会主义给中国带来"五千年未有之大变局"，它推动世界上许多国家和民族研究社会主义理论、认同社会主义价值、进行社会主义改造，也为资本主义提供国家治理借鉴，吸引它们注入社会主义元素。中国特色社会主义具有世界历史意义。

于是，西方学者开始研究、总结中国的发展，国际舆论出现了"中国模式""中国经验""中国奇迹""中国现象"等概念。这些概念出现于西方现代性认同构建的"他者"阴霾之中，这是一种被西方舆论赋予的角色。中国被视为西方国家认同建构的"他者"，"他者"的确立对于西方现代性认同的形成和发展具有近乎决定性的作用。在近现代历史中，西方眼中中国的国家形象经历了从停滞、野蛮、落后、独裁到复兴、文明、自由、进步的蜕变，但中国之于西方现代精神结构中的价值方位始终是被否定和俯视的"他者"，"他者"这个后殖民主义的常用术语暗含着对西方中心主义的反讽。如何走出这种现实困境，开辟出一条适合中国的现代性认同模式是摆在中国面前的时代课题。

中国特色社会主义制度使7亿多贫困人口摆脱贫困，创造了人类减贫史上的奇迹。我国的贫困发生率从1978年97.5%下降到2015年的4.5%，中国对全球减贫的贡献率超过70%。联合国和世界银行认为，全人类减贫事业三分之二的成就应归功于中国。根据世界银行测算，我们国家的国内生产总值从1978年的3679亿增加到2016年的744127亿，几何平均增速15.00%。2013—2016年，中国对世界经济的贡献率平均为31.6%，超过美国、欧元区和日本贡献率的总和。甚至在世界经济最困难的时刻，中国成为拉动经济增长的火车头，2009—2011年对世界经济增长贡献率超过50%。2016年，我国全年实现货物进出口总额居世界第二位，占世界的比重为11.5%；我国对外服务贸易总额达6575亿美元，占世界比重为6.9%，稳居世界第二位。2015年，我国对外直接投资额达1457亿美元，创历史新高，已跃居世界第二位。中国在一心一意地改善人民群众的生活条件的同时，也为世界人民做出了巨大贡献。而相对的，自2008年金融危机以来，西方资本主义国家却深陷债务危机、福利危机。因养成超前消费、借债消费习惯，截至2012年，西方发达国家债务占GDP平均比例已达110%。

号称"从摇篮到坟墓"的西方福利国家财政不堪重负，民众因过惯了舒服日子而不愿勒紧裤腰带过日子深陷"福利陷阱"。

在这样的国际背景下，世界各国都不约而同地把目光集中于中国特色社会主义制度。中国特色社会主义制度作为一种成熟的社会主义制度形态，重构了国家认同，"拯救了社会主义在全世界的威望"。[13]

中国特色社会主义制度承载了"向世界说明中国"的功能，有利于确立中国在世界的正面的积极的形象，有助于中国承担一个负责任的大国的使命。在现代社会，"生产的不断变革，一切社会状况不停的动荡，永远的不安定和变动"[8]催生着个体的生存焦虑、价值焦虑及身份焦虑，造成了个体的认同紊乱。西方所谓的"中国形象"实际上是西方现代性想象的、乌托邦式的"他者"，长期以来，中国的国家形象和文化身份实际上沦为了西方现代文化霸权的牺牲品。中国的崛起引起了西方中心主义者的恐慌，他们力图压制中国，渲染"中国威胁论"。而中国特色社会主义制度的确立、完善和发展向世界展示了一个真实的中国，增强了国际认同。一是和平崛起，不是称霸世界。中国的发展不是自私自利、损人利己、我赢你输的发展，中国是合作共赢的积极倡导者，更是合作共赢的切实践行者，对他国、对世界绝不是挑战和威胁。二是注重保护人权、发展人权，在人权理事会中发挥建设性作用。将人权普遍性原则同中国实际相结合，走出了一条中国特色人权发展道路，取得了举世瞩目的成就。三是追求民主自由。西方以所谓的普世价值指责中国缺乏民主自由，并在世界范围推行西方民主制度，使很多国家陷入混乱和灾难。中国特色社会主义制度以政治制度和法制制度保障人民当家作主的权利。四是建设法治国家、法治政府。中国特色社会主义制度划定权力的边界，把权力关进制度的牢笼。这些都向世界展示了中国的大国形象和大国地位。

同时，中国特色社会主义制度承载着"向中国说明中国"的功能，有利于人民群众坚定信念，增强共识，在多元文化和价值认同危机中仍能够维护自己的民族和国家。国家富强和人民富裕是全体中华儿女的一致认同，在现阶段，它表现为在中国特色社会主义制度的基础上，在爱国主义为核心的民族精神和以改革创新为核心的时代精神的指引下，全体中华儿女的自力更生、艰苦奋斗、求真务实、开拓进取实现中华民族伟大复兴的中国梦。中国特色社会主义制度是实现国家认同的制度保障。在"全球现代性"的逻辑框架下，在"他者"既存的语境中，在世界范围内凝聚人心、汇聚力量，弘扬中国精神，展示中国形象，不仅仅是宣传层面的问题，支撑宣传的必须是一套上升为国家制度的先进的政治理念和文化价值理念。中国特色社会主义制度明确了国家和社会发展的实践规则，确定了每个个体的日常生活和社会交往的行为规范，规定了社会秩序、公共关系的建构原则；它保障人民的民主和自由，保障人民公平地分享发展成果，具有鲜明的价值追求，可以凝聚共识，增强向心力，使我们更有信心和力量实现中华民族崛起的中国梦。

中国特色社会主义制度是在马克思主义中国化的指导下逐步确立的，是在世界社会主义运动遭受挫折的背景下彰显的，是在中国加入世贸组织的过程中推进的，是在中国和平崛起于世界格局中发展的。中国将勇立和平、发展、合作、共赢的时代潮头，以扎实的发展、先进的理念和务实的举措为世界贡献更多的"中国机遇""中国智慧""中国力量"。

参考文献：

[1]〔美〕塞缪尔·亨廷顿. 变革社会中的政治秩序 [M]. 北京：华夏出版社，1988：396-397.

[2] 邓小平文选 [C]. 北京：人民出版社，1993 (3)：137.

[3] 中共中央宣传部. 习近平总书记系列重要讲话读本（2016 年版）[M]. 北京：人民出版社，2016：31-32.

[4] 马克思，恩格斯. 马克思恩格斯选集：第 4 卷 [M]. 北京：人民出版社，1995：250，169-170.

[5] 马克思. 家庭、私有制和国家的起源 [M]. 北京：人民出版社，1972：127.

[6] 马克思，恩格斯. 马克思恩格斯文集：第 4 卷 [M]. 北京：人民出版社，2009：189.

[7] 黄书进. 中国特色社会主义制度的科学内涵及重大意义 [J]. 中国井冈山干部学院学报，2012 (4)：19.

[8] 王中汝. 经济、社会与国家——历史唯物主义视域内的社会变迁 [M]. 北京：人民出版社，2011：131.

[9] 徐民华. 科学社会主义经典著作导读 [M]. 北京：人民出版社，2003：312.

[10] 马克思，恩格斯. 马克思恩格斯选集：第三卷 [M]. 北京：人民出版社，1995：211.

［11］马克思，恩格斯．马克思恩格斯选集：第二卷［M］．北京：人民出版社，1995：32，34.

［12］罗平汉．中国共产党群众路线思想史［M］．北京：人民出版社，2013：348.

［13］肖枫．社会主义向何处去(下)［M］．北京：当代世界出版社，1999：1136.

政商关系的实质及根源*

　　搞市场经济，政商交往是绕不开的。一直以来，社会主义市场经济条件下特殊的经济、政治生态孕育了错综复杂的政商关系："关系本位"意识强烈，关系网市场经济落地生根；契约精神尚未牢固树立，商人社会责任意识淡薄；"发展型国家"与"地方竞争型政府"价值二元化，地方政府成为市场利益主体，损害了公共利益、扭曲了社会价值体系。因此，改革要重塑政府和市场的关系，发挥"有效的市场"和"有为的政府"两个方面的优势，重中之重是重塑新型政商关系。

　　党的十八大以来，习近平总书记发表了系列重要讲话，多次指出构建亲清新型政商关系，促进非公有制经济健康发展和非公有制经济人士健康成长。习近平总书记的讲话贯穿着强烈的问题意识和鲜明的问题导向，深刻地回答了新的历史条件下党和国家发展面临的重大理论和现实问题。中国搞市场经济，政商交往是绕不开的。然而，一直以来，社会主义市场经济条件下特殊的经济、政治生态孕育了错综复杂的政商关系，改革要重塑政府和市场的关系，发挥"有效的市场"和"有为的政府"两个方面的优势，重中之重是重塑新型政商关系。

一、政商关系实质——政府与资本关系的人格化

　　彼得·伊文斯指出，官员在和企业密切联系的同时保持自主制定政策和行动的能力是发展型国家提高经济发展效率的关键。[1]良性健康的政商关系，对一

---

　　* 作者简介：张春玲，女，北京信息科技大学马克思主义学院讲师，主要研究方向为资本逻辑与现代性问题。

个国家的经济发展、社会和谐至关重要，是经济社会发展的润滑剂和助推器。在市场经济条件下，官商联系成为社会生活的一部分，被人们自觉认同和接受。在经济生活中，我们常常发现，一个企业的做大做强往往与其经营者是否拥有和上级领导机关、当地政府部门的广泛的社会联系紧密相关。与政府关系良好被企业视为一种竞争优势，成为企业的社会资本、必要财富。企业对官员的依附成为一种下意识的行为。一些企业设有专门的政府公关人员负责企业与政府的事务往来，政商关系成为企业关系网上最重要的一个节点。

政商关系分三个层面：宏观层面政府与市场、资本的关系（上层建筑与经济基础的关系）；中观层面地方政府与企业的关系（组织与组织之间的关系）；微观层面官员与商人的关系（个人与个人之间的关系）。马克思说过，"资本实质上就是资本家"，"资本显然是关系，而且只能是生产关系"。[2]蒂利指出，"现代欧洲民族国家的产生是强制（暴力）和资本集中共同导致的结果"[3]，"而二者的结合离不开统治者与商人间的政治联系和政治运作。"[4]因此，政府与市场、资本的关系是政商关系中最为本质的关系，官员和商人的关系是最表层的关系，是政府与市场、资本关系的人格化。在社会主义市场经济语境下，政商关系体现了政府权力与资本权力、社会公权与垄断特权的博弈。

我国的政商关系主要是"政"与"民商"之间的关系。"商"有"官商"和"民商"之分。"官商"即国有和集体企业，"民商"即民营企业。国有和集体企业只行使资产管理使用权，资产所有权属于各级政府，资产转移权不在企业，资产收益权有限。在这种产权结构的约束下，企业缺乏积累社会资本的充分条件和动机。新生民营企业则不同，它们自主经营、自负盈亏，有着强烈的增值动机，需要广泛的社会联系推销产品、树立形象，需借助横向联系寻项目、找机会、拓门路、求发展，有条件和充分的动机全方位地发展、积累企业的社会资本。因此，政商关系的问题也出现在这里，一些企业不惜斥巨资结识、扶植政府官员，通过培植在政府的代理人获得巨额经济利益，这些"代理人"成为"权力围猎"的重要载体。

二、"关系本位"意识强烈，关系网市场经济落地生根

在中国，政商关系错综复杂，一定程度上是中国复杂的经济生态和政治生态的反映。旧的政商关系是危险又畸形的一种经济关系，表现为企业主动与政府官员"寻求关系、建立关系、维护关系、利用关系、发展关系"，政府官员运用其手中权力主动"设租""寻租"。二者之间通过建立"亲密无间"的"政商朋友圈"进行政商勾结、权钱交易等非法活动，以获得各自所需的利润、利益、好处。

商人对官僚体系的依赖，在中国古代素为常见。在封建时代"士农工商"的社会等级序列中，商排在末位。商人长期缺乏主体认同感，对官僚体系依赖。我国古代的晋商、徽商、浙商、粤商等商帮的发迹的共同点就是"官商联盟"，它们从财力上资助皇权，作为政府推行财政政策和军协饷供应的工具，从而获得政府让渡的一部分利益。官与商联结在一起，各取所需，一个取绩，一个取利。

在新中国成立到改革开放之前的计划经济年代，中国基本不存在政商关系，只存在高度政治经济一体化里的上下级关系或同级关系。政商关系是伴随着市场经济的引入而出现的。20 世纪 90 年代，中国全面启动市场化改革。在国际上，改革将中国推入世界市场的"快车道"，使国家的经济生活与国际市场全面接轨。在国内，改革将市场关系渗入社会生活的方方面面，使人们的经济生活乃至整个社会生活都遵循市场交换、经济效益原则。随着市场经济的发展，中国封建时代的政商文化传统对改革开放后政商关系架构发挥了特殊的"塑型"作用。政商关系在中国传统文化的影响下具有家族血缘和裙带关系的影子，以血缘和地域为纽带的"关系本位"意识强烈，中国的市场经济发展为"关系网市场经济"。

改革开放使中国进入一个相对稳定的"过渡阶段"，即社会主义市场经济阶段。传统意义上"商帮"被"现代粤商""现代浙商"等所取代，但政商关系存在的问题及其根源并没有随着经济发展和社会的变革而消除。分税制改革以来，政府行使公共权力，通过财政补贴、税收优惠等来引导、干预企业的经济活动（生产、流通、销售、投资、上市、并购等），从而获得财政资源，促进经济增长、实现充分就业，维护社会稳定。企业通过政商关系获得价值连城的投资信息，争取风险小收益大的项目，从而获得经济效益。所谓"权钱结合"就发生在这个过程中。

西方国家在政府和市场对经济发展的作用问题上分为左右两派：一派强调市场的弊端，要求增强政府的权力；一派强调市场的优势，要求削弱政府的权力，在这两派看来，市场和权力是水火不相容的。中国的权贵阶层是市场和权力紧密结合的产物，是经济领域和政治领域界限混淆的最大受益者。改革开放

40 多年来，中国经济里比较重要的机会和资源大部分是在公权和市场紧密结合的领域中产生的。刚实行社会主义市场经济时，权贵阶层对市场环境十分陌生，随着市场经济的发展，权力和市场结合得越发紧密了。在这一过渡时期，权贵阶层中的一部分人渐渐把自己手中权力转化为"财产"和"资本"并且一定程度上影响了公权力的纯洁性和市场的公平、公正。因此，重塑新型政商关系，中国"新"的改革一定要推倒权贵这堵墙。"反腐"是撬动、突破权贵这堵墙的唯一办法。

和中国经济的发展一样，政商关系在经历了略显粗暴的粗放式发展之后，开始进入转型升级时期。2012 年新政治周期开启，一场声势浩大、伤筋动骨式的反腐风暴为本轮政商关系的转型拉开了帷幕。2014 年 1 月，习近平在第十八届中央纪委第三次全体会议上表示要以"猛药去疴的决心，重典治乱的决心，以刮骨疗毒、壮士断腕的勇气"将反腐进行到底。

"弃政从商、由商入政"的"旋转门"现象，古今中外皆有之。我们看到国家已经开始清理这批人，反腐已经突破这样一个底线：退休就是安全着陆，现在看来是不可能了，现在权势者的各个层面都是没有安全感的，他们要考虑长远，就要在执政期推动社会进步。社会主义市场经济制度的优越性在于社会主义制度的统领，而适当集权有利于制约资本。

三、契约精神尚未牢固树立，社会责任意识淡薄

市场作为发展经济的一种工具手段、优化资源配置的一种方式，本身是无所谓善，也无所谓恶的。只是市场经济的运行过程始终是由人来参与和掌控的，就使市场经济行为尽显了人的趋利本性。从这个角度讲，市场经济的弊端在根本上是人性危机。20 世纪后半叶，兴起的"企业社会责任运动"成为现代社会约束资本逻辑的新的伦理要求。运动要求企业放弃一味追逐利润的动机，多关注工人和社会的利益；要求企业在获得利润的同时，必须承担相应的社会责任，如保护环境、保护劳动安全、支付社会保险等；要求加强对企业的伦理约束，使企业正确地认识到自身的责任，从而使资本的运行遵守伦理道德法则。

在现代社会通过企业伦理建设，企业家伦理观念的培育，激发企业家的神圣感和责任感，摆脱资本主导的利欲熏心和感性沉沦，使企业家在责、权、利的结合中凸显自我价值，提升境界十分必要。正如温家宝总理在英国剑桥大学发表的《用发展的眼光看中国》演讲时所说："企业家身上应该流淌着道德的血

液。"就是向企业提出"义"的问题，要求企业义利并重，在追求利的同时，不能忘记社会责任，要遵守最起码的社会道德。一个精明而有远见的企业经营者应树立道德为先的经营理念和特色文化，塑造企业的伦理灵魂。一个企业，惟有诚信，才能让人放心、做强走远。

事实上，腐败不仅是一个世界性话题，也是一个全球性问题。腐败是市场经济的孪生兄弟，但并不是不可遏制。19世纪末20世纪初，工业革命使美国进入"镀金时代"，由于还没来得及建立完整的反腐法律体系，美国进入历史上最腐败的时期。美国国会开始反腐，先后通过了1883年《彭德尔顿联邦文官法》、1907年《提尔曼法案》、1910年《联邦反腐败法》、1925年《联邦腐化改革法》、1940年《哈奇法修正案》、1943年《史密斯－康奈利法》、1947年《劳工管理关系法》等一系列法律手段，遏制了腐败现象的发生，净化了美国经济环境，促进了经济社会持续发展。

以西方国家为鉴，新型政商关系必须是建立在现代法治基础之上的政府与市场、政府与社会，以及政府与商人之间的法律关系。唯有以强有力的法律做后盾，商人和官员才能心存敬畏，守住底线。公权为公，资本为私，二者本应界限分明。在社会主义市场经济条件下，二者的契合是有可能的，其边界为法治、制度和道德划定的框架。合理界定政府权力边界，防止利益集团"权力围猎"。建立惩戒机制，强化责任约束和法纪惩戒，切断利益输送渠道，斩断利益联系。

由集权制约资本，由法治制约权力。社会正义以法治为肇端，法治是为了限制以法律名义或程序正义名义滥用权力的人。一个法治的政府，任何官员，无论权力大小，都没有超越法律的权力，他们不能超越法律，也不敢超越法律。推动中国法制化进程的现实力量是中国共产党，社会主义的优越性就体现在共产党领导下的依法治国不同于西方国家的宪政，西方的宪政是要通过法律保障三权分立和制衡，是为了维护资产阶级的利益，而我们国家共产党领导依法治国是要保障和维护最广大人民群众的权利。当然，社会群众也是推进依法治国的重要力量，中国未来将是联合各种社会力量，才能解决官商勾结的问题。

综上所述，在中国经济转轨过程中，"关系本位"意识强烈，关系网市场经济落地生根；契约精神尚未牢固树立，商人社会责任意识淡薄等一系列问题构成了新型政商关系的问题意识及出场语境。新型政商关系要求各级领导干部要有"边界意识"，处事要有原则、有底线，在政商交往过程中界限清晰、公私分明，不能有贪心私心，不以权谋私，不搞权钱交易。为政、商双方划出了底线，使双方的行为有规可依、有度可量，为构建新型政商关系指明了方向，为新的历史条件下正确认识和处理政商关系提供了指导原则。

参考文献：

［1］Peter B. Evans. Embedded Autonomy：States and Industrial Transformation［M］. NJ：Princeton University Press，1995.

［2］马克思，恩格斯. 马克思恩格斯文集：第8卷［M］. 北京：人民出版社，2009：167、168.

［3］〔美〕查尔斯·蒂利：强制、资本与欧洲国家：公元990—1992年［M］. 上海：上海人民出版社，2007.

［4］苏政，孟天广：在权力与财富之间：政商关系及其分析视角［J］. 国外理论动态，2005（11），56.

［5］唐亚琳. 重塑新型政商关系的互动机制与交往规则［J］. 中国党政干部论坛，2006（6）：10－11.

［6］马克思，恩格斯. 马克思恩格斯文集：第三卷［M］. 北京：人民出版社，2009：252.

［7］王志刚. 论社会主义空间正义的基本架构——基于主体性视角［J］. 江西社会科学. 2012，（5）：40.

我国公民生育权全面实现的
制度考量与法治保障*

全球视阈内生育权理念经历了自然阶段、义务阶段终至权利阶段。从性质界定来看，生育权既是一项基本人权，也应是宪法权利。我国公民生育权的行使状况的优劣取决于国家当下的法律规定和公民的权利理念，同时也受制于一些现实的因素。完善生育权的法治保障应从宪法规定的跟进、相关法律的完善以及相应政策的配套入手，从而全面实现公民的生育权。

2015年10月在北京召开的中国共产党第十八届五中全会上，中央提出了全面实施"开放二胎"的政策。这是我国计划生育政策的又一次转变，标志着"一胎政策"时代的终结。2017年两会上，国家卫计委公布了全面实施"开放二胎"政策以来的中国公民生育现状以及人口数据，再次印证了此项政策的科学性和合理性。2019年两会上，也提出要全面落实好二胎政策，关注社会发展使得生育政策和相关经济社会政策完美衔接。生育权，作为一项基本权利，是一个随着时代变化而不断得到认识和完善的权利，同其他基本权利一样与公民的生活密切相关，也与国家的百年发展大计相关。因此，在中国特色社会主义新时代以及全面实施"开放二胎"政策的背景下，探讨我国生育权的法律保障问题具有重要的现实意义。

一、生育权的概念

生育权的概念是随着社会的发展变化而不断变化的。社会的文明程度越高，

---

* 作者简介：张文兵，男，北京信息科技大学辅导员，主要研究方向为大学生思想政治教育。

生育权的概念越能够得到丰富和拓展。地域文化、社会制度等因素都会对其概念产生影响。因此，要以发展和变化为基点，来考察和分析生育权的内涵。关于生育权概念的认知，首先应该从其历史发展进程中去考察和探究。一般认为生育成为民众的权利，开始于19世纪的西方妇女运动，此后生育权利的内容与范围不断得到拓展。一般理论研究认为生育权利的过程发展可以分为三个阶段[1]：

（一）自然阶段

在人类的自然阶段，由于社会发展缓慢和文明程度不高因素的影响，民众并不了解生育行为究竟意味着什么，也不知道如何节制自己的性行为去掌控子女数量。在当时那个阶段，人们觉得生育就是人的生理本能反应，没有意识到自己的生育行为是否会得到保障或者限制。在这个阶段，由于人类文明程度较低以及周围大环境的影响，人们将生育行为本身所潜在的生理本能属性完整地表现了出来，据此，可以得知当时人们根本没有将生育作为自己本身所能够享有的权利。

（二）义务阶段

随着人类社会不断向前发展，财产也逐渐有了私有化倾向，再加上社会生产力水平的不断提高，人们对于生育行为有了更高层次的认识。后嗣的绵延和财物的继承促使生育的本能意识渐渐向责任意识转化，人们在这种意识的影响下逐渐把生育行为理解为一项必须承担的责任。换句话说，人们开始意识到生育行为作为一项必须履行的义务，对血缘延续和财产传承至关重要。因此，生育行为在这一阶段的内涵由刚开始的生理本能转化成为一项义务。

（三）权利阶段

社会财富的不断积累引起了社会经济结构和政治模式的巨大变化，农业文明逐渐被工业文明所代替，人们对环境容量的承受能力也有了较新的认识，人权观念逐渐深入人心，医疗技术水平也有了较大的提高。随着这些因素的不断变化，人们渐渐意识到自己有权利去选择是否生育子女。至此，人们意识观念的变化标志着生育行为正式进入了权利时代。

生育权经历的三个阶段是随着社会的不断发展而逐渐变化的，表明生育权的概念也是会受社会发展进程的影响的。因此，不同的地域、不同的国家对生育权概念的理解是不同的。我国学者虽然未对生育权的概念达成一致意见，但是大部分的学术观点受到了我国现有法律体系以及政府计划生育政策的影响，与西方国家特别是较发达国家对生育权概念的认知有较大的差别。西方国家学者普遍认为公民有权利决定自己是否进行生育，生育权是一项基本人权，受到国家公权力的保障和支持。[2]我国学者对于生育权概念与西方关于生育权概念的认识不尽相同，我国学者认为生育权受法律限制，公民须依法行使生育权。因此，从基本人权的层面上来讲，笔者认为，生育权是指公民合法拥有的受国家公权力和法律保护的有权自主决定是否进行生育的非依法不得剥夺和限制的权利。

二、生育权的性质

从思想理论层面来看，一些学者认为生育权是指公民自然享有的基本权益，换句话说就是天赋人权；从实体法律层面来看，公民有权在不违反国家政策的前提下按照自己的意愿决定是否生育。由此看来，生育权又属于人权的范围。[3]其实，生育权的性质是多方面的、多层次的，生育权不仅是基本人权的内容，而且应是宪法所规定的公民的基本权利。

（一）生育权是一项基本人权

人权概念最早产生于西方国家，随着资产阶级革命的兴起，人权逐渐成为现代文明的标志。随着2004年我国的"人权入宪"，"国家尊重和保障人权"的观念深入人心。虽然人权的概念至今没有定论，但是学者们从整体上达成了较为一致的意见：人权是指人们基于自己作为人的固有属性所应该享有的权利。[4]张千帆教授同时也认为："人权是人类社会最高形式和最具有普遍性的权利。"[5]人权是伴随着历史发展进程而逐渐产生的，是人基于人的自然属性和社会存在所应当享有的权利。每个人，只要作为人类的一员，都应该享有该项基本权利，并且这种权利直接关乎自身的切身利益，这就是所谓的基本人权。[6]

自然界的正常延续，取决于有正常的繁衍行为，人类社会同样如此。人类进行生育行为所体现出来的自然和社会属性，是生育权作为一项基本人权的源头所在。[7]人类的生育行为是一种自然行为，这与自然界中其他动物的生育行为并没有差别。从人类和自然界可持续发展的角度出发，繁衍后代仅仅是维持自然和社会生命力的充分必要条件，与国家权利、社会义务根本没有任何关系。[8]但是只有人类生存下去，才能把物质文明和精神文明传播继承下去，才能真正找到人类存在的意义和价值。毫无疑问，人类作为社会群居动物所进行的一系列行为也属于社会行为，生育行为也不例外，体现了其本身所反映出来的社会属性。因此，从自然属性来看，繁衍后代是动物的本能，也是维持自然必不可少的因素；从社会属性来看，作为社会中的一分子，公民不能随心所欲地行使自己的权利，也不能在面对义务时选择回避，必须要符合国家和集体利益，生育权就是这样。

（二）生育权是宪法权利

生育权从其性质而言，应该属于一种具有较强人身属性的宪法权利。具体来说，宪法是保障人格尊严的基本法，而生育权本身就具有较强的人格属性，理应得到基本法的保障。同时，宪法解决的主要问题是如何保障公民的权利不被国家公权力所侵害，而不是如何处理公民的权利被其他平等主体所侵犯。生育权应该和公民所具有的言论自由等权利一样形成对国家权力的制衡和约束，其本质上反映了国家权力和公民个人权利之间进行交锋所表现出来的利益冲突。纵观新中国成立以来的宪法发展历程，也只有关于"生育义务"的规定，原因就是我国在改革开放之初就面临着人口膨胀的压力，为了使人口与社会发展能力相适应，与自然承受力相协调，我国不得不实行计划生育的国策，与此对应就有了法律义务。固然，从政治学的角度来看，实行计划生育的国策无可厚非；但是，从法学理论的角度出发，其中大有文章可作。权利和义务是一个整体，两者相互影响，不可分割。两者的关系像一枚硬币一样，两者就是硬币的正反两面，缺少了任何一面，都是不完美的，都是不具备其真实价值的。那么我国宪法所规定的生育义务是否就有失偏颇呢？为了弥补宪法条文的不足，迎合时代的要求，落实现代"开放二胎"的政策，在法理层面我们可以对条款进行解释。针对本条内容，我们可以进行宪法解释，大胆推测义务背后所蕴含的权利内容[9]。

三、我国生育权的行使现状

由于我国具体国情的影响，公民生育权的履行受到国家计划生育政策的影响。计划生育政策实现了从"一胎"到"单独二胎"再到"全面开放二胎"政策的转变。特别是 2016 年施行全面开放二胎政策以来，我国的人口数量和人口结构发生了很大的变化，法律法规、各项政策也相应地做了不小的改变。

（一）现行法律对生育权的规定

随着我国各项社会制度的不断完善，依法治国的不断推进，国家高度重视法律于公民权益的保障作用。尽管我国法律没有明文规定公民享有生育权，但是从我国现在已经实施的一些法律来看，都直接或者间接地涉及了对公民的生育权的保障。宪法对于一个国家的作用是不言而喻的，它直接规定了公民享有何种基本权利。我国宪法第四十九条规定："婚姻、家庭、母亲和儿童受国家的保护。夫妻双方有实行计划生育的义务。"这是立足于国家整体发展规划，继续推行计划生育政策，以此来落实我国的可持续发展战略。《婚姻法》"总则"章的第二条和"家庭关系"章的第十六条则重申了宪法对公民生育行为的规定，"国家实行计划生育，夫妻双方都有实行计划生育的义务"。2015 年全国人大常委会结合我国人口的具体情况修改了《人口和计划生育法》，把原来的"单独二孩政策"修改为"国家提倡一对夫妻生育两个子女"。尽管这些变化是国家针对计划生育政策带来的，但是这种改变背后隐藏的意义却是非凡的。它起码表明了国家和社会的态度，总体上来说是进步的。另外，我国政府在一些官方文件中针对公民的生育行为表达了维护的态度。譬如我国政府在 1994 年 10 月制定的《中华人民共和国人口与发展报告》中规定"所有的夫妻和公民都有权自主地决定自身的生育行为，非法不得受到外界干涉"。在 2015 年出台的《2015 年中国人权与发展白皮书》中提出"社会各界应该尊重和正视女性的生育权，并且有责任和义务去保障女性健康顺利生育子女"。

（二）全面"开放二胎"政策后的生育现状

中国全面"开放二胎"政策是十八大以来国家根据人口自身的发展规律，根据人口和经济社会发展相适应的情况以及人口和资源环境协调发展的情况做出的科学决策。这个政策从去年年初开始正式实施，可以用一句话概括它的实施效果：成效初显，符合预判。

国务院于 2016 年 12 月 30 日出台的《国家人口发展规划（2016—2030 年）》和 2017 年 1 月 10 日印发的《"十三五"卫生与健康规划》都要求把我国的总和生育率提高到 1.8。根据今年两会公布数据显示，截至 2016 年 12 月底，政策刚好实施一年，全国住院分娩的婴儿活产数是 1846 万。实际生育的小孩数量是大于这个数字，因为住院分娩率达到了 99%。这个数字是 2000 年以来我国出生规模最大的一年，比"十二五"期间年均出生人口数增加了 140 万。去年的总和生育率达到 1.7，而 21 世纪以来，总和生育率一直徘徊在 1.5—1.6。这几个数据说明，全面两孩政策实施的效果是相当明显。国家卫计委调查数据显示，在"十三五"时期全面两孩政策的影响下，预计以后我国每年出生人口的规模会在1700 万到 1900 万波动，生育形势完全符合预判。到 2030 年峰值时期，我国有

14.5 亿左右，到 2050 年还有 14 亿左右的人口，到 21 世纪末还有 11 亿以上的人口。[10]

（三）影响妇女生育意愿的因素

根据研究结果显示，符合生育全面两孩的目标人数是 9000 万。然而因为多种原因的影响，在 9000 万目标人数里能够生小孩的只有 28%。究竟是什么因素影响了公民的生育意愿呢？2013 年至 2015 年间，国家计生委组织了这方面的专项调查，调查结果显示，主要是三方面的原因：第一，妇女的职业发展，母亲生完孩子以后的再就业和求职方面的问题；第二，婴幼儿抚育面临困难。托幼特别是三岁以下小孩的托幼资源比较缺乏，多数家庭主要靠祖辈抚育第三代；第三，经济上的压力。另外，2015 年和 2016 年国务院妇女儿童工作委员会办公室和全国妇联妇女研究所也做了这方面的专项调查，结果显示，83.1% 的妇女认为，影响她们生育决策的原因也是这三个方面，这和国家计生委调研的结果是吻合的。[11]

四、完善我国公民生育权法律保障的若干建议

我国于 2016 年制定公布了《中华人民共和国国民经济和社会发展第十三个五年规划纲要》，指引了国家社会发展方向，此是我国最高级别的社会发展计划。注重家庭发展、给予妇女生育关怀、实施妇女发展战略、实施儿童发展战略都被写入第十三个五年规划中。[12] 但是若从根本上解决我国目前存在的生育权问题，还需依赖于包括宪法在内的法律体系以及相关政策的完善。

（一）完善宪法规范层面的生育权

中国现行宪法将公民的基本权利这一章设置在国家机构的章节之前，并对其进行了较为全面的规定，无疑是为了赋予公民更多的权利，显示其重要性。我国宪法虽然重视公民的基本权利并且做出了权威性规定，但是在公民生育行为方面却是很少涉及。从生育权来看，如今这种缺乏宪法保障的模式已经不能适应民众强烈的权利渴求，越来越多的公民要求将其纳入宪法，从而得到宪法的保障。现阶段我国的经济建设不断得到发展，社会也呈现出稳定和谐的局面，具有生育权入宪的前提条件；同时，公民权利意识逐渐得到提高，在这种意识的驱动下，公民对生育权入宪的诉求也越来越高。国家应该结合国际对人权逐渐重视的大背景，立足于我国实际国情，在宪法层面完善对生育权的规定。这种改变将具有重大意义：一是使生育权从一般的法律保护提高到宪法保护；二是实现生育权主体从夫妻到公民的转变；三是改变目前宪法文本强调生育义务的状况，将生育权提高到优先的位置。宪法作为国家的根本法，生育权的入宪也将对调整公民生育行为的整个法律体系产生影响，实现对生育权的更高层次、更全面、更深入的保护。[13]

（二）完善法律层面的生育权

对公民生育权的研究在法律层面上是一个自上而下的、连贯的、系统的过程。与生育权相关的各项基本法律在宪法的指引下也必须相应地做出修改。全国人大法工委应同国务院各部门展开合作，进行实地调研，加快各项基本法律的制定和修改工作。

首先，应该进一步完善人口与计划生育法。该法在第四章"奖励与社会保障"中，只是大体上规定了符合计划生育政策以及独生子女家庭所享受的待遇，并未规定开放二胎政策后生育第二个子女的家庭和生育二胎妇女应该享有的待遇。笔者建议在第四章增加对此类人群的生育权保障，例如，对二胎子女家庭进行奖励、颁发"二胎子女家庭光荣证"、增加相应的生育二胎子女的社会保险基金等。如此规定，不仅可以很好地控制每个家庭生育两个子女保持 1.8 的总生育率，也可以很好地保障二胎家庭正常生活，从而减轻生育家庭经济上的一部分负担。

其次，有必要修改母婴保健法。一方面，自 1995 年该法生效后就没有进行过修改，二十年过去了，中国的具体国情发生了变化，相关的计划生育政策以及医疗水平也发生了变化，它所规定的保健制度已经不能完全适应当今实际所需了；另一方面，这部法律虽然在第三章"孕产期保健"中为怀孕妇女提供了诸多医疗保障，但是并未对怀有二胎子女的妇女施予相应的更高层次的、全面的医疗保障。生育二胎妇女的身体条件肯定比生育首胎子女时更加柔弱并更具危险性，现实中也不能排除高龄孕妇的存在，因此，笔者建议在该法中增加关于二胎孕妇和高龄产妇的单独医疗保障规定，以此来保障妇女的生育健康。

最后，还可以相应地修改劳动法。现行劳动法在第二章"促进就业"和第七章"女职工和未成年工特殊保护"中对妇女劳动者进行了法律保护。该法规定了妇女享有与男子平等的就业权利，在录用职工时，除国家规定的不适合妇女的工种或者岗位外，不得以性别为由拒绝录用妇女或者提高对妇女的录用标准。另外，还规定女职工生育享受不少于九十天的产假。这些规定确实保护了妇女劳动和休息的权利，但是仅仅有这些是不足以保障如今社会中的"二胎妇女"的生育权和劳动权。结合上文,我们了解到就业问题是影响到妇女生育二胎的一个重要因素。在现实生活中,很多公司企业不愿意让适龄妇女生育二胎,因为这会影响公司的效益,同时还会增加公司的运营成本(产假及工资的影响),这就直接影响到了妇女生育二胎权利的实现。笔者建议在该法中增加对孕育二胎妇女劳动权的特殊保护,严厉禁止公司变相剥夺妇女的生育权利;在九十天产假的基础上,适当延长孕育二胎妇女的产假。

总之,如果没有科学立法和严格执法的前提就不会有公正司法和全民守法的存在,多管齐下才能保障公民生育权得到实现,才能将全面依法治国"新十六字方针"贯彻落实下去!

(三)多措并举提供基本政策保障

中央高度重视研究解决群众养育子女的后顾之忧和公民生育权的切实履行,明确提出要构建家庭发展支持体系,鼓励按政策生育。国家卫计委未来应该会同发改委、教育、交通、旅游、总工会、妇联等部门强化妇幼保健服务供给,合理规划产科、儿科、教育等资源,推动建设标准化的母婴设施,保障女性的就业权益,增加惠民利民服务措施。国家相关部门的态度表明了在政策层面对公民生育权利的支持和保障。但是,除此之外,政府相关部门还需要将政策落到实处,并提出具体的可操作性的措施。首先,应该建立完整的生育保障体系。国家现在制定了"五险一金"制度,但是生育险仅仅针对职业妇女因生育子女而暂时中断劳动时的情形,它只是一种暂时的救济措施,不具有长久性和稳定性。政府可以在生育险的基础上,增加对生育二胎子女家庭的资金投入力度,设立专门的生育津贴和二胎子女家庭补助专项基金;另外,针对二胎子女家庭,提供特殊的医疗待遇政策,在生育二胎妇女的医疗费用报销和二胎幼儿的医疗保障上有所偏向和区分。其次,完善幼儿学前教育制度。我国目前的九年义务教育制度基本建立,但是针对幼儿的学前教育方面的相关制度建设却不够完善。婴幼儿抚育面临困难,托幼特别是三岁以下小孩的托幼资源比较缺乏,多数家庭主要靠祖辈抚育第三代。这不仅影响到夫妻双方生育二胎的意愿,也影响了孩子的教育问题,不利于基本文化素质的提高。政府教育部门应该加大对幼儿学前教育的资金投入力度,逐步建立公办的、高水平的幼儿园,让幼儿有园可入;针对生育二胎子女家庭的经济条件,制定相应的学费减补政策,以此来缓解他们的经济压力。最后,政府应该积极作为,加大普法力度,主动引导和构建生育友好的社会环境,鼓励群众按政策生育,保持适度生育水平,促进人口长期均衡发展。

五、结语

多管齐下、多措并举才能切实贯彻和落实国家提出的全面放开二胎政策，只有这样才能让家庭减少忧虑，自愿生育二胎子女。中国实行全面放开二胎政策是根据实地调研数据和实际国内人口情况做出的合理决策，是经得起时间和人民考验的。现在所呈现出的良好局面，也深深地讽刺了拿着人权的幌子攻击我国的"计划生育"政策的外国部分敌对势力。使命重在担当，实干铸就辉煌，相信在党中央坚强领导下，在习近平新时代中国特色社会主义思想指引下，在国家法制建设的保障下，中国公民的生育权利一定能够得到更全面的实现和保障。

参考文献:

[1] 樊林. 生育权探析 [J]. 法学, 2000 (9): 32.

[2] 马尔萨斯. 人口原理 [M]. 丁伟, 译. 兰州: 敦煌文艺出版社, 2007: 117.

[3] 韩大元. 宪法文本中"人权条款"的规范分析 [J]. 法学家, 2004 (4): 9.

[4] 刘海年, 王家福. 中国人权百科全书 [M]. 北京: 中国大百科全书出版社, 2014: 62.

[5] 张千帆. 西方宪政体系 (上) [M]. 北京: 中国政法大学出版社, 2004: 86.

[6] 夏勇. 人权概念起源—权利的历史哲学 [M]. 北京: 中国政法大学出版社, 2009: 94.

[7] 王世贤. 生育权之检讨 [J]. 哲学社会科学, 2006 (5): 67.

[8] 沈鸿梅, 龚刚强. "生育权"纠纷的法理分析 [J]. 广西民族学院学报 (哲学社会科学版), 2003 (6): 16.

[9] 芮卫东. 生育控制的法律分析———兼论单身女性的生育权 [J]. 人口与计划生育, 2008 (8): 153.

[10] 国家卫生计生委主任李斌等就"'十三五'开局之年卫生计生改革发展"答记者问 [EB/OL]. 中国政府网, 2017 - 03 - 11.

［11］养育负担太重不敢生二胎？国家卫计委回应［EB/OL］．凤凰网，2017 - 01 - 22.

［12］秦奥蕾．生育权、"计划生育"的宪法规定与合宪性转型［J］．政法论坛，2016（5）：3.

［13］湛中乐，伏创宇．生育权作为基本人权入宪之思考［J］．南京人口管理干部学院学报，2011（2）：20.

"人类命运共同体"的理论价值 *

　　"人类命运共同体"理念是习近平新时代中国特色社会主义思想和治国理政新理念、新思想和新战略的重要组成部分，它不仅吸收了中国传统文化的优秀基因，亦是对马克思主义唯物史观的继承与发展，它是"自由人联合体"思想的初级阶段，也是马克思主义中国化在当代的具体体现，它必将促进人类共同发展的价值诉求，"人类命运共同体"是实现"自由人联合体"的现实选择，它为推动世界和平与共享繁荣而贡献中国智慧与中国方案。

　　伴随经济全球化和社会信息化飞速而快捷的发展，全球不同的国家和地区所面临的全球性问题日益增多，面临的共同性挑战促使大家相互依存度增大，同舟共济的意识有所增长。十九大以来，以习近平同志为核心的党中央紧握时代潮流，旗帜鲜明地倡导"人类命运共同体"理念——"世界上各个国家之间的依存度逐渐加深，人们生活在同一个时空里，逐渐发展成为你中有我、我中有你的命运共同体"[1]，并向世界各个国家发出强烈的号召——"齐心协力，携手共进，增强人们之间的共同利益"[2]。

　　"人类命运共同体"以人类命运为导向，以实现人的自由和全面发展为己任，它是马克思主义理论在中国实践的一次壮举，也是马克思主义中国化的具体体现，它必将促使人类共同发展，推动人类文明的脚步向"自由人联合体"这个崇高目标迈进，这在人类历史发展中具有里程碑的意义，其理论价值毋需置疑。

---

　　* 作者简介：姜婕妤，女，北京信息科技大学马克思主义学院研究生。
　　　敖云波，女，北京信息科技大学马克思主义学院教授。

一、"人类命运共同体"理念是对"自由人联合体"思想的继承与发展

关于"人类命运共同体"简单的理解就是把每个民族、每个国家的前途命运都紧紧联系在一起，把我们生存的地球建设成为一个和睦的大家庭，携手努力实现世界各国人民对未来美好生活的向往。"人类命运共同体"这一理念表达了中国人民对于建立国际新秩序的美好愿望和不懈追求。这一理念既具有鲜明的中国特色，又蕴含着全人类共同的价值理想与需求；它倡导全球人民在追求自身利益的同时也要兼顾他人利益，让不同民族国家利益紧密相连，形成一种有效的不可分割、命运与共的状态。

"人类命运共同体"的提出是符合当今社会发展的世情和国情的，同时也是对马克思主义"自由人联合体"思想的继承和发展。"自由人联合体"强调每一个人的自由发展是其他一切人自由发展的条件，未来高度文明的社会共同体一定是兼顾每一个人的自由发展，而不仅仅是一些人的自由发展，这是马克思主义思想最伟大的境界魅力，它超越人与人之间的各种壁垒、界限和差别，提醒无产阶级只有解放全人类最终才能解放自己，这在人类千年思想史上熠熠生辉，一直成为人类文明前行的灯塔。

"人类命运共同体"在领悟了"自由人联合体"思想的同时又融入了更多新的时代元素，它并非照搬了马克思主义的"自由人联合体"思想，而是在结合国际、国内的"世情"和"国情"的基础之上的与时俱进的表达与阐释，这种表达也许更通俗易懂，更接地气。中国希望在"人类命运共同体"理念的倡议与践行下，世界各国可以找到彼此利益的相同之处，寻求解决彼此利益纠纷的方式、方法，使各国经济得到较好的共生性发展。"人类命运共同体"理念是当今世界利益纷争的乱象中吹进的一股清流。作为负责任的最大的发展中大国，作为联合国常安理会常任理事国，中国不断地以实际行动向世界人民践行"人类命运共同体"理念，如"一带一路"倡议等，彰显了一个以马克思主义思想为指导的社会主义国家的美好形象。只要中国坚持，所有的社会主义国家坚持，发达的资本主义国家跟上，发展中国家慢慢共享到，相信"人类命运共同体"理念逐渐会推动世界人民同舟共济，美美与共。"人类命运共同体"理念是马克思主义的"自由人联合体"思想在当今世界的阶段性呈现。

马克思对未来共产主义社会中人与人、人与社会之间的关系进行了科学预判，从而提出了"自由人联合体"思想，它既是一种高度，也是一种境界。"自由人联合体"最终的目标是实现共产主义，"自由人联合体"是"人类命运共同体"发展的必然方向，而"人类命运共同体"是"自由人联合体"发展的初级阶段。

二、"人类命运共同体"理念是马克思主义中国化在当代的具体体现

马克思主义能够一直得到不断运用和发展的主要原因在于它与我们所处的社会紧密相连，并始终贯穿于整个世界历史的发展进程中。中国共产党认识到了马克思主义中的科学性，并将其作为指导思想之一。然而，并不是任何一种理论自诞生以来就一直是正确的、适用的，而是需要结合本国自身的实际发展情况来不断调整丰富其内容来适应发展，从而更好地服务于社会建设的需要。因此，马克思主义理论要随着社会的发展而不断丰富其内容。

全球化的发展使得世界各国越来越密切，进而引发了一系列国际问题。那么如何解决全球化发展过程中产生的问题、怎样构建更加合理的全球治理体系、如何更好地处理世界各国之间的关系是整个人类社会发展和当代马克思主义中国化进程所要解决的问题。因此，在建设中国特色社会主义事业的同时，全面推进国际社会的交流与合作成了当前工作的重中之重。在马克思主义理论的具体指导下，以及对历史实践经验总结的基础上，诞生了"人类命运共同体"理念。

"人类命运共同体"理念给中国提供了一个长久的、相对和平的国内外发展环境，同时也为世界各国追求本国的利益提供了可靠的保障，进一步为世界的整体建设贡献了科学的思路。习近平总书记指出，构建"人类命运共同体"和马克思主义不是相互矛盾的，反而是马克思主义理论的创新与发展。"人类命运共同体"理念的实施将推动马克思主义中国化的发展，"人类命运共同体"将"发展、和平、合作、共赢"四个要素有机结合，不仅是对马克思"共同体"思想的丰富和发展，也是对邓小平提出的面向现代化、面向世界、面向未来这"三个面向"的深度拓展，更是对党的十八大以来"建设怎么样的世界，怎样建设世界"这一问题的一个完美阐释，它有效地实现了"中国梦"与全人类的梦的紧密结合。"人类命运共同体"作为马克思主义理论中国化的最新产物，为新时期中国乃至整个世界的运用提供了典范。

三、"人类命运共同体"理念是促进人类共同发展的价值诉求

"人类命运共同体"关心的是整个人类的未来发展，旨在解决人类社会在发展过程中面临的问题。马克思曾说过：资本主义社会存在的根本矛盾不会在根本上得到消除，而今又面临着资本主义与社会主义并存的局面。此外，人类还面临着各种全球性问题，"人类命运共同体"的提出就是要维护全人类的根本利益。党的十八大以来，习近平总书记接连着提出要构筑"中非命运共同体""两岸命运共同体""周边命运共同体"及"亚洲命运共同体"等区域共同体，并且愿意同世界各个国家共同维护世界和平稳定、关注人类前途命运的伟大愿望，一起努力实现"自由人联合体"的最高理想，这与世界历史的发展趋势是同向的，也符合整个人类的根本利益。"人类命运共同体"不会受到民族国家和意识形态的制约，主要目的是关注整个人类共同发展的价值诉求。

"人类命运共同体"旨在打造更加公正合理的全球治理体系。在美苏两个超级大国"冷战"对峙结束后，全球正逐渐走向一个一体化的世界。然而随着自然资源的消耗以及世界人口数量的增长，许多全球性问题开始逐渐显现出来，然而现在的全球治理机制存在着严重的弊端，"零和博弈"思维和"历史终结论"仍然发挥着重要的作用，发达国家依然主导着全球治理，各个国家在全球治理体系中的地位差别依然很大，"人类命运共同体"理念就是想让世界各个国家认识到携手共建公正合理的全球治理体制的重要性。

"人类命运共同体"的最终目标是实现全人类的解放。[3] 马克思曾指出："在实现自由贸易和建立世界市场之后，工业生产和生活条件逐渐趋于一致，各国人民之间的战争和对立局面将不复存在"，"联合起来一起行动，至少是各文明国家之间的联合，可以进一步促使无产阶级获得解放"。马克思这几句话表明了国际合作对于实现人类解放有着很重要的作用。在推进"人类命运共同体"的过程中我们要紧跟时代潮流，时刻坚持合作共赢、共同发展的理念，给世界各国在解决全球问题时提供理论价值。在现如今的国际大背景下，全球公共问题的不断涌现迫使任何一个国家无法孤立地发展而需要参与国际合作，"人类命运共同体"可以实现高度的联合和统一。

四、"人类命运共同体"理念是实现"自由人联合体"的现实选择

马克思、恩格斯曾指出："代替那存在着阶级和阶级对立资产阶级旧社会的，将是这样一个联合体，在那里，每个人的自由发展是一切人的自由发展的条件。"[4] 马克思、恩格斯将"自由人联合体"思想指向人类未来的理想社会，也就是我们向往的共产主义社会，强调"真正的共同体，即自由人的联合体与共产

主义社会是等同的，它是人类理想的生活形态"。马克思、恩格斯认为要想实现"自由人联合体"需要满足以下三个条件，第一，生产力要极度发达；第二，要有极其丰富的物质生产资料；第三，人们必须要共同占有生产资料。"只有当社会生活过程即物质生产过程的形态，作为自由联合的人的产物，处于人的有意识有计划的控制之下的时候，它才会把自己的神秘的纱幕揭掉。但是，这需要有一定的社会物质基础或一系列物质生存条件，而这些条件本身又是长期的、痛苦的发展史的自然产物"。[5]但目前的情况是：生产力发展不充分、贫富差距悬殊、私有制没有消除，尤其是社会主义社会和资本主义社会共存的条件下，我们如何既立足于现实又不放弃追求共产主义？其实"人类命运共同体"给出了最佳答案。

马克思主义深刻揭示了资本主义必然要被社会主义所取代的历史趋势和规律，然而在未来相当长的一段时间内，世界仍然会处于两种社会制度共存的现实中，实现"自由人联合体"必将是一个漫长而又曲折的历史过程。因此，"人类命运共同体"是实现"自由人联合体"的现实选择，也是马克思"自由人联合体"理念在当代的具体体现。

参考文献

[1] 习近平. 国家主席习近平在莫斯科国际关系学院的演讲（全文）［EB/OL］. 中国政府网，2013 - 03 - 24.

［2］习近平. 国家主席习近平在莫斯科国际关系学院的演讲（全文）［EB/OL］. 中国政府网，2013 - 03 - 24.

［3］马克思，恩格斯. 马克思恩格斯选集：第1卷［M］. 北京：人民出版社，2012：419，422.

［4］马克思，恩格斯. 马克思恩格斯选集：第1卷［M］. 北京：人民出版社，2012：419，422.

［5］马克思，恩格斯. 马克思恩格斯选集：第2卷［M］. 北京：人民出版社，2012：127.

后危机时代西方新社会运动的变化*

　　社会公平的失衡与缺失、国家政策的失误与失当、政治势力的介入与影响使得后危机时代的西方社会问题更加突出，新社会运动频发。以往使用和平方式表达诉求的新社会运动在后危机时代表现出了武装的、暴力的，甚至革命的运动方式，其运动主体、运动组织、运动诉求都呈现出不同的特点。这些新社会运动的发生，导致当前西方政治格局产生了深刻变化，马克思主义政党开始复兴，欧洲右翼政党影响力下降，左翼政党的价值取向亦发生了变化。

　　进入 21 世纪后，资本主义世界经济危机爆发的趋势逐渐显现，最终以 2008 年爆发的美国金融危机为原点，发展蔓延形成了全球性的金融危机。虽然这场危机暂时被抑制住了，但是随着后危机时代的到来，兴起于 20 世纪六七十年代的新社会运动在新的历史时期呈现出了新的内容和特点。这一时期的新社会运动以"阿拉伯之春"事件的爆发为起点，以"占领华尔街"事件及其他占领运动、工人运动为补充，展现出不同于以往的运动形式、价值诉求和政治主张的复杂变化。本文旨在通过对后危机时代新社会运动的这些新的内容和特点的认识，探索西方政治格局的变化及规律。

一、后危机时代西方新社会运动的基本内容与特征

（一）新社会运动的兴起

　　新社会运动，是指 20 世纪 60 年代以来，在西方社会中广泛兴起的由不同群体组织参与的为实现一定的社会目标而展开的一系列社会运动。不同于传统

---

　　* 作者简介：何新伟，男，北京信息科技大学马克思主义学院研究生，主要研究方向为中国革命、建设的理论与实践。

的工人斗争运动，新社会运动往往表现为非对抗性的、非政治性的和平运动，其运动对象涉及各类社会领域。汉克·约翰斯顿认为，新社会运动包括学生运动、反核抗议运动、同性恋权利运动、妇女权利运动等多种社会运动。[1]作为具有全世界影响力的新社会现象，新社会运动的产生有其深刻复杂的社会历史背景，这引起了学术界的广泛关注和讨论，并由此产生了众多社会运动理论。英国学者劳伦斯·威尔德认为新社会运动是新的社会矛盾和冲突的反映，是西方社会发展过程中阶段性矛盾和问题的外在表现；法国学者安德烈·高兹认为新社会运动是对资本主义、对生活领域殖民化的文化抵制。[2]

从运动的目的来看，新社会运动同传统社会运动的区别在于，其运动诉求普遍表现为非政治性和非物质性；从运动的社会基础来看，新社会运动同传统社会运动的区别在于，不再以工人阶级为主体，取而代之的是以社会各类不同群体为主体，并呈现出广泛而复杂的变化；从运动的组织形式来看，新社会运动的组织结构松散、不稳定，没有长远的斗争目标。新社会运动不同于以往用激进的斗争形势解决社会问题的做法，而是试图从文化上和平挑战传统习俗和社会价值观，并呈现出反主流文化的特点。

（二）后危机时代西方新社会运动的基本内容

2008年，全球经济受美国金融危机波动影响呈现出不断恶化、蔓延的态势，各国政府制定施行了一系列经济刺激政策，有效化解了此次危机。随着经济的整体回暖，各国逐渐度过危机并进入"后危机时代"。

"阿拉伯之春"作为后危机时代西方新社会运动的起点，其导火索为2010年12月17日发生在突尼斯的小贩自焚事件。2008年美国金融危机爆发后，美国通过超发货币的形式以经济全球化为枢纽将危机转移，阿拉伯世界国家因此受到影响，发生通货膨胀、失业率上升等危机。人们由于对政府政策的无力感到不满与失望，开展了局部的占领和抗议运动，骚乱的升级引发了席卷整个阿拉伯世界的"阿拉伯之春"运动，这也为西方世界的新社会运动带来了新的动力和启示。

区别于20世纪60年代后的新社会运动，后危机时代的新社会运动不再局限于过去以静坐为主、游街抗议等多种形式为补充的和平运动，而是复燃了工人运动时期的革命苗头，有了以武装斗争、暴力抗议等手段来表达诉求的趋势。以"阿拉伯之春"为例，这一革命浪潮最终导致多个国家政府倒台并发生战争，超过100万人丧生，超1000万人沦为难民。这同以往以和平为基调的新社会运动的内容和形式是截然相反的。

美国作为引起全球性金融危机的罪魁祸首，在 2011 年同样爆发了经济萧条背景下人民抗议政府不作为的"占领华尔街"运动，这一次占领运动很快从纽约蔓延至全美各地，随后活动的组织者在加拿大、德国、捷克、日本等国家也成功组织了各种规模不同的占领运动。

虽然占领、游行等和平运动方式依然是新社会运动的主要旋律，但是武装的、暴力的，甚至革命的运动方式正越来越多地出现在西方世界的社会运动中。[3]

（三）后危机时代西方新社会运动的基本特征

1. 运动主体的特征

后危机时代的运动主体，不再像前一时期新社会运动的参与者一样为了同一目标从不同阶层、不同行业，甚至不同阶级汇聚为一体。随着新社会运动参与人数的逐渐增多，运动范围的逐层扩大，群体意识的逐步形成，当前时期的新社会运动的主体在集体认同方面，不再局限于对个人价值的认同或者个人权益的诉求，更多地把运动的矛头转移到了对利益的追求上。这一期间的利益追求不同于旧时期社会运动的价值认同和传统工人运动的意识形态认同特征，这里更加强调的是不同阶层、不同收入群体之间的斗争。例如"占领华尔街"运动的参与者为美国的中等收入及低收入者，而随着美国的两极分化现象愈加严重，运动的参与者把占人口 1% 的金融寡头及高收入群体作为斗争对象，而占领运动的主要目标就是为了消除两极分化，要求政府减少对金融寡头的大力扶持。这就使得后危机时代的新社会运动的主体趋于同一化，不再像以往一样参与者多元且分散。但这并不意味着来自不同阶级或阶层的参与者不再并肩战斗，这里要说的是，当前时期参与社会运动的主体类型不再如过去一般有学生、工人、商人、资本家等各类各样的人，而是相同层次的人聚在一起作为一个主体，再同其他有相同运动主张和诉求的群体共同发起运动，这种主体结构的变化，反映了当前社会结构的变化。[4]由于来自相同层次的人们更方便组织和控制，相仿的价值观念和价值诉求使得主体的凝聚力更加强大。运动主体的这种变化导致后危机时代新社会运动的组织和开展也发生了巨大的变化。

2. 运动组织的特征

1968 年"五月风暴"以来，西方社会发生了多种主张不同观念的新社会运动。由于运动的参与者可以是来自不同行业、不同层次，甚至拥有不同意识形态的不同人群，所以这一时期的社会运动的组织与开展，最初都是由极小部分群体首先开展占领或游行运动进行宣传，而后随着运动的开展逐渐增加参与者并扩大影响范围，因此这一时期的新社会运动的组织十分混乱和不稳定，同一组织的参与者甚至彼此并不认识，活动组织无秩序性。后危机时代的新社会运动却呈现出不同于以往运动的组织性和计划性，"占领华尔街"运动是在广告克星媒体基金会的组织下开展的，而随后爆发的其他占领运动也都是有计划的组织行为，各大工会、各党派也都在运动中发挥了巨大的组织作用。而随着科技发展信息化时代的来临，人们使用网络越来越频繁，互联网逐渐成为人们日常生活中必不可少的一部分，后危机时代新社会运动的不同组织开始在网络世界里开辟出自己的专属领地，不同国家、不同地区的人们可以通过网络找到属于自己的运动组织，新社会运动的组织者也开始越来越多地通过网络来同国际其他地区的参与者取得联系，这就使得后危机时代的新社会运动的参与者的范围被扩大到全球所有拥有网络覆盖的地区，而当前时期的新社会运动也呈现出同一时间在世界各地同时展开的特点。

3. 运动诉求的特征

传统的工人运动是以阶级斗争为纲领进行的社会运动，是关于意识形态的斗争，或者是拥有侧重物质利益的诉求的革命运动。1968年"五月风暴"之后的西方新社会运动不再局限于此，人们开始更多地关注对自身权利的伸张，对主体意识或文化观念的诉求，更多开展的是民权运动，比如女权运动、同性恋权利运动、反核运动等，运动方式也以和平方式为主。随着后危机时代的来临，全球性的经济危机爆发，世界各地频频发生以经济诉求为主的社会运动，这与前一时期的新社会运动是有很大区别的。例如法国的大罢工运动就是群体为了抗议政府针对青年就业的不当政策而开展的；美国的占领华尔街运动就是中低阶层的人们为了抗议经济发展的不平等、金融寡头对国家经济的垄断掌握、政府在金融危机中对普通群众的无视却对金融业大加援手的斗争运动；阿拉伯世界的社会运动就是为了抗议通货膨胀的发生、失业率的提升等社会危机造成人民生活陷入困境。

与此同时，后危机时代的新社会运动的政治性因素也在逐渐增多。随着资本主义制度下经济危机的再次爆发，西方民众对于其资本主义制度的存在和前景逐渐产生了怀疑，生活质量的下降也令人民对政府失去了信心和希望。在这种条件下，多党制国家中越来越多的党派对新社会运动的开展提供了帮助和支持，以此作为同对立政党博弈的工具。阿拉伯世界的一些组织在"阿拉伯之春"运动中的目的，就在于推翻现行政府，以此施行民主。英国的新社会运动最终促成全民投票实现了英国"脱欧"，中东、欧洲许多国家在后危机时代开展的新社会运动，越来越多地超越了过去文化反叛的轨迹，回归到对物质诉求并掺杂政治因素的模式。

二、后危机时代西方新社会运动频发的原因

（一）社会公平的失衡与缺失

资本主义制度下的西方世界，人民的生活越来越趋于两极化，越来越清晰可见的现象便是少数人掌握大量财富，多数人掌握少量财富。金融寡头垄断金融行业，由此攫取了社会的大量财富，中产阶级的财富占有量越来越少，更不用说本就处于社会底部的贫困人口。随着资本收益率的上升，富人越来越富有，传统的以中产阶级为主导的社会结构逐渐瓦解，不公平的社会结构逐渐成形。以美国为例，美国政府花费了巨额财富去对受到金融风暴影响的金融机构进行救助。2008年金融危机期间，美国政府对花旗银行等金融巨头的援助投入超过了7000亿元，次贷危机稍有平息后，金融界高管们非但没有受到任何追究，反而还在继续领取高额奖金[5]，但事实上，这场波及全球的金融危机的始作俑者正是这些金融寡头和商界精英。另外，为了平衡国家的财政支出，政府不得不将人民的福利下调，通过减少福利来减少赤字压力，此消彼长就使得原本生活幸福指数下降的人民更加不满，社会充斥着不满气息，这就为社会运动的爆发埋下了导火索。

（二）国家政策的失误与失当

在面对金融风暴的冲击时，政策的正确与否会极大地影响社会的稳定性。2008年经济危机蔓延全球时，中国政府结合具体情况制定了紧急救市政策，对市场进行了40000亿资金的投入，这使得中国在这场风暴中并没有伤筋动骨受到很大影响，很快从漩涡中走了出来。长期低迷的世界经济，令其他西方国家迟迟不能摆脱危机的影响，许多国家的救市政策遭遇失败，不仅没能挽救经济于水火，反而使得国家出现了更加严重的经济问题，濒临破产。有的国家为了平衡财政支出，减小赤字压力，出台了减少社会福利支出、降低生活补贴、延长退休年龄等政策。而在面对居高不下的失业率时，政府也不能及时制定有效政策来缓解就业压力，美国的人口失业率自2008年后常年处于10%以上，欧盟

国家的人口失业率常年保持在 10% 左右，年轻人的失业率高达 20%，而我国的人口失业率仅在 3% 左右，居高不下的失业率使得西方国家的社会矛盾再次升级。[6]

（三）政治势力的介入与影响

随着全球化的推进，美国等西方国家推行新自由主义政策，发达国家同发展中国家之间的矛盾、发达国家同发达国家之间的矛盾、各国间意识形态的冲突、不同文明之间的冲突、西方资本主义同西方马克思主义之间的冲突、不同党派之间的政治斗争等都成了促进后危机时代西方新社会运动频发的原因。美国将金融危机转移至他国的行为，导致了其他国家陷入经济危机的漩涡中。美国的政策不仅能够转移危机，还能止损，拉大了同其他国家的实力差距，由此能够维持其大国地位、维护其霸权主义。阿拉伯世界爆发的新社会运动，其组织背后不乏政治势力的介入与推波助澜，而混乱的地区格局不仅有助于始作俑者于此地获取更多的经济利益，也使自身的政治利益得到了增长与满足。资本主义社会的人们在后危机时代再次将目光聚焦到马克思主义上来，这也再度引发了西方世界对马克思主义研究新的热潮，也使欧洲的左翼政党和右翼政党受社会信任危机的影响，不得不改变自己的价值取向和政治诉求。

三、后危机时代西方政治格局的变化

（一）马克思主义政党的复兴

随着后危机时代的到来，人们对资本主义制度的质疑和失望愈加深重，马克思主义再次成了西方世界的关注焦点，马克思主义存在着复兴的希望。这使得西方马克思主义政党在新时期的政治格局中，谋求到了更多的权利与更高的地位，后危机时代的新社会运动也成了马克思主义政党崛起的重要力量[7]，正如第三世界论坛（Third World Forum）理事长、埃及学者萨米尔·阿明所言，国际金融危机是一场灾难，也是一次机会，是一次沿着马克思主义和国际主义的路线，走向世界范围内的社会解放的机会。[8]

在这一时期的社会运动中，越来越多的国外共产党和左派组织同新社会运动结合，通过组织大规模的群众运动来对特定政策或政党施行抗议和打击，以此实现自己的政治目的。同时，发达国家共产党积极采取措施，努力实现理论上的创新与变革，因此在政治选举中赢得了更多的优势。"在 2008 年的塞浦路斯总统选举中，劳动人民进步党（其前身为共产党）中央总书记季米特里斯·

赫里斯托菲西斯以 53.36% 的选票胜出，这是欧盟国家在议会政党政治框架下通过选举形式产生的唯一一位共产党国家元首。"[9] 西方共产党还非常重视同其他新社会运动群体的联系，通过合作加强多种反资本主义力量的凝聚。

（二）欧洲左翼政党价值取向的转变

受到全球金融危机的后危机时代，各国政党都不同程度地陷入信任危机和执政危机中，在此背景下欧洲的左翼政党为了适应社会结构的深刻变化、迎合广大人民的生活要求、解决危机带来的各种困境，重新确定了自身的价值取向和政治诉求，以此谋求发展和崛起。

其政治诉求首先体现在以实施公平正义理念来赢得群众基础。只有获得广泛的群众基础，才能令自身的发展得到保障，政党的生命力才会长久，欧洲的左翼政党积极拉拢作为社会最广大群体的社会新中产阶级，以此扩大自己的群众基础加强自身的政治影响。另外通过对外来移民的政治关怀，取得人们对政党的好感和认同，进一步提高自身的政治影响力，获得广泛的群众基础。

其次，欧洲的左翼政党以多元共生为指导寻求对国家权力的掌握。这一时期的欧洲左翼政党的政治诉求的最大变化在于，执政理念由单一政党的执政转变为多元执政或联合执政。后危机时代的社会结构发生深刻变化，社会的不同阶层拥有各自不同的利益诉求，在此背景下，欧洲左翼政党为了适应新的社会困境，减少自身执政压力和阻碍，通过以多元共生为指导，糅合多元政治理念，实现自身的政治诉求的新的转变。左翼政党占少数席位的国家通过向其他党派寻求合作的方式，谋求对国家政权的联合执政。

主动进行策略调整以实现执政能力的提升是后危机时代欧洲左翼政党的新的突破。这一时期的欧洲左翼政党奉行实用主义的信条，以此应对金融危机带来的种种难题，同时抛弃传统的纲领和政策界限，以民众为基础，实施实用主义的政策来改善执政能力，以此获得了更多的政治优势。在新社会运动的展开中，左翼政党积极参与提供大力支持，并通过对不同社会运动群体的诉求进行吸纳，来推进自身理念和纲领的完善，赢得了广大人民的认同，提升了自身的执政能力和稳固了政治基础。

（三）欧洲传统右翼政党力量的下降

随着左翼政党价值取向转变带来的崛起，欧洲传统右翼政党的力量不断下降，人们对其认同感的丧失及支持率的下降，使得传统右翼政党逐渐丧失了与左翼政党、新兴马克思主义政党博弈的能力。

随着欧元的贬值，欧盟各国的经济增速下降，当代西方国家的 GDP 普遍呈现逐年下降的趋势，而传统右翼政党对民众许下的美好承诺在逐年升高的失业率面前被打得支离破碎。极右翼政党在欧洲的势力不断扩大，《日本经济新闻》发表文章称，欧洲的极右翼势力呈现崛起势头，政治影响力不断提高。奥地利最新成立的联合政府的执政党分别为中右翼的人民党和极右翼的自由党。意大利、挪威等欧洲国家也分别成立了由极右翼政党执政或极右翼联合中右翼联合执政的政府，这进一步压缩了欧洲传统右翼政党的生存空间，使得其力量不断下降。

总之，后危机时代的来临导致社会结构出现了深刻变化，政治格局呈现出碎片化演变的趋势，在此基础上展开的西方新社会运动也表现出不同于以往的特点。资本主义经济危机的周期性爆发使新社会运动在不同历史时期以不同表现形式不断发生着，尽管以民权或自身价值为诉求的社会运动依然不同程度地广泛进行着，但以物质诉求为取向的新社会运动在后危机时代逐渐成了运动的主流，传统的非政治性的新社会运动也在后危机时代更多地添加了政治因素，和平运动的模式有着向暴力革命转变的趋势。在新的复杂背景下，我们应仔细观察西方新社会运动的不同现象，探寻其深层次的变化，以求掌握其发生发展规律。

参考文献：

［1］Hank Johnston，Albert Melucci. New Social Movement ［M］. Philadelphia：Temple University Press，1994.

［2］Andre Gorz. Ecology as Politics ［M］. Boston：SouthEndPress，1980.

［3］Impact of the ArabSpring ［EB/OL］. http：// en. wikipedia. org/wiki/Impact_ of_ the_ Arab_ Spring.

［4］Michael J. Jensen & Henrik P. Bang. Occupy Wall Street：A New Political Form of Movement and Community？ ［J］. Journal of Information Technology & Politics，2013.

［5］张帆. 后危机时代西方新社会运动特征及其实质研究 ［J］. 理论月刊，2015（11）：109－114.

［6］曹亚雄，秦丽萍. 论后危机时代西方国家的新社会运动 ［J］. 陕西师范大学学报（哲学社会科学版），2015，44（2）：150－156.

［7］李元.“后危机”时代的西方马克思主义复兴运动：趋向与未来［J］. 当代世界与社会主义，2010（5）：45－48.

［8］Samir Amin. Seize the Crisis［J］. Monthly Review，2009，12（61）：1－16.

［9］周明明，张岩. 后危机时代发达国家共产党的理论变革与实践转型探析［J］. 学术论坛，2015，38（6）：42－46.

沪渝两地房地产税试点改革浅析*

随着房地产市场"泡沫"现象的出现，普通民众收入增长与房地产市场供给住房价格之间的矛盾日益突出。通过分析沪渝两地房地产税的试点改革过程中出现征税范围小、征税对象和减免标准不公平、计税依据不合理及政策对房价抑制效果不明显等问题，引出试点改革过程中带来的启示：第一，确保合理可行房地产税；第二，健全房地产产权登记等配套制度；第三，设计科学、审慎、合理的房地产税收要素；最后，建立和健全高效的房地产税征管机制。以上四点启示为国家立法机关在制定征收房地产税的法律政策中提供借鉴与依据，以期在一定程度上更好地完善法律体系，促进经济平稳运行，保证社会安定有序，加快新时代我国住房制度和房地产税的改革。

随着城镇化水平的不断改善与提高，中国房地产市场在其快速发展过程中出现了诸多问题，旧的房地产税制已无法适应新时代市场经济条件下房地产市场的发展。上海和重庆两市在 2011 年 1 月 27 日宣布房地产税试点改革正式启动，并且公布了房地产税征收的细则。

两市的房地产征税细则公布后，引起了各方媒体舆论的关注，出现了巨大争议，但在中国现有的体制环境下，两地的房地产税试点改革方案既符合我国目前改革的总思路，也顺应了新时代市场经济发展的规律。因此，两地关于房地产税改革的意义不在于是否会对房地产市场的发展产生一蹴而就的明显效果，而是通过试点改革方案的探索，在我国房地产税改革的道路上迈出了至关重要的一步，开启了房地产税法改革的先河。

---

* 作者简介：尹国彪，男，北京信息科技大学马克思主义学院研究生。

一、沪渝两地房地产税实施的现状

上海和重庆两市作为国家房地产税首批试点改革的城市，于 2011 年元旦出台了关于房地产税试点改革办法，其办法是对本市部分个人住房开始征收房地产税。

2017 年 1 月 13 日，重庆市修订了房地产税改革试点的暂行办法和实施细则，将 2011 年 1 月底出台的政策规定关于房地产税"征收对象"和"税率"中"在重庆市同时无户籍、无企业、无工作的个人新购的非首套普通住房"在新的试点改革办法和实施细则中修改为"在重庆市同时无户籍、无企业、无工作的个人（以下简称"三无"人员）新购的首套及以上的普通住房"[1]，宣布该决定自 2017 年 1 月 14 日起实施。

以下对两市政策实施的核心内容及其实施状况进行比较分析。

1. 沪渝两地房地产税政策实施办法的比较

表 1　沪渝两地房地产税试点改革办法比较

项目 ＼ 城市		上海	重庆
试点范围		上海市行政区域（18 个区）	重庆主城九区
征收对象	本市居民	新购且属于该家庭非首套住房（包括二手存量住房和新建商品房）	主要是高档住宅和独栋别墅之类的住房
	非本市居民	新购住房	本市"三无"人员新购住房
税率		在一般情况下暂时定为 0.6%；如交易价格低于本市上年度新建商品房平均单价 2 倍（含 2 倍）的，则税率暂减为 0.4%	以上超过两年主城九区的住房成交面积均价的倍数来确定。低于 3 倍的为 0.5%。在 3 到 4 倍之间的为 1%。超过 4 倍（含 4 倍）以上的税率为 1.2%
计税依据		目前是按照应税住房的房地产市场价格来确定评估值，评估值按规定周期进行重新估值。房地产暂按应税住房市场交易价格的 70% 计算缴纳	目前对于应税住房的计税价值则是以房地产市场交易价为准。政策表明在一定条件成熟时，计税依据会以房产评估值为准

项目＼城市	上海	重庆
试点范围	上海市行政区域（18 个区）	重庆主城九区
计税公式	应纳税额 = 新购住房应税面积×新购住房单价×70%×税率（0.6%或者 0.4%）	应纳税额 = 应税建筑面积×建筑面积交易单价×税率
税收减免	人均 60 平方米（仅限本市居民家庭）	以家庭为单位扣除免税面积。存量独栋商品住宅为 180 平方米；新购高档住房为 100 平方米（仅限本市居民家庭）
税收用途	进行保障性住房的建设与公共服务的支出	进行公共租赁房的建设与维护

从表 1 计税依据可以看出，上海和重庆两市都不是通过房产实际评估价来征收房地产税，而是按照市场住房交易价而计征。由此可知，目前我国房地产税并没有通过实际市场房产评估值来进行计征，所以在此过程中人为干扰因素则成为主要导向。

从征收对象及免税面积来看，上海市对本市居民家庭新购且属于非首套住房屋（包括二手存量住房和新建商品房）进行征税，依照本地居民人均面积 60 平方米进行税收减免；但对于非本市居民只要新购住房必须缴纳税款且无税收减免。重庆市对本市居民家庭新购高档别墅、住宅等房屋进行征税，按照每户 180 平方米的独栋住宅和每户 100 平方米的高档住房进行税收减免；但在本市"三无人员"新购住房也必须缴纳税款且无税收减免。

2. 沪渝两地政策实施状况与分析

自上海、重庆两市在 2011 年出台房地产税政策，房地产税在国内终于走出了重要的一步，在实施政策的过程取得一定的成效，同时也更进一步明确了房地产税改革和推广的必要性，抑制了投机者对房地产的投资需求，稳定新时代市场经济的快速发展。

（1）上海市政策实施状况分析

自上海市 2011 年 1 月底出台房地产税实施细则以来，对房地产市场的抑制取得明显的成绩。图 1 是 2011—2018 年上海市年初累计土地成交建筑面积同比增幅走势图[2]，数据分别选取的是每年中单月份（1 月、3 月、5 月、7 月、9 月和 11 月）的。

上海市 2018 年在第一季度共成交土地 64 幅，土地成交建筑面积为 569 万平方米，同比增加 149%；土地出让金为 290 亿元，同比增加 15%。仅从 3 月份来看，上海共成交土地 22 幅，其中分别有 8 幅土地用于保障房住宅和商业办公、2 幅土地用于租赁住宅、4 幅土地用于工业。[3]

由此可知，上海市出台实施房地产税的政策后，土地成交建筑面积整体出现下降态势。尤其是在党的十九大和去年"两会"之后，上海房地产在土地交易增幅方面主要是保障住宅用地，保障居民住房的实际需求，对房地产市场的投机行为进行严厉打击。

同比增长率（%）

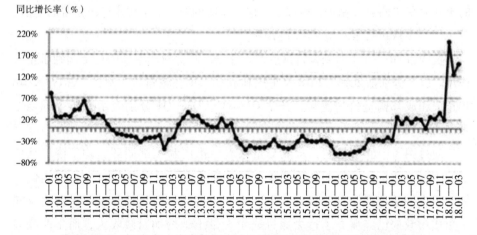

图 1　2011—2018 年上海市年初累计土地成交建筑面积同比增幅走势图

图 2 是 2006—2018 年上海市第一季度商品住宅供应与成交面积走势图[4]，2018 年 3 月份上海市新房成交面积为 48.9 万平方米，同比减少 43.5%；新增供给面积为 36.5 万平方米，同比减少 7.0%。从 2018 年上海市一季度的数据来看，上海市新房成交面积为 119 万平方米，与 2017 年的新房成交面积 149 万平方米相比有所下降，主要是供应下降所致[5]。通过上图显示的数据来看，2018 年第一季度成交和供应是 13 年（2006—2018 年）有数据以来最低水平。

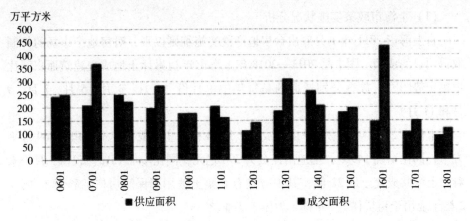

图 2　2006—2018 年上海市第一季度商品住宅供应与成交面积走势图

　　由上可知，上海市政府通过出台限制新房预售价格和购买数量的政策对房地产市场进行宏观调控，出现了房地产市场新房供应不足，成交量整体呈现下降态势。这说明上海市房地产税对投机商品房交易有一定的遏制影响，贯彻党的十九大和"两会"精神，确保了房地产市场的稳定、上海市居民正常的生活。

　　（2）重庆市政策实施状况分析

　　重庆市 2017 年 1 月新修订试点改革办法，对房地产市场的稳定起到了重要作用。以下分别是 2016—2018 年重庆和成都一手住宅量价走势图、2017—2018年重庆和成都购量价情况表，其中 Q1、Q2、Q3、Q4 分别表示一年中的四个季度。

　　通过图 3 中的走势图，从成交量来看，重庆和成都同环比均下降；从成交价来看，重庆和成都同环比普跌，但跌幅不大，控制在 5% 之内。[6] 由此可知，重庆一手房成交量价同比均跌，成交价普跌，但跌幅较小。从侧面反映了重庆市政府已经摒弃了过去通过贱卖大量土地增加财政收入，而是改变经济机构，从宏观调控的角度来缓解房价上涨的压力，提高重庆市居民的生活质量。

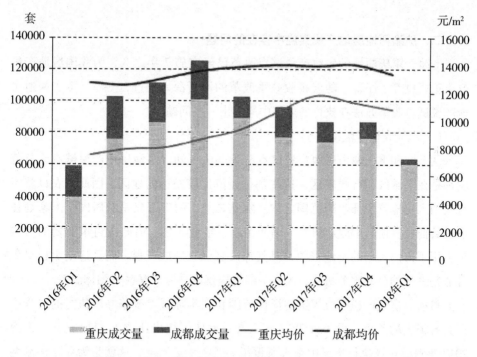

图3 2016—2018 年重庆和成都一手住宅量价走势图

表2 2017—2018 年重庆和成都购量价情况表

类型	时间	重庆		成都	
		量	价	量	价
一手	2017 年 Q1	89391	9390	13111	13918
	2017 年 Q4	76575	11273	10375	14082
	2018 年 Q1	60148	10784	3623	13371
	同比	−32.7%	14.8%	−72.4%	−3.9%
	环比	−21.5%	−4.3%	−65.1%	−5.0%
二手	2017 年 Q1	47608	9001	19358	10719
	2017 年 Q4	46997	10794	25477	14567
	2018 年 Q1	45000	11193	4891	14502
	同比	−5.5%	24.4%	−23.1%	35.3%
	环比	−4.2%	3.7%	−41.6%	−0.4%

二、沪渝两地房地产税实施中存在的问题

上海、重庆两地的房地产税试点改革已经实施 7 年之久，为我国房地产税改革正式拉开了序幕。随着税收政策改革的不断深入推进，上海、重庆两地房地产税试点改革办法在执行的过程中暴露出一些问题。

（一）征收地区范围较小

从上海和重庆两市房地产税试点改革办法可知，两地房地产税试点改革范围都是在主城区和行政辖区，这些都是经济比较发达的地区。因此，农村就没有被纳入房地产税征收的范围之内。除此之外，两市都只是对居民个人家庭住房进行征税，但其中政府机关、军队组织、事业团体、财政拨付事业费的机构等占用了市内大量的土地资源，对其却没有征收房地产税，而且这些免税对象并非是真正的公共服务机构，大多一些机构仅仅是为"某些"团体服务。

目前，房地产税征收规定的征税范围和在实际试点改革办法执行的过程中还是有很大的差距，重庆市 2017 年国有土地使用权出让收入 1420 亿元，上海 2017 年财政预算执行情况中个人所得税为 343.9 亿元[7]，这就是为什么沪渝两地房地产税试点改革这么多年，政府财政收入虽从数字上来看很多，但是与前几年同比、环比却没有什么明显的变化，这就严重制约了两地的财政收入。主要表现在以下几个方面。

一是在 20 世纪 90 年代以后，我国改革开放的不断深入，房地产行业的不断迅速发展，从计划指令到市场化的转变，房地产商品化的程度也不断提高，受到各方面因素的影响，大部分购房者购房的本质是投机炒房，将财富转化为不动产，只是转变了财富贮存方式；二是随着经济结构调整和工业化的不断发展，我国一些经济发达地区的农村城镇化不断提高，就出现农村由原来土坯结构的房屋向砖木结构甚至高档小区、独栋别墅之类的转变，而且带动该城镇房地产市场规模的不断扩大；三是在 1988 年以后我国公有住房制度出现了改革，带动原来供方发生了由产权货币化或使用权货币化转移，改革之后的住房已经不再是房地产税制定的公有产权房，尤其是那些拥有部分公有产权房的居民将这些房屋进行租赁或者出售。因此，目前房地产税免税的对象已经发生了根本性质的变化，继续执行原来的房地产税制已经完全不符合当前房地产市场发展。

（二）征收对象和减免标准不公平

沪渝两地房地产税试点改革办法关于税收减免的设定存在一定的问题，标

准不够公平。上海市对于本市居民家庭新购非首套住房的，通过合并计算家庭全部住房面积后，人均住房面积不超出 60 平方米的免税，超出人均面积的部分进行征税；对于持有本市居住证且工作生活均在本市的高等技术人才和重点行业稀缺人才，其在本市新购且属于该家庭唯一住房的，则免税；对于持有本市居住证且工作生活都在本市不少于 3 年的非高等技术人才和非重点行业稀缺人才，其在本市新购且属于该家庭唯一住房的，则免税。重庆市税收减免办法是以家庭为单位，即每户只能减免一套住房，对于在该征收细则出台之前购买并且拥有的独栋商品住房，免税只按照 180 平方米计算；对于该征收细则出台后购买并且拥有的独栋商品住宅、高档住宅和别墅等住房，免税面积为 100 平方米，对于超过 100 平方米的部分进行征税；对拥有住房数量较多的居民，免税面积则按照住房购买顺序对最早购买的住房面积进行计算扣除。[8] 但是两地对于非本市居民并没有提出税收减免标准。

　　（三）计税依据不合理

　　房地产税是财产税类别中的一种，其计税依据应该以房产的真实评估值为准，而非房地产市场中因大量投机行为形成的市场交易价格。所以，房产评估值对于征收房地产税而言是一个非常关键的环节。但在试点改革初期，沪渝两地房地产税仍然暂时以住房的市场交易价格为依据，而细则和办法表明一旦条件成熟，则会以房产评估值为依据，那么条件成熟中的"条件"到底指哪些且什么时候成熟，这是一个亟待解决的问题。以房地产交易价格作为房地产税的计税依据，一方面会造成纳税人感觉税收不公平的消极影响，另一方面也不利于政府及时了解和掌握房地产税的适度规模，更不利于财政预算的制定和执行。

　　（四）对房价抑制效果不明显

　　征收房地产税，原本是政府向个人住房征税，也就是个人所得税，属于直接税，但是房屋产权所有人通过税收转嫁手段，将所缴纳的费用通过各种途径和方式转由他人负担。通过此方式房地产税最终会从房屋产权持有人转嫁给房屋的购买人，只是房屋产权持有人提前支付了房地产税，最后通过以房地产税调控房地产市场就会抬高房价，将原来房地产税计入目前市场交易的房价中。

　　表3是2013年上海流动人口收入的调查统计[9]，参考上海市当年最低工资为1620元，在932个有效样本中，1000元以下的低收入的占5.5%，1000—4000元的中等收入的占74.9%，4000元以上的高收入的占19.2%；表4是2013年在上海流动人口户口性质与收入的调查统计，在925个有效样本中，农业户

口中收入者有效样本占总有效样本的55.6%；在2013年上海市商品住房成交平均价格为每平方米24177元。[10]这就说明，中等收入流动人口成为流动人口的主体，户籍所产生的政治与社会意义更加突出，结合当时的收入可知，大多数流动人口主要是居住在租赁房屋。

表3　2013年上海流动人口收入分化表

收入分组	频率	百分比（%）	累积百分比（%）
低收入	55	5.5	5.9
中等收入	698	74.9	80.8
高收入	179	19.2	100.0
合计	932	100.0	

表4　2013年上海流动人口户口性质与收入表

		收入			合计
		低收入	中收入	高收入	
户口性质	农业户口	44	517	74	635
	非农户口	11	176	103	290
合计		55	693	177	925

　　图4是重庆市2016年7月—2018年3月商品房价格走势图[11]，通过走势图可以看出，重庆市2016年7月—2018年3月商品房价格是一路上涨。

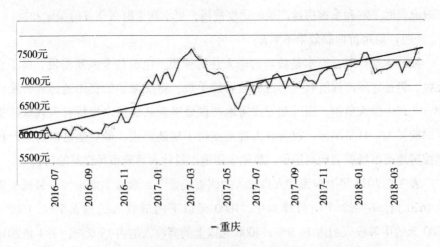

图4　重庆市2016年7月—2018年3月商品房价格走势图

所以，通过以上图表和数据很容易得出一个结论：房地产税的征收并没有阻止房价高涨的势头，房价的上涨与下跌跟房地产税乃至整个税收没有直接的联系，而影响房价涨跌的直接因素是经济学中的供求关系问题。

三、关于沪渝两地房地产税试点改革的启示

沪渝两地房地产试点改革的成败，给我们带来了一定的启示。确保合理、可行的税法依据是房地产税立法的灵魂，这是学术界一致的看法。当然，如何进一步健全房地产产权登记等配套制度，如何科学、审慎、合理设计房地产税的税收要素，如何建立和健全高效的房地产税征管机制，这是在推进房地产税立法和实施过程中必须要认真解决的问题。

（一）确保合理、可行是房地产税立法的灵魂

按照"税收公平"原则，首先应该打破"户籍"制度。但沪渝两地对于非本市居民只要在本市购买首套住房就征收房地产税，却对于本市居民购买非首套或高档、独栋住宅征税，这样有失"税收公平"的原则。其次，应该扩大税收征收范围，将部分农村豪宅别墅、非公共服务机构用地和存量房纳入改革征收的范围。最后，应该建立比较及时、合理、有效的动态房地产价值评估机制，切实解决房产价格评估不合理的问题。所以，在即将立法的房地产税法中应该建立合适的评估系统，加强对房地产市场的数据的实时监控，这样才能对房产价值做到有效准确评估，使得税法依据更加公平、合理、可行。

（二）进一步健全房地产产权登记等配套制度

近年来沪渝两地全面实施不动产统一登记制度，房地产登记由不动产代替，这样既能够使两地房地产产权登记制度进一步确立和完善，又为居民提供各种便利。所以，可以借鉴上海和重庆两地房地产产权登记制度，在大数据时代背景下，充分利用"互联网＋房地产"，这样既为房地产税评估体制建立提供了房产市场的基础数据，建立和完善全国统一的个人住房信息，使个人财产信息全国统一联网；又可以健全相关配套制度，有利于税收征收管理部门和其他职能部门进行财产等信息共享。这样，一方面能够准确了解和把握房地产市场动态；另一方面可以有效防止政府官员腐败，营造良好的政治生态环境。

（三）科学、审慎、合理设计房地产税的税收要素

第一，对于纳税人，必须严格有效地明确产权所有人。在此方面上海和重庆两地的制度比较合理，将纳税人确定为住房产权所有人，若该住房产权的所

有人为未成年人，将由其法定监护人代为纳税；若住房的产权为共有，那么共有人应主动约定纳税人，对于没有主动约定的，将由税务有关部门指定纳税人。[3]第二，在税率设定方面应该考虑居民的承受能力、社会经济发展水平和政府财政收入等因素对房价的影响。重庆模式对高档住房、豪宅和别墅产权拥有者实行超额累进税率，个人认为在此方面做得比较好，一方面使这些应税住房的持有成本增加，另一方面也将利于调节贫富差距。对中等普通住房产权所有者，上海模式做得比较好，对应税住房的税率按照是否超过上年度市场交易价格一定倍数分别设定为固定比率，也就是说实行比例税率。第三，对于免税标准，上海模式对于本市新购且属于唯一住房的居民家庭进行免税，若已按细则缴纳税收的，则将依据细则予以退还，这样保证了居民的最基本住房生活需求；重庆模式还规定因各种不可抗力的因素造成房屋产权人目前无法正常缴纳税款，其可向地方税务有关部门提出申请缓缴或减免。

（四）建立和健全高效的房地产税征管机制

对于房地产税的征收和管理机制，笔者认为不应该由应税住房所在地的地方税务机关直接负责征收，而应该设立专门部门进行征收，在征收过程中相关部门可以委托城市居民委员会（简称"居委会"）进行代收房地产税，由居委会代行相关部门的权力，而相关部门通过每年的税收收入按照一定比例给予居委会作为补贴，用于该社区的公共服务设施新建和维护及日常开支费用。自1998年颁布《关于进一步深化城镇住房制度改革，加快住房建设的通知》以来，购买住房居民要缴纳各种税费，但对于那些未按规定期限缴纳税收的居民，政府有关部门除了向其追缴应付税款与滞纳金，同时按规定采取对此类现象进行一定额度的罚款，对个人的信用系统采取实名记录并对个人信用进行降低等措施。在税收管理方面，上海模式将税收收入用于建设公共保障性住房等方面的支出，重庆模式将个人住房房产税收入用于建设和维护公共保障性住房和租赁性住房。总的来说，在税收管理和使用方面，上海和重庆两地都是用于公共设施保障性住房和租赁房建设，充分发挥房地产税的真正作用。因此，即将立法的房地产税在税收管理和使用方面可以继续使用上海和重庆模式，将税收财政收支进行透明化和公开化，真正发挥税收该有的作用。

四、结语

目前我国已经进入社会主义新时代，社会主要矛盾已经发生转变，所以在借鉴国外住房制度及房地产税的先进制度和经验的基础上，应结合中国的基本土地使用状况，吸取沪渝房地产税试点改革的过程中取得较好的成果经验，深入贯彻和落实党的十九大提出的"房住不炒"精神，妥善处理各种税费关系，以"税收法定"原则引领税制改革，建立具有中国特色社会主义的住房制度和房地产税制度，更好地保障人民的基本生活需求，促进我国现代税收制度的建立与完善，为建设"五位一体"的社会主义强国而奋斗。

参考文献：

[1] [8] 重庆市人民政府关于修订《重庆市关于开展对部分个人住房征收房产税改革试点的暂行办法》和《重庆市个人住房房产税征收管理实施细则》的决定 [EB/OL] . 重庆市政府网，2017 - 01 - 13.

[2] [3] [4] [5] 上海楼市监测，2018 年一季度上海房地产市场报告 [EB/OL] . 搜狐网，2018 - 04 - 13.

[6] 美联分析：2018 年一季度全国房地产市场总结及二季度展望！ [EB/OL] . 房天下深圳二手房网，2018 - 04 - 24.

[7] ①重庆市 2017 年财政预算执行情况和 2018 年财政预算草案的审查结果报告 [R] . ②上海市 2017 年预算执行情况和 2018 年预算草案的报告 [R] .

[8] [12] 市政府关于印发《上海市开展对部分个人住房征收房产税试点的暂行办法》的通知 [EB/OL] . 上海市人民政府，2011 - 01 - 27；重庆市人民政府关于修订《重庆市关于开展对部分个人住房征收房产税改革试点的暂行办法》和《重庆市个人住房房产税征收管理实施细则》的决定 [EB/OL] . 重庆市政府网，2017 - 01 - 13.

[9] 潘鸿雁，陈国强 . 上海流动人口的基本状况和社会分化 [J] . 科学发展，2016 (5)：83 - 91.

[10] 2013 年上海楼市白皮书 [EB/OL] . 房天下 .

[11] 重庆房产均价走势 . [EB/OL] . 房价网 .

[12] 刘海迪 . 上海市房产税试点政策的公平性评价 [J] . 经营管理者，2011 (15)：12，16.

[13] 阎达，杨波 . 论改革房产税制度对调控我国房地产市场的作用 [J] . 东南大学学报（哲学社会科学版)，2013，15 (S1)：13 - 16.

[14] 佟晨 . 刍议中国房产税改革试点的金融意义 [J] . 财经界（学术

版），2013（19）：11.

[15] 覃庆寅，韦坚．新形势下房产税的功能定位及改革设想［J］．北方经贸，2013（11）：92.

[16] 龙均云．影响我国房价波动的因素及对策探讨——兼论自住性买房与投机性炒房正负效应［J］．价格理论与实践，2010（7）：32–33.

[17] 李金荣．我国平抑房价的税收政策探讨［J］．价格理论与实践，2010（12）：64–65.

[18] 谷成．对进一步完善房产税的探讨——由上海、重庆开展对部分个人住房征收房产税试点引发的思考［J］．价格理论与实践，2011（2）：27–28，62.

[19] 周卫民．美国房地产税的征收和管理［N］．中国税务报，2005–05–18.

[20] 汪建强．德国房价调控经验及对我国的启示［J］．价格理论与实践，2012（2）：50–51.

十八大与十九大报告对比之民生问题[*]

民生问题并不是老生常谈，民生是一国之根本，是一国之生计，只有满足广大人民群众的需求问题才能使社会达到相对稳定。作为一个中国共产党领导的社会主义国家，把人民的利益放在最高的地位始终是中国共产党的追求。一切为了人民，以人为本体现了十八大的理念，同时也是我党的执政理念。十九大报告是在十八大报告的基础上将民生的问题进行了新的深入的阐述。通过学习和对比十八大和十九大报告关于民生的问题，有利于我们更好地领会会议的精神实质，对建设独具中国特色的社会主义国家有重要的指导意义。从民生角度对十八大和十九大进行了简单的对比，集中凸显了中国现阶段亟待解决的民生问题，以及解决的措施，对于社会稳定和国家的各项发展起着绝无仅有的作用。

马克思和恩格斯在其著作中并没有明确提出过"民生"这个词，但其著作中关于"民生"的思想却贯串于马克思、恩格斯思想始终，他们认为只有无产阶级运动才能解放全人类，才能给大多数人谋利益。民生问题是指国民的生计、生活，即人们的基本物质生活所需要和满足人们基本物质生活所需要相关基础设施的建设。十八大报告关于民生的内容旨在改善人民的生活，并加强社会的方方面面的建设，为民生的改善提供保障。十九大报告则是更加凸显了民生问题的重要性，在十八大报告六方面的基础上又新增加了两方面的内容，对于改善民生更具针对性。研究十八大与十九大报告的对比问题对于理解中国的布局发展有着重要的意义。

---

[*] 作者简介：富琦嫒，女，北京信息科技大学马克思主义学院研究生。

一、民生的概念

"民生"一词指的是人民的生计，包括人民的生存与发展的需要。马克思主义哲学中对"人民"进行了阐述，人民是历史的创造者，他们不但创造了历史，还创造了物质财富，丰富了精神财富。只有不断完善和发展民生的工作，满足人民的生计需求，才能促进社会进步，丰富人们的精神世界。民生不单指人民的生计，它还有着广义与狭义的区分。狭义上的民生主要指人民的基本生活与生存需求，而广义上的民生范围相对广泛，指一切与民生相关的事情，一些可以影响民生的相关因素都可以称之为民生问题，具有强大的包容性与综合性。[1]

二、民生理念的历史发展

民生问题一直是人民最关心的问题，民生从提出到发展形成了一系列的理念，这些理念的发展大体经历了三个不同阶段，从古代最早提出，到近代中国对于民生思想的探索，到如今中国共产党对民生理念的发展。这三个阶段集中体现了民生在不同时期的不同表现。

（一）古代民生思想

古代最早提出的民生思想是指百姓的生计，最早出现在《左传·宣公十二年》，所谓"民生在勤，勤则不匮"。[2]在我国古代关于"民生"的说法也层出不穷，例如"仁政"，"民为贵，君为轻"等思想，都是我国古代关于民生思想的表述。

（二）近代以来民生理念的探索

在我国近代，对"民生"这一理念的思考得到进一步的探索，其中最具代表性的人物便是孙中山先生。在《民报发刊词》上，孙中山将同盟会纲领阐发为"民族""民权""民生"三大主义，作为革命的指导思想。他把"民生"这一理念从人民的生计角度，提高到了更高的角度。[3]他明确指出"民生"是社会的生存，国民的生计，群众的生命，创造性地将"民生"这一理念作为执政理念提出。[4]

（三）中国共产党的民生理念发展

新中国成立后，对民生理念这一思想进行了更深一步的探索。中国共产党人在民生理念的探索上发现社会主义的发展离不开民生理念，提出了将民生理论作为社会主义实践的指导，其中包括：党的宗旨、群众的路线问题等，都将民生理论蕴含其中。

三、民生问题的由来

新中国成立以后，人民生活的水平虽然得到了显著改善，人民幸福感与满意度逐步提升，但是依旧有一些不和谐的声音出现，问题的根本在于"民生问题"的出现。

（一）历史性成因

随着中国经济的迅猛发展，民生问题层出不穷，处理好、解决好民生问题迫在眉睫。新中国成立初期，为集中发展国家经济和建设基础设施，大部分财富都掌握在国家手中，导致人民没有得到充分的分配，人民的劳动积极性受到挫折与打击，严重影响人民的生活水平，另外，人民试图通过自身努力改善生活水平的愿望也遭到了社会环境的一定限制。

（二）结构性成因

当下中国经济迅猛腾飞，但经济的飞速发展与社会、政治、文化、生态环境等方面的发展出现了一些失衡的状态。这种失衡的状态如果不能有效的解决，将以民生问题的方式表现出来。

（三）变迁性成因

中国的民生问题与社会变迁有着必然的联系。首先，中国经济发展模式发生巨大转变，改革开放的实行，使市场经济走向舞台，同时中国着重发展基础设施建设等方面，导致民生方面的发展产生滞阻。同时，在社会发展的过程中，整个社会都以追求效率为目标，而公平遭到了一定程度的忽视，由此造成了比较严重的收入差距扩大和分配不公平问题。

四、十八大与十九大民生问题比较

（一）教育

十九大在十八大办好人民满意的教育的基础上，指出："落实立德树人根本任务，发展素质教育，推进教育公平努力让每个孩子都能享有公平而有质量的教育。"[5]进一步在制度层面上促进教育事业的发展。

在城乡教育、教育公平方面，十八大报告中着眼于农村、贫困地区的教育，以及特殊教育，积极推进教育资源的配置问题。十九大在十八大基础之上对城乡教育一体化做了进一步的阐释，指出："推动城乡义务教育一体化发展，高度重视农村义务教育，办好学前教育、特殊教育和网络教育，普及高中阶段教育，努力让每个孩子都能享有公平而有质量的教育。"[6]突出体现了中国高度重视城乡一体化问题，重视教育质量因区域而产生的现实问题，表现出我国对城乡教育由"关注"变为"重视"，由原来的"公平的教育"进一步加深为"有质量的教育"，将城乡一体化落实到实处，帮助每一个孩子都能够享受到公平且有质量的教育。

十九大还创造性地提出加强职业教育，培养专业性人才，这与如今我国的职业发展状况密不可分，体现了我国教育注重多样性和追求高质量。完善职业教育体系，是为了给国家培养职业技术专项人才，促进从学习到实践的过渡。我国高度注重高等人才的培养，在人才培养方面追求质量而不是数量。

（二）就业

马克思关于劳动这一问题在其著作中明确指出，"随着社会的不断发展，人类最终会进入共产主义社会"。[7]在共产主义社会中劳动是人民的需要，而不再作为一种谋生的手段而存在。中国现在仍然处于社会主义初级阶段，对于实现共产主义这一最高理想还有很长的路要走，在这条路上要想保障人民的生活，劳动便是必不可少的。人们必须通过劳动来获取生活的保障，因此就业问题就是人类发展现阶段最基本的问题，解决就业问题十分关键。

党的十八大报告明确指出："要贯彻劳动者自主就业、市场调节就业、政府促进就业和鼓励创业的方针"[8]，而十九大报告强调在坚持积极就业政策的基础上，大规模开展技能培训，更突出强调了结构性就业的矛盾，把创业的方式强调了出来。如果说十八大报告是中国现阶段对就业问题详细的阐释，并给出一系列解决方案，那么十九大报告就是在十八大提出解决就业问题方法的基础上做了更深一步的阐明，对于如何解决就业问题提出了更具体的、有针对性的解决方案。例如，十八大报告强调加强职业技能培训，提高就业者的创业能力，而十九大报告中提出新的说法，将职业技术培训加大规模；十八大报告通过在观念上、形式上、方法上提供就业岗位，提高就业效率，十九大在十八大基础上，创造性地提出了新的就业途径，提供全方位的就业服务，完善协调机制，促进就业，而且明确地鼓励劳动者通过勤劳合法的方式致富，坚持按劳分配原则，用国家的宏观手段来调控收入状况，利用政府的调节职能，促使收入分配差距逐步缩小。这明显体现了十九大在鼓励就业，实现致富的基础上更加注重社会的公平问题，只有社会收入公平得到保障，社会的稳定才会得到保障，社会才会平稳和谐地向前发展。

（三）收入分配

改革开放 40 周年的发展进步是喜人的，人民生活愈加幸福，生活水平愈加提高。虽然居民整体生活水平得到了大大的提升，但是仍然暴露出一些问题。人们的收入结构失衡，贫富差距巨大，富人极富，穷人极穷，财富都集中掌握在那一小部分的人手中，这就容易造成社会的动荡不安，由此引起了国家的高度重视。国家高度重视效率与公平的关系，十八大报告坚持初次分配与再分配的公平问题，十九大报告在这一原则的基础上强调在经济增长的同时，实现居民收入同步增长；在劳动效率提高的基础上，同时实现劳动报酬的提高。可以看出，这一提法是符合中国现阶段经济发展要求的。在收入分配问题上，十八大报告和十九大报告都提出要调节收入的问题，使其呈现为"橄榄式"理想发展格局，取缔一切的非法收入。十九大报告还强调了在缩小收入差距上政府的作用，政府应充分发挥自身的调节职能。收入分配问题体现了中国高度重视人民的利益，中国要努力构建"橄榄形"收入格局，不仅注重效率，更加注重公平，从而实现社会的和谐稳定。

（四）社会保障

社会保障是一项基本制度，关系到人民生活的保障问题及如何合理调节社会分配问题。社会生活保障工作的稳步推进是关系到国民生计的大事，中国共产党一直把社会保障工作摆在突出的位置。十八大报告中提到要全面建成覆盖城乡居民的社会保障体系，而十九大报告指出："按照兜底线、织密网、建机制的要求，全面建成覆盖全民、城乡统筹、权责清晰、保障适度、可持续的多层次社会保障体系。"[9]两大报告对比明确看出十九大在社会保障体系建设方面更加深入和全面，不仅包括城乡居民，而且对如何建设保障体系提出了新的要求。

在医疗保险和养老保险制度方面，从十八大的"逐步实现基础养老"到十九大的"尽快实现养老保险全国统筹"表示中国养老保险范围的扩大及保险实施进程的加深。关于基本医疗制度方面，从十八大"整合"一词到十九大"完善"一词，体现出在医疗方面中国已经不是在初级的阶段，而是进入了完善阶段，同时十九大提出大病医保制度，初步保障和解决人民的"三难"问题，是医疗方面的一大进步。在救助体系方面，从完善社会到十九大的同城城乡救助体系，使得救助范围由城市扩大到农村。十九大报告还明确提出"房子是用来住的，不是用来炒的"[10]，在制度角度保障住房，让人民住有所居，体现出中国民主化进程进一步深入。

（五）医疗健康

健康是人全面发展的必然要求。在医疗健康方面，十八大和十九大有着不同的表述方式，十八大强调"提高人民健康水平"，而十九大强调"实施健康中国战略"，将提高健康水平发展到战略层面，体现了中国对医疗健康方面高度重视，将其作为一项长期的战略任务。十八大报告主要是在制度改革和基本医疗服务、医保体系、药物制度、医疗队伍建设、食品安全问题、卫生运动、计划生育基本国策等几个方面来提高人民的健康水平，而十九大在十八大这几个方面的基础上将其进行了完善说明。比如提出一项全方位、全周期的健康政策；提出新的药品保障制度，极大解决了人民用药贵的问题，国家还将一系列癌症药品列入医保范围内，大大缓解了人民的看病压力；将食品安全问题从十八大提升到战略的高度，高度重视食品安全问题，突出了人民健康才是头等大事；十八大强调中西医并重，十九大在此基础上着重强调发展中医药事业，高度重视中国传统医疗事业，传承中华优秀传统文化，高度重视健康问题。在计划生育基本国策的基础上，十九大更加强调如何应对人口老龄化，这也体现出中国的社会矛盾发生了转变，计划生育转向全面二胎政策，体现中国重视人口结构，注重人民健康和社会的健康发展问题。

（六）社会管理/社会治理

十八大提出社会管理，而十九大则提出社会治理，二者既有区别又有联系。所谓社会管理，是指对社会进行科学管理，包括对人才、制度、体系、法律等方面进行管理，管理各方面可能出现的问题，例如，人口的管理、政府与人民关系矛盾处理的管理、企业生产的管理、社会治安、国家安全的管理等。而社会治理是在社会管理的基础上针对暴露的问题进行针对性的治理，在完善党的领导、生产责任制、社会服务体系以及社区治理体系等方面进行建设，形成共建、共享、共治的治理格局。

从十八大的社会管理到十九大的社会治理的转变，不仅是简单的一个字的变化，而是中国的社会实际发生了实质性的变化，国家根据现阶段暴露出的问题，针对性地提出建设治理的新格局来解决问题，从而达到真正的共建、共治、共享，真正地从人民群众出发，为人民群众谋福利。

（七）十九大报告新增的两方面——脱贫攻坚/维护国家安全

十九大报告在十八大报告六方面的基础上，新增了两个方面的内容，一个是坚决打赢脱贫攻坚战，另一个是有效维护国家安全。

坚决打赢脱贫攻坚战。脱贫是一项重要的任务，这里的脱贫不是指普遍脱贫，而是要做到精准扶贫，针对真正贫困的农村地区进行精准扶贫工作。这是一块难啃的"硬骨头"，但越是任务艰巨越要讲求方法和策略，要在"精准"上下功夫，只有对症下药，才能够真正解决群众的问题。截至 2018 年年底，全国 832 个贫困县中已有 153 个县摘帽，占总数的 18.4%。打赢脱贫攻坚战，是一项真真正正为人民谋福祉的重大举措。

有效维护国家安全。十八大报告中，在社会管理这一部分简单地提到了维护国家安全的战略，而在十九大中单独把维护国家安全列为一项内容，体现了中国传统的家国观。有国才有家，要想实现小家的安稳、社会的稳定，维护国家的安全显得至关重要，国家的利益举足轻重。完善国家的安全战略、政策、体系，维护国家安全，坚持一个中国的原则，维护国家的长治久安。只有维护国家的安全，才能安邦定国。

五、对比研究民生思想的意义

民生思想从古代流传到现代，理念不断发展、内涵不断丰富，最新的民生思想在十九大报告中具体呈现。民生思想包括两个方面的内容，一方面，是对传统的民生思想进行深度的阐述，包括对教育、就业、收入分配、医疗健康、社会保障、社会管理等方面的详细阐释；另一方面，是与时俱进的民生思想扩充了传统民生思想的范畴，为传统民生思想注入新鲜的活力。例如，十九大关于民生的表述中增添了两个方面的内容，包括打赢脱贫攻坚战和维护国家安全，这两个方面的增添其实是中国现阶段的社会矛盾暴露出的亟待解决的问题。因此研究民生思想对于夺取全面建成小康社会、实现"两个一百年奋斗目标"有着至关重要的意义。

（一）理论意义

研究民生思想的发展是不断丰富中国特色社会主义理论体系的过程。十八大的民生思想丰富了"科学发展观"思想，而十九大的民生思想是对马克思列宁主义、毛泽东思想及中国特色社会主义理论体系的民生思想的继承与发展，丰富和完善了中国特色社会主义理论；是习近平新时代中国特色社会主义思想的一部分，丰富了中国特色社会主义理论体系，同时也隶属于马克思主义理论的一部分，发展了马克思主义理论体系。

（二）实践意义

对比研究民生思想对于人民生活各方面的保障具有重要意义。虽然中国已经进入了一个新的发展阶段，但是种种的社会矛盾依旧存在，中国在改善民生的道路上越走越远，要改善和提高人民的生活水平，促进民生问题的解决，不仅要在教育、就业等方面进行改善，而且要在改善民生的路上采取更具针对性的措施，抓住主要矛盾，真正解决民生问题。

对比研究民生思想对夺取全面建成小康社会有重大的意义。打赢脱贫攻坚是场硬仗，是关系到全面建成小康社会的重要举措。如果说十八大中民生思想提供了全面建设小康的社会方法，那么十九大则是提供了全面建成小康社会的针对性措施，有的放矢地解决当前的困难，即打赢脱贫攻坚战。脱贫攻坚最重要的就是要找到问题，只有针对性解决了农民的贫困问题，才能够统筹城乡的发展，夺取全面的胜利。因此，作为一个以人民为主体的国家，研究民生思想是一个永无止境的过程。

参考文献：

[1] 林祖华. 民生概念辨析 [J]. 经济研究导刊，2009（22）：162 - 163.

[2] 何序哲. 十六大以来中国共产党解决民生问题的理论与实践 [J]. 沈阳教育学院学报，2011（1）：63 - 65.

[3] [4] 孙中山. 三民主义 [M]. 北京：九州出版社，2011.

[5] [6] [10] [11] [12] 中共十九大开幕，习近平代表十八届中央委员会作报告（直播全文）[EB/OL]. 中国网，2017 - 10 - 18.

[7] 马克思. 哥达纲领批判 [M]. 北京：人民出版社，2015.

[8] 坚定不移沿着中国特色社会主义道路前进　为全面建成小康社会而奋斗——胡锦涛同志代表第十七届中央委员会向大会作的报告摘登 [EB/OL]. 人民网，2012 - 11 - 09.

香港特别行政区法律地位的解析 *

近些年来部分香港特区青年对于宪法、香港特别行政区基本法乃至"一国两制"的理解存在偏差，影响了香港社会的繁荣稳定。如何正确理解我国的特别行政区制度、理解宪法和香港特别行政区基本法的关系等问题仍然值得讨论。从法理的角度对这些问题进行分析有助于我们正确定位香港特别行政区的法律地位。正确解析特别行政区制度，准确全面解读宪法和香港特别行政区基本法的关系更对我国的繁荣稳定、长治久安，以及全面推进依法治国有着重要的现实意义。

近些年香港学界对特别行政区法律地位的解读出现了一些偏差，影响了香港青年对"一国两制"的正确认识，也引发了一些社会问题。依法治国是我国的基本国策，依法治港是管理特别行政区的基本原则，对于特别行政区制度只有从宪法学的法理角度出发，而不是片面曲解部分法律条款，才能准确理解中央和特别行政区的关系。

一、我国特别行政区制度的来源及内涵

"特别行政区"这一概念最早是针对台湾问题而提出的，却在澳门和香港问题上得到了最早的实践。随着香港、澳门的回归，特别行政区正式设立，这标志着以"一国两制"为理论框架的特别行政区制度从理论走向了现实。特别行政区制度的基本内涵是：台湾、香港、澳门在中华人民共和国的主权范围内作为国家的特别行政区实行高度自治，保持原有的资本主义制度长期不变。这一

---

* 作者简介：戴熠希，女，北京信息科技大学马克思主义学院研究生。

基本内涵里包含着两个方面的含义。第一，特别行政区是我国领土不可分割的一部分，它是依据宪法和法律的规定而设立的我国的一个地方行政区域，任何国家都不可以干涉我国特别行政区的事务。我国宪法赋予了中央政府对特别行政区有全面管治权。第二，特别行政区是我国高度自治的地方行政区域，有着区别于非特别行政区的地方行政区域的特殊法律地位、社会制度、政治制度和经济制度，并继续维持资本主义制度长期不变。在中央政府的授权之下，特别行政区依法享有行政管理权、司法权、终审权、立法权。特别行政区制度不仅完美地落实了"一国两制"这一方针政策和理论构想，更为解决祖国统一问题找到了突破口。

二、"一国两制"理论框架下的中央和香港特区的关系

（一）香港特别行政区是单一制国家结构形式下直辖于中央人民政府的地方行政区域

香港特别行政区是单一制国家结构形式下直辖于中央人民政府的地方行政区域，与我国的省、自治区、直辖市同属于一个级别，都受中央政府的管治。国外有些学者认为，因为我国的特别行政区是高度自治的，所以这种特别行政区制度违背了我国的单一制国家结构形式。但是特别行政区制度只是对我国单一制国家结构形式的补充和深化。单一制的两个重要特征就是国家权力直接来源于人民，以及地方无权力分享制定和修改宪法。从国家权力来源上说，香港的特别行政区制度并没有改变我国国家权力来源于人民这个基础，特别行政区的权力也是国家主权所赋予的；从宪法角度来讲，特别行政区更没有分享制定和修改宪法的权力。除此之外，特别行政区是由国家划分的，而不是先于中国国家存在的，这就是很明显的单一制国家结构的特征。因此，香港特别行政区不是一个政治实体，没有任何主权国家的特征。所以说，香港特别行政区制度只是我国单一制国家结构形式的深化和补充。

（二）宪法和基本法共同构成了香港特别行政区的法律基础

1. 宪法是基本法的立法依据

基本法的立法依据来源于宪法的规定。宪法第 31 条规定："国家在必要时得设立特别行政区。在特别行政区内实行的制度按照具体情况由全国人民代表大会以法律规定。"一方面，宪法规定了设立特别行政区的可能性和合法性。另一方面，宪法也授予了全国人大创设和完善香港法律制度的权力。有些学者认为宪法关于特别行政区创设基本法的条文主要是第 31 条，不能从宏观角度上认定宪法是基本法的立法依据。此观点是对"一国两制"的错误理解。"一国"就意味着国家具有最高法律地位的宪法在全国包括特别行政区都具有最高的法律地位和法律效力，所以说它对于特别行政区的规定享有最高的法律效力。

2. 基本法的特殊法律地位

作为特别行政区制度化和体系化重要表现的基本法的出台和实施标志着特别行政区的高度自治成为现实。香港特别行政区基本法是全国人民代表大会根据宪法的规定在 1990 年 4 月制定的，并于 1997 年 7 月 1 日正式实施。基本法的实施对于保持香港特别行政区的繁荣稳定和祖国的团结统一有着极其重要的作用。基本法拥有特殊的法律地位，它的特殊性一方面表现在它的创设没有先例，也就是说，基本法是在没有参照系和前人经验的基础上创新而得。另一方面表现在它被赋予的高度自治权上，香港特别行政区和我国的民族自治机关一样，是我国的地方行政单位，都没有独立的外交权、军事权。但是香港特区的这种高度自治又是特殊的，比如香港特区根据基本法成立了自己的终审法庭，这样的高度自治更加凸显了基本法特殊的法律地位。

三、香港学界对宪法和基本法的偏颇理解及其成因

近年来各类港独事件时有发生，一些对"一国两制"的错误解读和对宪法、基本法的曲解在香港社会造成一定的影响。要维护宪法和基本法的权威，使宪法在香港得到尊重和落实，必须对这些观点进行批驳。

（一）香港学界对宪法和基本法的误读

1. 宪法不适用于香港？

（1）对宪法和基本法的关系的误判

个别香港法律界学者认为"基本法不是宪法的下位法"，所以宪法并不适用于香港。此观点错误地将香港和内地视为不同的法律区域，虽然由于历史的原因两地的法律有差异，但中国是统一的单一制国家不会变，香港是我国不可分割的一部分更不会变。既然是在同一个国家又何来的"两个法律区域"？所以"基本法不是宪法的下位法"这种观点不正确。

（2）对宪法的性质的错误判断

香港学界有人认为宪法不适用于香港的另一个很重要的原因就是基本法的附件三中对适用于香港的全国性法律中并没有列出宪法。这种错误的说法一是

错误地将宪法定义为一般的全国性法律。事实上，宪法作为国家的根本大法是我国特殊的全国性法律，它的地位是凌驾于其他的一般全国性法律之上的。基本法附件中列出的仅是和基本法等同法律位阶的其他全国性法律，基本法是依据宪法设立的，宪法是其上位法，因此，未被列出是符合法理的。二是源于英国法律历史的影响。由于香港被英国殖民了一百多年，英国的法律制度深深地影响了香港的法律实践。英国的宪法和议会制定的其他法律之间的关系并不明朗，这就导致了香港的部分学者错误地将英国法律关系带入我国宪法和基本法的关系中去理解。

（3）对基本法全国性授权法的本质的误判——基本法＝"小宪法"？

有不少人认为基本法是香港的"小宪法"，这不仅否认了我国是单一制的国家，更加是对基本法全国性授权法的本质的误判。基本法第一条就规定了："香港特别行政区是中华人民共和国不可分离的部分。"[1]这说明了香港特别行政区是中华人民共和国的一个地方行政区域，香港就是中国的一部分。一个国家只有一部宪法，我国的唯一一部宪法就是中华人民共和国宪法，其他任何法律都不能被称之为宪法，香港特别行政区基本法更不能称之为"小宪法"。从另一个角度上讲，宪法之所以被称为根本大法，原因是它和国家主权联系在一起，说基本法是香港的"小宪法"是不是意味着我国有两个主权？这种观点无疑破坏了我国主权的统一性。所以可以明确的是，基本法不是香港的"小宪法"，而是基于宪法和宪法性法律的全国性授权法。它所赋予的香港特别行政区的高度自治权是国家主权所赋予的，也就是说香港的自治权是我国宪法及宪法性法律所授予的。这种自治权力本质上是国家通过授予地方自治机关相关权力来管理地方事务。就拿香港的立法权来说，香港特别行政区是享有立法权的，但是它不能无限立法，只能在基本法的范围内立法。基本法中规定的由香港特别行政区所管理的事务可以由香港立法会立法，基本法里没有规定的事务则要交由中央政府处理。所以基本法不是"小宪法"，它是基于中华人民共和国宪法的全国性授权法。

2. 宪法中只有一部分对香港有效？

（1）基于宪法和基本法连结点的误判

宪法31条规定："国家在必要时得设立特别行政区。在特别行政区内实行的制度按照具体情况由全国人民代表大会以法律规定。"基于宪法这样的规定，有些香港学者认为基本法和宪法的联系只有宪法的31条，所以，基本法虽是依据宪法所确立的，但是宪法对特别行政区的规定只有这一条，这就说明宪法中只有一部分对香港有效。这种观点不仅肤浅地从表面看问题，还明显地否定了宪法作为国家根本大法的普遍有效性。宪法为特别行政区的设立做出了总纲式的规定，更为基本法的创设提供了相应的法理基础，这个基础一方面确定了基本法依宪而立的合法性，另一方面赋予了基本法规定特别行政区具体法律条文的独特权力。

（2）混淆"整体有效"和"整体适用"

宪法在香港的适用过程中还存在一个问题就是对于"整体有效"和"整体适用"的混淆把握。一些人认为，宪法的相关条文只有一部分对香港的司法实践适用，所以宪法对于香港只是部分有效。这种观点明显是将法理上的"整体有效"和"整体适用"混为一谈。本文的观点是宪法对于香港是整体有效的，这个观点的理论基础在于，基本法是基于宪法的全国性授权法。也就是说，宪法作为我国的根本大法，它在全国的有效性是毋庸置疑的，香港作为我国不可分割的一部分，也受宪法的有效性制约。如果说宪法在香港只是部分有效的话，那是不是意味着宪法在全国也只是部分有效？结果是显而易见的。所以，学界真正需要讨论的是"整体有效"和"整体适用"这两个宏观命题之间的关系，从而"尊重"宪法的应有地位。

（二）不平衡宣传造成了对"一国两制"的片面理解

在回归初期，无论是官方还是民间，对于"一国两制"的宣传较侧重于"两种制度"而非"一个国家"。会出现这样的现象是基于当时的两种考虑：一是安抚香港回归后的所谓"恐慌"。20世纪80年代初期，中国提出要恢复行使主权，收回香港，之后的几年，移民的人数逐年攀升，出现了"移民潮"。当时的香港各界对于香港是否能保持现有的繁荣存疑，对香港原有制度的保留程度也带有很大的疑问。在内地经济发展水平远远落后于香港的那个年代，人们有这样的想法实在不难理解。为了安抚这种情绪，明确强调香港保持原有的社会制度长期不变和港人治港是十分有必要的，这就能理解为什么作为国家根本大法的宪法并没有在香港得到广泛的宣传。二是为了清晰描述出"两制"这个不明朗的概念。相比"一国"来说，"两制"的概念比较模糊，在香港回归之后，社会各界对香港回归的既成事实表示认同，这种认同体现在对于"一国"的默认。但对于"两制"人们存有疑问：这两种不同的社会制度在同一个国家是什么样的关系？香港与中央的关系又是什么？"两制"是否就意味着中央放手不管香港的任何事务？还是说在某些领域下中央对香港实施管辖权……这些问题在当时亟待解释，那侧重对于"两制"的讨论就不难理解了。所以，这种不平衡的宣传所导致的后果就是对"一国两制"的片面理解。

四、正确定位香港特别行政区法律地位的现实意义

（一）维护我国社会繁荣稳定、长治久安的重要前提

近些年来，全世界各种分裂势力利用"港独"思潮煽动香港青年，试图分裂我国。只有正确理解香港特区的法律地位，才能从根本上让香港民众对国家有归属感、有认同感。习近平指出，"任何危害国家主权安全、挑战中央权力和香港特别行政区基本法权威、利用香港对内地进行渗透破坏的活动，都是对底线的触碰，都是绝不能允许的。"[2]香港特别行政区是我国不可分割的一部分，同样，香港的繁荣稳定更是我国稳定发展的重要组成部分。任何分裂我国的行为将会被严厉打击。中共十九大报告将"坚持'一国两制'和推进祖国统一"列入新时代坚持和发展中国特色社会主义的基本方略。[3]这表明我们党对于"一国两制"、祖国统一的坚定决心。厘清宪法和基本法、中央和香港特区的关系，从而深化对"一国两制"伟大构想的解读也为解决台湾问题起到了一个示范作用。所以说正确定位香港特区的法律地位是维护我国社会繁荣稳定、长治久安的重要前提。

（二）推进全面依法治国的重要体现

香港纷繁复杂的社会状况对我国全面推进依法治国发起了巨大的挑战，要保障"一国两制"的稳步实践，重要的是正确定位香港特区的法律地位。习近平指出"全面准确贯彻'一国两制'方针，牢牢掌握宪法和基本法赋予的中央对香港、澳门全面管治权，深化内地和港澳地区交流合作，保持香港、澳门繁荣稳定"。[4]宪法和基本法共同构成了香港特区的法律基础，要保持香港乃至整个粤港澳大湾区的繁荣稳定，就要将宪法和基本法所赋予的香港特区的高度自治权和中央的全面管治有机结合起来。正确地定位香港特区的法律地位，完善香港特区的法律制度是推进我国全面依法治国的重要体现。近些年来，依法治港取得的成果令人欣喜，将《中华人民共和国国歌法》列入基本法附件三、宪法和基本法进中小学课堂……这些成果无不向我们昭示"一国两制""依法治国"的全面深入。随着制度的不断完善，我们相信未来的香港特区会越来越制度化、法制化，内地和香港人民的心也会越来越近。

参考文献:

[1] 中华人民共和国香港特别行政区基本法 [M] . 香港: 三联书店有限公司, 1991。

[2] 习近平. 在庆祝香港回归祖国二十周年大会暨香港特别行政区第五届政府就职典礼上的讲话 [N] . 人民日报, 2017 - 07 - 02.

[3] 习近平. 决胜全面建成小康社会夺取新时代中国特色社会主义伟大胜利 (2017 年 10 月 18 日) [N] . 人民日报, 2017 - 10 - 28.

[4] 习近平. 决胜全面建成小康社会夺取新时代中国特色社会主义伟大胜利 (2017 年 10 月 18 日) [N] . 人民日报, 2017 - 10 - 28.

[5] 顾敏康.《宪法》与《基本法》共同构成香港特别行政区的宪制基础 [J] . 港澳研究, 2018 (1) .

[6] 许崇德. 香港特别行政区的法律地位 [J] . 港澳研究, 2013 (1) .

马克思主义生态观及当代启示[*]

工业的发展促进了我们人类社会的高速发展，但随之而来的是生态环境出现了问题。生态环境问题已成为我国社会主义现代化进程的一大障碍，同时也阻碍了我们实现中华民族伟大复兴。运用马克思主义生态观对环境问题进行系统阐述，探讨马克思主义生态观对整个世界发展的重要性，研究马克思主义中国化下生态观的发展路径，能为我国的生态文明建设提供参考。

在当今世界各项重大议题当中，生态环境已成为最重要的议题之一。当今社会，日趋恶化的自然环境使人们不得不对生态问题加以重视。中国在改革开放这四十多年间，经济、社会等方面都有天翻地覆的变化。但是，随之而来也有各种各样的环境问题，而这些问题已经给社会的发展、人民生活带来了巨大的阻碍。

一、马克思主义生态自然观简析

（一）人与自然的辩证统一关系

马克思在《1844 年经济学哲学手稿》中提道，"人直接地是自然存在物。人作为自然存在物，而且作为有生命的自然存在物，一方面具有自然力、生命力，是能动的自然存在物；这些力量作为天赋和才能、作为欲望存在于人身上；另一方面，人作为自然的、肉体的、感性的、对象性的存在物，同动植物一样，是受动的、受制约的和受限制的存在物"。[1]首先，人是自然存在物。人是属于自然的一部分，应该做到爱护自然，尊重自然，因为人类对于自然的破坏最终

---

　* 作者简介：王天昕，女，华北电力大学硕士研究生。
　　谢雨柔，女，华北电力大学硕士研究生。

会波及人类自身。所以，人在自然界以何种方式生存，是我们需要探讨的重要问题之一。同时，人类作为自然存在物，同样受制于自然界。人类所做的一切活动都应该遵循自然界的规律，不能为所欲为，应该按照自然生态系统的规则办事，与其他生物共存。其次，人类作为能动的自然存在物，拥有自主的意识，因此在处理人与自然关系时应相应地保护自然，而不是随意地、不考虑后果地索取。人与自然是相互依存的关系，是不能割裂的。自然界为人类提供必要的生活资料，二者是辩证统一的关系，是共生的关系。

（二）共产主义及人与自然的统一

资本主义的生产方式使得生产力得到了质的飞跃，是人类生产方式及人类社会方面的巨大进步。资本主义生产的目的是最大限度地攫取剩余价值，是以谋取利益为目的的；最大限度地剥削雇佣劳动者，实现利润的最大化，是资本的本性。因此，为了利润，不惜一切代价，破坏生态系统，对自然界不断地加以破坏，便成了资本主义发展中的一个显著特点。近几十年来，工业、科学技术的大规模的发展和应用虽给全球的经济、社会带来了巨大的发展，但仍然造成了对自然界的破坏，部分地区的生态环境系统仍在不断地恶化。人类面临着前所未有的自然生态的威胁，自然界生态平衡的破坏，使得我们的生态系统处于危险的边缘。

因此，社会主义及共产主义是真正解决人与自然矛盾的必由之路。只有彻底地摒弃资本逐利的目的，只有将生产的目的转化为真正为了满足人们的现实需要，而不是最大限度地攫取剩余价值，人类才能真正理性地处理好人与自然的关系，才能有人与自然的和谐发展；自然环境及自然资源的利用也才能真正满足人类的需要，而不是为满足资本赢利的需要。马克思在《1844年经济学哲学手稿》中谈到资本主义生产关系下"人的异化"及"异化劳动"时，特别讲到资本主义产生条件下人与自然关系的"异化"。马克思从"人化自然"的角度解释了资本主义社会的异化劳动同时造成了人与自然关系的异化，并指出共产主义是克服这种"异化"现象的必由之路。《1844年经济学哲学手稿》中讲到"这种共产主义作为完成了的自然主义等于人道主义，而作为人道主义等于自然主义，它是人和自然之间，人和人之间矛盾的真正解决"。[1]共产主义是一个摆脱了资本主义所有制，从而摆脱了资本主义生产的目的的社会；这样的社会中生产的目的完全是为了满足人的需要，而不是为了满足资本赢利的目的。只有在这样的生产条件下，才有了真正地尊重自然、尊重自然规律的"自然主义"；而这样的"自然"及"自然主义"同时也是符合人类生存需要、符合人的全面发展的要求、最适合人的根本人性的"人道主义"。所以，马克思说，人与自然的和谐是"自然主义与人道主义的统一"，而这样的社会就是共产主义。人与自然之间相互依存，和谐共生，和谐共存，人创造环境，环境也在创造人。马克思主义认为，只有在共产主义社会才能全面消除自然对人的压迫，人对人的剥削，实现人自由而全面的发展。

二、马克思主义生态观的当代阐释

马克思主义生态观告诉了我们生态文明的真谛，也为我们建设生态文明社会指引了方向。我国的生态文明建设继承和发展了马克思主义生态观，马克思主义生态观成为我们认识世界、改造世界最科学的方法论。

（一）毛泽东思想中的生态文明观

新中国成立以后，以毛泽东为核心的第一代中央领导集体就开始关注中国的生态问题。特别是在植树造林及加强水利建设等方面。

毛泽东对中国林业事业的发展十分关注，生态意识浓厚。他多次强调，森林是很宝贵的资源，一定要保护好山林，建立有效的管理制度。1956 年 3 月，毛泽东提出"绿化祖国"的口号，并提出："要使我们祖国的河山全部绿化起来，要达到园林化，到处都很美丽，自然面貌要改变过来"；"农林牧是互相关系、互相影响的。农林牧，一个动物，一个植物，是人类少不了的。"[2] 毛泽东充分强调人与自然的和谐共生问题，为中国在林业事业的保护上奠定了强有力的基础。新中国成立以来，我国曾经数次受到洪水的侵害，给我国造成了不可估量的损失。毛泽东向全国人民发出了"一定要把淮河修好""要把黄河事情办好""一定要根治海河"等号召，初步解决了华北、黄淮地区的水患问题。[3] 水利工程是巩固我们国家民生建设的基础，是巩固国家国民经济的基础，同时也是巩固我们国家政权的基础。

（二）邓小平理论中的生态文明观

党的十一届三中全会以来，以邓小平为核心的中央领导意识到，生态环境对我国社会主义现代化发展具有重要的意义，把保护环境和经济建设、社会发展以及人民群众的生活质量提高到同等重要地位。

在 1983 年，中央将"环境保护"确立为我国的基本国策，提出了我国坚决不能同西方发达国家一样"先污染、再治理"。在此之后，我国又确定了如"耕地保护""水土保持"等一系列和生态保护有关的基本国策。

邓小平认为,"植树造林,绿化祖国,是件大好事,是建设社会主义,造福子孙后代的伟大事业,要坚持二十年,坚持一百年,坚持一千年,要一代一代永远干下去。"[4]1982 年 12 月,《中华人民共和国环境保护法(试行)》上升为国家正式法律,标志着我国的环境保护事业正式走上了法制化道路。同时,第五届全国人大四次会议审议通过《关于开展全国义务植树运动的决议》,就此开始全民义务植树的运动。

(三)"三个代表"重要思想的生态文明观

以江泽民同志为核心的第三代中央领导集体,在社会主义现代化建设不断深化的实际中,坚持抓好生态环境与保护。1994 年《中国 21 世纪议程——中国21 世纪人口、环境与发展白皮书》的制定和实施,标志着中国可持续发展思想和战略的正式确立。[5]在对我国基本国情了解的情况下,对与我国的资源环境保护等方面进行了阐释,并且对国家及全球环境发展等方面进行关注。

江泽民提出"保护生态环境的实质就是保护生产力"的科学论断[6],强调"破坏资源环境就是破坏生产力,保护环境就是保护生产力,改善资源环境就是发展生产力"。[7]环境保护工作是我们国家实现经济社会可持续发展的基础,是资源合理开发利用的重中之重。坚持经济发展、人口增长及环境保护等方面的协调发展,从而更好地促进资源利用率的最大化及环境污染的减少。在国家经济的不断发展及人民生活水平的提高的情况下,江泽民对生态文明建设理论的发展和完善,标志着我国在生态文明建设方面更进一步,也在生态文明建方面翻开了新的一页。

(四)科学发展观中的生态文明观

科学发展观其中一个重要内涵,就是努力实现人与自然的和谐共处,为我们正确认识及处理人与自然之间的关系提供了指导思想。在继承、发展前三代中央领导集体相关思想理论的基础上,以胡锦涛为总书记的中央领导集体,进一步丰富和发展了马克思主义生态观,提出了"资源节约型社会、环境友好型社会"等许多新观点,将我国的生态文明建设观点提高到了一个新的境界。党的十七大报告中提出科学发展观的核心观点:"科学发展观第一要义是发展,核心是以人为本,基本要求是全面协调可持续,根本方法是统筹兼顾;明确提出建设生态文明,并使之成为实现全面建设小康社会奋斗目标的新要求和深入贯彻落实科学发展观的重要内容。"[8]这些理论观点使我国的生态文明建设步入了新的台阶。

（五）新时代中国特色社会主义理论中的生态观

习近平总书记在纪念马克思诞辰 200 周年大会上特别强调，"学习马克思，就要学习和实践马克思主义关于人与自然关系的思想"。[9]马克思、恩格斯认为，"人靠自然界生活"，人利用自然界进行生产发展等活动，在这个过程中也应该积极保护自然，采取保护性开发与利用，但"如果说人靠科学和创造性天才征服了自然力，那么自然力也对人进行报复"。[9]只有正确处理人与自然的关系，才能更好地促进我们国家、社会的进一步发展。

党的十八大以来，以习近平同志为核心的党中央着眼于党和国家事业的长远发展，通过全面深化改革，加快推进生态文明顶层设计和制度体系建设，相继出台《关于加快推进生态文明建设的意见》《生态文明体制改革总体方案》，制定了 40 多项涉及生态文明建设的改革方案，从总体目标、基本理念、主要原则、重点任务、制度保障等方面对生态文明建设进行全面系统部署安排。[10]为我们国家在生态文明建设方面提出了较为详尽的目标、任务及制度保障，进一步解决关乎我们国家民生等重大问题，使我们国家生态文明建设方面的提升迈上了更高的台阶。

习近平总书记提出："良好生态环境是最公平的公共产品，是最普惠的民生福祉。"[11]"绿水青山就是金山银山"，生态环境关乎人民的基本利益，只有将这一项现实问题解决，才能更好地实现人民对美好生活向往的这一目标。

三、马克思主义生态观对当代中国的启示

（一）尊重自然规律

马克思主义的生态观强调人与自然的关系是辩证统一的。人类的活动离不开自然界，人必须要与自然界和平相处。我们在不断发展经济的同时，应该努力做到尊重自然、顺应自然、保护自然，才能更好地推动我们社会的发展。目前，人们并没有完全尊重自然，仍在为了自身的既得利益而损害着生态环境系统。极端灾害天气的出现，使得人类已经收到自然界的威胁。因此，我们在发展的过程中，要不断地反思，遵循马克思主义的生态观念，将人与自然和谐共生放在首位，找到二者的平衡点，不能将人类置于中心位置。同时，我们还要认识到，自然界所能提供的一切资源都是有限的，要遵循可持续发展的理念，在合理范围内进行开发、利用。

（2）生态文明建设与政治经济相结合

习近平总书记强调"绿水青山就是金山银山"。从根本上来讲，就是应该将生态文明建设与经济建设有机统一，使得二者相辅相成。经济建设是党的中心工作，生态文明建设是我们党重大的政治使命。通过加快经济转变方式，推动产业结构优化升级，由粗放型的经济发展方式向资源节约型经济方式转变，实现我们国家的经济健康可持续发展。

同时，政府对生态文明建设高度重视。我们国家几代领导人对于生态文明建设都十分重视，目前已经取得可观的成效。但是，我国目前仍存在一些生态环境等问题。政府应该在不断促进经济发展的同时，提高对生态文明的重视，制定、实施一系列的法律法规及相应的管理制度，为我们国家的生态文明建设提供强有力的制度保障。并且，国家政府应对致力于发展绿色生产的企业提供优惠政策，鼓励企业对于绿色生产等方面的人才加以引进。同时，对于企业不切实履行保护环境等问题应加以处罚措施，情况严重者应追究法律责任。

（3）加强公民意识，促进全民参与

政府在不断完善法律法规建设的同时，也应该让全体公民意识到生态文明建设对于我们国家发展的重要性，培养良好的生态意识，提升个人的保护环境的责任感。政府可以通过各项新媒体宣传手段，强调绿色发展、绿色消费等理念，推行绿色的生活方式。例如，鼓励公民进行垃圾分类处理、践行绿色出行方式等。同时公民在国家推进生态文明建设的过程中，应当积极参与其中。在生活中，积极践行绿色生活方式，反对不合理、奢侈等消费行为。

参考文献：

［1］马克思．1844年经济学哲学手稿［M］//马克思，恩格斯．马克思恩格斯文集：第1卷．北京：人民出版社，2009．

［2］毛泽东．在北戴河召开的中共中央政治局扩大会议上的讲话［R］．1958.

［3］黄克亮．马克思主义视域中的生态文明研究观［J］．探求，2010（4）．

［4］邓小平思想生平大事典［M］．太原：山西人民出版社，1993.395.

［5］赵曼．中国共产党生态文明建设思想的历史逻辑［EB/OL］．中国共产党新闻网，2017－01－22.

［6］江泽民．江泽民文选：第1卷［M］．北京：人民出版社，2006：534.

[7] 江泽民. 在第四次全国环境保护会议上的讲话 [R]. 1996.

[8] 胡锦涛. 坚定不移沿着中国特色社会主义道路为全面建成小康社会而奋斗——在中国共产党第十七次全国代表大会上的报告 [M]. 北京：人民出版社，2007.

[9] 习近平. 在马克思诞辰 200 周年大会上的讲话 [R]. 2018.

[10] 习近平. 推动我国生态文明建设迈上新台阶 [J]. 求是，2019（3）.

[11] 习近平. 在全国生态环境保护大会上的讲话 [R]. 2018.

03

历史与哲学研究

《周易》与古代天文学*

《周易·系辞传》中"易有太极，是生两仪，两仪生四象"，其内容实质是古代的宇宙发生论；《周易》中的"太极图"实质是古代的宇宙图式；《周易·乾卦》中的爻辞其内容是古代的天象记录；"十二消息卦"及《周易·系辞传》中的"筮法"均是有着"易学特色"的历法。《周易》中有着丰富的自然科学的历史材料。

一、"太极"与宇宙发生论

谈到《周易》，许多人最熟悉的一句话就是《周易·系辞传》中的"易有太极，是生两仪，两仪生四象，四象生八卦"。然而，这句话中的"太极""两仪""四象"都是什么意思，却很让人费解。

何为"太极"？"太"主要有两个含义，一是"至"，所以"太极"也即"至极"，即"最高极"；二是"阴阳未分"的混沌状态。在古代汉语中"太"与"泰"通用。孔子在解释《周易·泰卦》时说："阴阳未分曰泰"。"极"字的本义是"房屋的最高处"，即房脊。

古人观测星空发现，天上的星星都在向左旋，从而形成了"天左旋，地右旋"的概念。但是，在不断左旋的天空中有一颗星是不动的，这颗星就是"北极星"。"北极星"正位于地轴的延长线上，人们从地球上观察星空，"北极星"是不动的，而其他星星则围绕北极星旋转。于是古人认为，北极星是宇宙的中心。古人把宇宙想象为穹窿，而北极即这个穹窿的最高处，即"极"或"脊"。

---

* 作者简介：刘永成，男，北京信息科技大学马克思主义学院教授，主要研究方向为马克思主义哲学及中国传统文化。

古人将其神化，称为"太一"，或"太一神"，认为"太一神"是掌管宇宙的至高神。

《史记·天官书》中说："中宫天极星，其一明者，太一常居也。"

"中宫"即"紫微宫"，它是天上的中心区域。其余两个区域分别为"太微宫"和"天市垣"。"紫微宫"中共有两个"星团"，一是"北极星"共有五星，这就是《史记》中所说的"中宫天极星"。五星中有一星常明，古人认为天上最尊贵的神——"太一"居于此。

古人认为，北极是宇宙阴阳之源。杨泉《物理论》说："北极，天之中，……极南为太阳，极北为太阴，日、月、五星行太阴则无光，行太阳则能照，故为昏明寒暑之限极也。"

这段话的意思是：北极星团在天的正中，它的南面是"太阳区"，北面为"太阴区"。当日、月，以及金、木、水、火、土五大行星行经"太阴区"时，人们则见不到日、月及五大行星发出的光，当日、月及五大行星行经"太阳区"时，人们就可见到它们发出的光。而这就是日常生活中人们在地球上所感觉到的昏、明、寒、暑的原因。

《尔雅》中说："北极谓之北辰"，即古人又将"北极"称之为"北辰"。

《春秋合诚图》中又说："北辰，其星五，在紫微中。紫之言此也，宫之言中也，言天神运动，阴阳开闭，皆在此中也。"

这意思是说：北辰，共有五颗星，在紫微宫中。紫微宫之所以称为"紫微宫"，"紫"的意思本是"此"，"宫"的意思本是"中"；意思是"天神运动，阴阳开闭"都是源于此。

《史记·乐书》载："汉家常以正月上辛祠太一甘泉，以昏时夜祠，到明而终。"也就是说，在汉代，"太一"是人们祭祀的最高的神。正月的第一个"辛日"，皇家要在甘泉宫祭祀这个神；祭祀仪式从日落黄昏一直持续到第二天拂晓。

屈原《九歌》歌颂的第一位神"东皇太一"也是这个古代的大神。这个"北极星"，或"太极"不仅是宇宙空间的最高点，也是宇宙中时间的起点。

"易有太极，是生两仪。"所谓"两仪"即阴阳——北极星发出阴阳未分的元气，而后，这元气一分为二，分为阴阳二气。阴阳二气相互配合，形成不同的配置，即"太阴""太阳""少阴""少阳"；而一年四季的变化及阴阳冷暖的不同就是由阴阳二气不同配置形成的。其中"太阳"对应夏，"太阴"对应冬，

"少阴"对应秋、"少阳"对应春。这就是所谓的"两仪生四象"。

"四象生八卦"——"八卦"即乾、坤、震、坎、离、兑、巽、艮。其中乾为天、坤为地、震为雷、坎为水、离为火、兑为泽、巽为木、艮为山。显然这是古人的宇宙观，是古人的宇宙发生论。

二、"太极图"与古代的宇宙观

古人将太阳周年视运动的轨迹在天空背景上的投影称为"黄道"。为了观测太阳、月亮，以及五大行星的运动，古人在"黄道"周围找了二十八个星座，即"二十八星宿"。在观测天象的过程中，古人又将这二十八个星座分为东、西、南、北四组，每组七个；并将每组宿中的星星连接起来，想象为四种动物，这就是东方苍龙七宿、西方白虎七宿、南方朱雀七宿、北方玄武七宿。"玄武"的意思是龟，因为龟颜色发黑，故称为"玄"；其身上背着的壳看起来像武士的铠甲，故称为"武"。二十八星宿的名称分别为：

东方苍龙七宿——角亢氐房心尾箕；

北方玄武七宿——斗牛女虚危室壁；

西方白虎七宿——奎娄胃昴毕觜参；

南方朱雀七宿——井鬼柳星张翼轸。

一年四季太阳沿着黄道运行，穿行在二十八星宿之间，当其运行到最北端即"北回归线"时，则会折返向南运动，这个时间点就是"夏至"；当其运行到最南端即"南回归线"时，同会折返向北运动，这个时间点就是北半球的"冬至"。一年之中太阳会分别从南、北两个方向穿越天球赤道，这就是一年中的"春分"和"秋分"。

太阳沿黄道运行在二十八星宿之间，并穿越天球赤道的轨迹可用图表示如下：

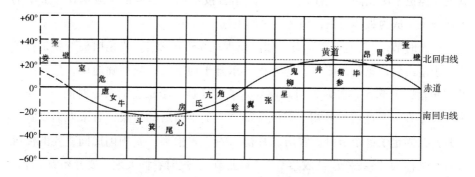

太阳在天上运动，当它穿过赤道来到天球的北半部时，北半部就是阳气为主的春天和夏天；而与之相对应的南半部则是阴气为主的秋天和冬天。反过来，南半部就是秋天和冬天，北半部就是春天和夏天。将太阳在天空的这种周期性的运动用图表示出来就是"太极图"。

太极图

"太极图"最外面的一圈就是太阳运行的轨迹或说"黄道"；黑、白两部分分别代表"天球"的南半球和北半球，古人也称为"阴道""阳道"。阴、阳的分界线就是天球的赤道。而赤道与圆周线的两个交点分别代表着春分和秋分。

而黑中有白，白中有黑的两个圆点，则代表着古人"阴中有阳""阳中有阴""阴阳互根""阴极则生阳""阳极则生阴"的辩证思想。所以，"太极图"是古人的一个"宇宙模型"，或说是太阳系的一个"模型"。

三、"乾卦"的天文学含义

中国大部分国土位于北半球中纬度地区，仰望星空，人们会发现以北极为轴，天上的星星有规律地旋转。一年之中，春、夏、秋、冬四个季节，地球围绕太阳公转在天空中所处的位置各不相同，所以，不同季节人们在地球上观察到的星体也不尽相同，这样，二十八星宿会按不同的季节依次显现在天空中的不同部位，成为观测天象，确定农时的坐标。

春天时节，"苍龙七宿"首先依次出现在东方的夜空。"龙抬头"就是在黄昏太阳落山后，龙星，即"苍龙七宿"东升于地平线，或准确地说，是龙星中的"角宿"升起。它告诉人们万物复苏了！这是一个重要的农业时间。"龙抬头"发生在一月底或二月初，应该是距今三千年前后的天象，后来人们以农历二月初二固定了这个节日。农历二月初二的"龙抬头"是中国民间重要的传统节日，又称为"春耕节""农事节""春龙节"，这时春回大地，要开始农忙了。

　　此后，龙星诸宿渐次昏见星空。龙星的运行位置向人们提示着春生、夏长、秋收、冬藏。夏天作物生长，龙星舒展于南方夜空；秋天庄稼收获，龙星于西方坠落；冬天万物闭藏，龙星潜伏于地平线下；春天农耕开始，龙星从东方再次"抬头"。如此周而复始。

　　著名学者闻一多等认为，《周易》中"乾卦"三爻的爻辞所描述的即为"龙星"在天空中出没的状况。"乾卦"以龙为喻，其六爻的爻辞分别为：

　　"初九，潜龙勿用"；

　　"九二，见龙在田"；

　　"九三，君子终日乾乾"；

　　"九四，或跃在渊，无咎"；

　　"九五，飞龙在天"；

　　"九六，亢龙有悔"；

　　"用九，见群龙无首。"

　　学者陈久金对此解释道："东方苍龙七宿，在春分黄昏时，现于东方，随季节之推移，其方位逐步向西方移动，至秋分时，隐没于西方地平下。龙卦之一爻位对应一个时节。相当于正、二、三、四、五、六、七月。"他认为，初九爻，潜龙勿用——龙星在地平线以下；九二爻，见龙在田——二月春分，龙角现于东方地平线，即"龙抬头"；九三爻，终日乾乾——龙形毕现；九四爻，或跃在渊——飞龙横亘在南北，"渊"指星空的河汉；九五爻，飞龙在天——五月夏至，初昏时苍龙在正南；九六爻及用九，亢龙有悔/见群龙无首——"亢龙"即"强龙"，"悔"即"晦"，"有悔"即"转暗"；"见群龙无首"中"群"通"尹"，又通"隐"，所以，"群龙无首"，即"隐龙无首"，即指秋分初昏，角宿二星隐没于西，不可见。龙体无首，阳气已尽，将转为阴。

四、"十二消息卦"与"周易历法"

　　中国传统用十二地支纪月，也就是用子、丑、寅、卯、辰、巳、午、未、申、酉、戌、亥代表十二个月。用十二地支纪月，起始的月份不是一月，而是上年的十一月，也就是说，"子"代表十一月，而不是一月；这与一天十二个时辰中的"子时"起始于夜半十一时正相对应。

　　除了用十二地支纪月外，《周易》中有一种用"十二消息卦"纪月的符号系统。古人认为，太极元气，始生阴阳。一年四季的变化是阴阳二气的消长造成的。而《周易》六十四卦讲的就是阴阳的消长变化，所以，古人便从《周易》六十四卦中选出十二卦来表示一年十二个月中阴阳二气的消长变化，这个纪月的符号系统就称为"十二消息卦"。

这"十二消息卦"的卦名分别是：复卦、临卦、泰卦、大壮卦、夬卦、乾卦、姤卦、遁卦、否卦、观卦、剥卦、坤卦（如下）。

复卦	临卦	泰卦	大壮卦	夬卦	乾卦
☷☳（复）	☷☱（临）	☷☰（泰）	☳☰（大壮）	☱☰（夬）	☰☰（乾）

姤卦	遁卦	否卦	观卦	剥卦	坤卦
☰☴（姤）	☰☶（遁）	☰☷（否）	☴☷（观）	☶☷（剥）	☷☷（坤）

稍微认真看一下，我们就会发现"十二消息卦"的排列规律——即从第一卦"复"到第六卦"乾"，是"阳"渐渐增加，阴渐渐减少的过程；而从第七卦"姤"到第十二卦"坤"则是"阴"渐渐增加，"阳"渐渐减少的过程。如"复卦"是"一阳下五阴上"，而"临卦"则是"二阳下四阴上"，到"泰卦"就变成了"三阳下三阴上"等。

之所以称为"十二消息卦"，其意思就是"阴与阳相消相息"——阴"消"阳叫"消"；阳"息"阴称"息"。从"复卦"至"乾卦"是阳"息"阴的过程；从"姤卦"至"坤卦"是阴"消"阳的过程。与十二地支纪月一样，用"十二消息卦"纪月，其开始的月份也是农历的"十一月"，即"复卦"代表的是十一月，后面则按顺序排列（如下）。

子	丑	寅	卯	辰	巳	午	未	申	酉	戌	亥
复	临	泰	大壮	夬	干	姤	遁	否	观	剥	坤
十一月	腊月	正月	二月	三月	四月	五月	六月	七月	八月	九月	十月
冬	冬	春	春	春	夏	夏	夏	秋	秋	秋	冬

为什么"十二地支"及"十二消息卦"纪月都从农历的十一月开始，而不是从一月开始？这是因为二十四节气中的"冬至"在十一月；而古人认为"冬至一阳生"，即自然界阳气的回升是从"冬至"开始的。

从"复"卦所处的十一月开始数到第三个月，即正月，就是"泰"卦所处的位置。这正是春天开始，万物复苏的季节——"三阳开泰"的本来含义。"三阳"的意思是"泰卦"所包含的三个"阳爻"，即到正月时，阳气的回升已从"复卦"的"一阳"，增加到了"三阳"。不过，后人因为"阳"与"羊"谐音，而且"羊"的形象更生动，所以用"羊"代替了"阳"。

"十二消息卦"的存在说明中国古代除了用十二地支表示十二个月的历法外，还有一个用《周易》十二卦代表十二个月的"《周易》历法"。

五、筮法与历法

筮法即算卦的方法。传说古代有多种"筮法"，但大多失传了，目前仅存的就是《周易·系辞传》中的筮法。其具体内容如下：

"大衍之数五十，其用四十有九；分而为二以象两；挂一以象三；揲之以四以象四时；归奇于扐以象闰。五岁而再闰，故再扐而成卦。"

"衍"即"演"，演算。"揲"即分组；扐指手指间。

这段话的大致意思是：演算的筮草数目是五十根。先取出一根不用，象征"太极"；其余一分为二，分为两组，即"分二"，象征"太极生阴阳"。然后，从左手的筮草中再取出一根不用，象征"人"。这样，两手中的筮草数目总共还剩四十八根。再将这四十八根筮草每四根为一组分组，即"揲四"。然后将两手剩下的筮草归并到一起夹在手指间不再使用，即"归奇"。如此便完成了一次演算，称为"一变"。其后，对剩下的筮草再进行两轮"分二""揲四""归奇"的演算，凑成"三变"，便可算出一个数字，记为一阴爻或一阳爻。如此经过十八变便算出六爻成一卦。

然后，筮法中所讲的"四时""闰""五岁而再闰"这些概念分明说的是一年的四季、"闰月"，以及"五年加两个闰月"的置闰的方法。这样看来，最初的"筮法"应该是一种古代的历法，只是随着时间的流逝，一些人将其迷信化，变成了算命的方法。

《周易》是中国传统文化中一部十分重要的典籍，被称为百经之首，其对中国思想史中的各家各派均有影响。同时，《周易》也被许多人简单理解为一部单纯的占筮迷信的著作。《周易》中包含着十分丰富的思想材料，不仅有着那个时代的哲学、历史学、文字学、伦理学等方面的丰富材料，也包含着古代天文学、医学、历法等自然科学的历史资料。按照"去其糟粕，取其精华"的精神，深入发掘其中的科学思想、优秀的传统文化思想，这对于实现传统文化的"创造性转化，创新性发展"，增加我们的文化自信无疑有着十分积极的意义与作用，是文化建设中的基础性工作。

参考文献：

[1] 金景芳，吕绍纲.周易全解［M］.长春：吉林大学出版社，1989.

[2] 朱伯崑.易学哲学史［M］.北京：北京大学出版社，1986.

[3] 司马迁.史记［M］.北京：中华书局，2005.

[4] 何新.易经新解.天行健［M］.北京：时事出版社，2007.

坚定文化自信，必须坚持"三个统一"*

在当前科学技术迅猛发展、社会进步日新月异的时代，怎样更好地实现文化自觉，坚定文化自信？2016年5月习近平在哲学社会科学工作座谈会上的讲话中指出："要坚持古为今用、洋为中用，融通各种资源，不断推进知识创新、理论创新、方法创新。我们要坚持不忘本来、吸收外来、面向未来，既向内看、深入研究关系国计民生的重大课题，又向外看、积极探索关系人类前途命运的重大问题；既向前看、准确判断中国特色社会主义发展趋势，又向后看、善于继承和弘扬中华优秀传统文化精华。"[1] 具体而言，要坚持以下"三个统一"，实现文化自觉，坚定文化自信。

一、坚定文化自信，必须坚持知、信、行的统一

文化自信是指人们对自己国家和民族的文化形态及其价值有清醒的认知、清楚的定位、明确的认同、充分的肯定和无条件的热爱。表现为对自己文化的礼敬与自豪；对外来文化的开放与融通；对自身文化发展前景的憧憬和对自身文化价值的笃信和坚守。对我们而言，文化自信就是对中国文化的历史形态和现代形态的认知、认同、自豪和坚守。习近平曾经对中青年干部发表关于加强理论学习的重要讲话，提出"学习理论最有效的办法是读原著、学原文、悟原理，强读强记，常学常新，往深里走、往实里走、往心里走，把自己摆进去、把职责摆进去、把工作摆进去，做到学、思、用贯通，知、信、行统一"。其实，坚定文化自信也一样，也得学习、领悟和践行，做到知、信、行统一。

* 作者简介：胡飒，女，北京信息科技大学马克思主义学院教授。
基金项目：教育部人文社科专项"大数据时代高校思想政治教育协同创新研究"，编号：17JD710009。

　　一方面，文化自信必须"博学之"和"勤悟之"。博学就是要多读书、多学习，从认知的层面广泛了解和熟悉我国优秀的传统文化、革命文化和社会主义先进文化。切实知道文化自信是"自信什么"。做到了"知"，才能"信"，才能践行。基于此，家庭、学校和社会都应该加强关于优秀传统文化、革命文化和社会主义先进文化的宣传和教育，对社会成员实现全覆盖。首先，家庭是社会的细胞，也是文化自信教育的平台和载体。习近平指出："无论时代如何变化，无论经济社会如何发展，对一个社会来说，家庭的生活依托都不可替代，家庭的社会功能都不可替代，家庭的文明作用都不可替代。""家风好，就能家道兴盛、和顺美满；家风差，难免殃及子孙、贻害社会，正所谓'积善之家，必有余庆；积不善之家，必有余殃'。"家风是一个家庭的精神内核，是社会风气的重要组成部分。要传承家训、立好家规、重视家教，以养成良好家风，帮助孩子扣好人生的第一粒扣子。其次，学校是文化自信教育的重要场所，是社会成员系统学习优秀传统文化、革命文化和社会主义先进文化的地方。学校在文化自信教育方面要有"舍我其谁"的责任担当意识。相关课程的教材和课堂的设计等充分体现对传统文化的传承、对社会主义核心价值观的弘扬。同时通过设计一系列蕴含中国文化符号的课外活动，帮助学生了解中华传统文化，理解社会主义核心价值观，增强学生的文化自觉。再次，社会也是进行文化自信教育的大课堂。比如众多新闻媒介既是传播文化知识的重要载体，同时还是引导社会舆论的风向标。在"人人都是麦克风"的自媒体时代，主流媒体应该主导社会主义核心价值观，牢牢把握社会舆论的风向标，扛起文化自信的大旗，营造文化自信的社会氛围，强化社会成员对中华文化的"知"和"信"。

　　文化需要"博学"，更需要"勤悟"、需要"参"，即慎思，择善而固执。这个过程也就是"信"。尤其是博大精深的中国文化，从"博学"到"勤悟"的历练，是中华文化内化为社会成员精神特质的必经之途。博闻强记之余，只有在丰富的社会生活实践与复杂人情世故中去感悟，才能深刻领会中华文化的真谛，也才会深信不疑。

　　另一方面，文化自信需要"笃行之"，需要践行。说一丈不如行一尺，身教重于言教。学习、了解和掌握中华文化知识，不等于实现了文化自信。文化自信更重要的体现在人们的行为方面。理论是行动的指南，没有正确的理论就没有正确的行动。学习和掌握中华文化的终极意义在于社会成员能够把优秀传统文化和社会主义核心价值观等外化为自己的行为。如果社会成员不能在社会生活实践中遵循中华文化理念，表现出对中华文化的礼敬和热爱，那再怎么"博学"也没有意义。对个体而言，应该从小进行文化自信的培育和践行，家长和学校的行为和行动是很好示范。让中华文化内化为社会个体的潜意识，进而外化为特定的思维习惯与行为习惯，彰显中华民族特有的精神基因。对学校和社会而言，要积极担当行为表率，倡导良好的社会风尚。对国家而言，要"走出去"，这也是坚定文化自信的一个重要路径。我们要加强对外宣传，向世界推介中国优秀文化。在传播中国声音、讲述中国故事、提供中国方案的过程中，提升中国的国际影响力，展现中国自信之姿态。2016 年年底习近平在致中国国际电视台开播的贺信中指出："讲好中国故事、传播好中国声音，让世界认识一个立体多彩的中国，展示中国作为世界和平的建设者、全球发展的贡献者、国际秩序的维护者良好形象，为推动建设人类命运共同体作出贡献。"这是国家层面的文化自信打开的正确模式。

总的来说，文化自信必须坚持知、信、行的统一，不能截然分开。明朝思想家王守仁认为"知是行的主意，行是知的功夫；知是行之始，行是知之成"。知中有行，行中有知，知行合一，二者互为表里，不可分离。如果熟知中华文化知识，但是在实践中不能体现和遵循，那不算真知，当然也不是自信的表现。如果在实践中体现出对中华文化的自豪和礼敬，无论是自觉还是不自觉，那一定是"真知"和"真信"在指导实践。

二、坚定文化自信，必须坚持民族性和多样性的统一

文化自信一定是"不忘本来"的自信。习近平多次强调要用马克思主义观点对待中华民族优秀文化，指出"不忘本来才能开辟未来，善于继承才能更好创新"。[2]

首先，历史是很好的营养剂，要充分继承中华民族优秀文化。正如习近平所说："中华文明有着 5000 多年的悠久历史，是中华民族自强不息、发展壮大的强大精神力量。我们的同胞无论生活在哪里，身上都有鲜明的中华文化烙印，中华文化是中华儿女共同的精神基因。"[3]中华文化"对形成和维护中国团结统一的政治局面，对形成和巩固中国多民族和合一体的大家庭，对形成和丰富中华民族精神，对激励中华儿女维护民族独立、反抗外来侵略，对推动中国社会发展进步、促进中国社会利益和社会关系平衡，都发挥了十分重要的作用"。[4]中华优秀传统文化"已经成为中华民族的基因，植根在中国人内心，潜移默化

影响着中国人的思想方式和行为方式。今天，我们提倡和弘扬社会主义核心价值观，必须从中汲取丰富营养，否则就不会有生命力和影响力"。[5]革命文化是我们党的宝贵精神财富和优良传统，是共产党人永保强大生命力的独特基因，是治国理政的力量之源。以社会主义核心价值体系为核心内容的社会主义先进文化是中国特色社会主义建设和发展的性质和方向保证。是国家文化软实力建设的核心内容，是凝聚全党全国各族人民的精神力量。总之，文化自信首先要对我国历史和传统文化有深入的认知和了解，要认真而充分地汲取中华优秀文化的思想精华。

但是，历史也是最好的清醒剂，我们要科学辩证地对待中华民族优秀文化。习近平运用唯物辩证法基本原理，为我们学习和继承优秀中华文化提供了科学的观点和方法。概括起来说就是，"要坚持古为今用、以古鉴今，坚持有鉴别的对待、有扬弃的继承，而不能搞厚古薄今、以古非今，努力实现传统文化的创造性转化、创新性发展，使之与现实文化相融相通，共同服务以文化人的时代任务。"[6]既不能因为重要而全盘照搬，也不能因为瑕疵而全盘否定。同时，反对文化自卑和文化自负；反对历史虚无主义和文化虚无主义。习近平指出："我们共产党人是坚定的马克思主义者，我们党的指导思想就是马克思列宁主义、毛泽东思想和中国特色社会主义理论体系。同时，我们不是历史虚无主义者，不能数典忘祖、妄自菲薄。"[7]历史虚无主义打着重新解读历史或者学术研究的幌子，通过丑化和否定革命历史、革命领袖和道德楷模，实现其隐藏的政治诉求，即否定我国的社会主义道路，否定马克思主义的指导地位，进而否定中国共产党执政合法性，具有非常严重的危害。历史虚无主义必然导致文化虚无主义，进而导致对国家和民族的根的否定，也就割断了国家和民族的精神命脉。习近平曾经深刻指出："国内外敌对势力往往就是拿中国革命史、新中国历史来做文章，竭尽攻击、丑化、污蔑之能事，根本目的就是要搞乱人心，煽动推翻中国共产党的领导和我国社会主义制度。苏联为什么解体？苏共为什么垮台？一个重要原因就是意识形态领域的斗争十分激烈，全面否定了苏联历史、苏共历史，否定列宁，否定斯大林，搞历史虚无主义，思想搞乱了，各级党组织几乎没任何作用了，军队都不在党的领导之下了。"[8]中华民族文化绵长而厚重，必须科学理性地对待，取其精华，去其糟粕，在继承中发展，在发展中继承。

其次，用包容和借鉴的态度对待世界文化的多样性。马克思主义认为世界是一个普遍联系的整体。众多国家和民族在这个整体中相互影响、相互制约，在竞争中学习，在学习中相互包容和借鉴，从而形成了旖旎多姿的世界文化。几千年的人类文明史就是在各种文明交流交融中形成的。如何对待不同国家和民族的文明？早在 1940 年毛泽东在《新民主主义论》中就深刻指出，中国应该大量吸收外国的进步文化，作为自己文化食粮的原料，这种工作过去还做得很不够。毛泽东的观点明确了对待外来文化的态度。习近平也认为，"对人类社会创造的各种文明，无论是古代的中华文明、希腊文明、罗马文明、埃及文明、两河文明、印度文明等，还是现在的亚洲文明、非洲文明、欧洲文明、美洲文明、大洋洲文明等，我们都应该采取学习借鉴的态度，都应该积极吸纳其中的有益成分，使人类创造的一切文明中的优秀文化基因与当代文化相适应、与现代社会相协调，把跨越时空、超越国度、富有永恒魅力、具有当代价值的优秀文化精神弘扬起来。"[9]

具体来说就是"维护""尊重"和"借鉴"，明确坚持多样性和包容性的原则。其一，维护世界文明的多样性。世界是多样性的统一，"物之不齐，物之情也"。多样性是世界生命力的保障，"和实生物，同则不继"，所以要"尚和去同"。和而不同是一切事物发生发展的规律。世界文明的状态也同此理，每个国家和民族基于各自独特的背景和环境，形成富有特点的文明，这是客观存在的事实。维护文明的独特性和文化的多样性，也就是在维护人类的明天和未来。其二，尊重各国各民族文明。不同国家的文化都是百花园里的芬芳，没有高低优劣之分，对外来文化的尊重是人类作为智慧生命应该具备的情感表达，是对各国文明的尊重，是对民族之魂的敬畏和爱戴。其三，正确进行文明学习借鉴。"文明因交流而多彩，文明因互鉴而丰富。任何一种文明，不管它产生于哪个国家、哪个民族的社会土壤之中，都是流动的、开放的。"[10]正是在流动、开放和交融中，建构各民族文化体系，彰显本国和民族的文化自信。当然，学习和借鉴不能囫囵吞枣，也不能莫衷一是、反对全盘西化和盲目排外。尽管我国现在是世界第二大经济体，经济建设取得了巨大成就，但是基于历史的原因，相较于盲目排外，现阶段国人的崇洋媚外心理更为严重些。一些人认为"国外的月亮比中国的圆"，研究方法、学术范畴和思想理念都以人家的为"圭臬""准绳"，中国风格不够气派，中国声音不够响亮。一些人在强大的西方文化冲击面前迷失了方向，失去了文化定力，陷入了文化的不自信。对此，习近平告诫说："我们要虚心学习借鉴人类社会创造的一切文明成果，但我们不能数典忘祖，不能照抄照搬别国的发展模式，也绝不会接受任何外国颐指气使的说教。"[11]强调在文化互动和文化交流中保持文化自觉和文化定力。

总之，"进行文明相互学习借鉴，要坚持从本国本民族实际出发，坚持取长补短、择善而从，讲求兼收并蓄，但兼收并蓄不是囫囵吞枣、莫衷一是，而是要去粗取精、去伪存真"。[12]以理性、宽容和开放的心态对待外来文化，不狂热也不偏执，坚持"各美其美，美人之美，美美与共，天下大同"。

三、坚定文化自信，必须坚持继承和创新的统一

不忘本来——继承优秀中华文化，吸收外来——学习借鉴国外先进文化成果，两者的共同目的是为了坚定文化自信，走向文化自强；是为了今天的强大，更是为了未来的美好。为此，我们必须在继承中创新，在创新中发展。第一，旗帜鲜明地坚持马克思主义的指导，弘扬社会主义核心价值观，反对妄自菲薄和文化自卑。这是坚持中国特色社会主义道路自信、理论自信、制度自信，特别是文化自信的基本依循。习近平在文艺工作座谈会上深刻指出，如果"跟在别人后面亦步亦趋、东施效颦，热衷于'去思想化''去价值化''去历史化''去中国化''去主流化'那一套，绝对是没有前途的！"[13]第二，深入阐发中华文化精髓，贯穿国民教育始终。深入研究阐释中华文化的历史渊源、发展脉络、基本走向，阐明中华优秀文化对当代中国马克思主义和建设中国特色社会主义事业的重要意义。围绕立德树人根本任务，把中华优秀文化全方位融入各种教育类别和各种教育阶段。第三，坚持"双创"原则，即坚持创造性转化和创新性发展。2014年2月，习近平在主持十八届中央政治局第十三次集体学习时指出，弘扬中华优秀传统文化，"要处理好继承和创造性发展的关系，重点做好创造性转化和创新性发展"。"创造性转化，就是要按照时代特点和要求，对那些至今仍有借鉴价值的内涵和陈旧的表现形式加以改造，赋予其新的时代内涵和现代表达形式，激活其生命力。创新性发展，就是要按照时代的新进步新进展，对中华优秀传统文化的内涵加以补充、拓展、完善，增强其影响力和感召力。"[14]习近平强调："中华民族创造了具有5000多年悠久历史的辉煌文明，我们应该在这个基础上继续创造。"[15]要结合时代背景加以继承和发扬，赋予其新的涵义和价值解读，以喜闻乐见的方式，"让收藏在禁宫里的文物、在广阔大地上的遗产、书写在古籍里的文字都活起来"。[16]第四，加强对外宣传工作，提高中国文化的国际影响力。习近平曾经在文艺工作座谈会上感叹好莱坞拍摄的一些大片素材源于我国文化，却为美国好莱坞赢得了世界声誉。我们有很棒的

文化素材，但是拙于包装和推广。所以需要探索中华文化国际传播与交流新模式，综合运用大众传播、群体传播、人际传播等方式，构建全方位、多层次、宽领域的中华文化传播格局。

参考文献：

[1] 习近平．在哲学社会科学工作座谈会上的讲话 [N]．人民日报，2016 – 05 – 19.

[2] [8] [14] [16] 习近平总书记系列重要讲话读本 [M]．北京：人民出版社，2016.

[3] 习近平会见第七届世界华侨华人社团联谊大会代表 [N]．人民日报，2014 – 06 – 07.

[4] [6] [9] [10] [12] 习近平．在纪念孔子诞辰 2565 周年国际学术研讨会暨国际儒学联合会第五届会员大会开幕会上的讲话 [N]．人民日报，2014 – 09 – 25.

[5] 习近平．青年要自觉践行社会主义核心价值观——在北京大学师生座谈会上的讲话 [N]．人民日报，2014 – 05 – 05.

[7] 习近平主持中央政治局集体学习时强调历史是最好的老师 [N]．人民日报（海外版），2014 – 10 – 14.

[11] 习近平：在纪念毛泽东同志诞辰 120 周年座谈会上的讲话 [N]．人民日报，2013 – 12 – 27.

[13] 习近平．在文艺工作座谈会上的讲话 [N]．人民日报，2015 – 10 – 15.

[15] 习近平．在纪念邓小平同志诞辰 110 周年座谈会上的讲话 [N]．人民日报，2014 – 08 – 21.

长征路上的激昂乐章

——红二方面军的长征诗歌宣传*

长征时期，中国共产党领导的红二方面军在行军中创作了大量振奋人心、积极乐观的诗歌，充分发挥了宣传动员、团结教育的作用，使诗歌成为红军提高战斗力、克服困难、争取胜利的有力武器。研究和探讨当年红二方面军的长征诗歌宣传，有利于我们更加深入了解和掌握红军的长征史，进一步推动中国工农红军长征史的研究进展。

艺术宣传是中国共产党政治工作和文化工作的重要一环。诗歌是艺术宣传的重要内容。长征时期，正是振奋人心、令人斗志激昂的诗歌宣传，给了雪山草地行军中的红二方面军继续战斗的希望，让他们有信心战胜任何困难，发扬艰苦奋斗、积极乐观的精神，让他们能够勇往直前、拼搏到底，最终取得长征的胜利。也正是这些诗歌，拉近了红军与百姓之间的距离，体现出军民之间深厚的革命友谊。这些诗歌的主创者有红军各级将士，还有沿途的人民群众。诗歌内容丰富，非常具有生动性和感染力，形式多样，不仅有传统的诗歌，还有快板诗。红二方面军的这些诗歌成为了红军长征路上不可缺少的一部分。

一、英勇无畏赴战场，雄狮凯歌绘新篇

1935 年 11 月，刘家坪会议做出了红二、红六军团实行战略转移的重大决

＊ 作者简介：王欣媛，女，北京信息科技大学马克思主义学院讲师，主要研究方向为中共党史。

基金项目：2017 年北京信息科技大学"勤信人才"培育计划项目"长征沿线红色文化遗产的宣传、保护与开发"，项目号：QXTCPC201708。

定。漫漫长征路，红军指战员和战士在途中勇往直前，创作诗歌，相互鼓励。长路迢递，萧克在转战湘、黔的行军途中，先后写下《声东击西》《大战将军山（二首）》，反映了红军欲往黔东、先向湘中，跳出包围圈，调动敌人，打乱其部署的"神来之笔"，以及为保卫黔西根据地在将军山阻击敌万耀煌、郝梦龄纵队的"战场写真"。其中，《声东击西》是这样描写的："横断澧水与沅江，红旗猎猎耀三湘。声东击西行千里，戴月披星走夜郎。"[1]《大战将军山（二首）》则写道："新场返辔将军山，歼敌前锋指顾间。横扫黔中新奏凯，临风把酒角声阑。将军山下槌金鼓，处女门前敌自纷。蓦地迅雷飞弹雨，将军山上立将军。"[1]

1936年4月，国民党的军用飞机沿宾川、大理、剑川、丽江一带侦察。蒋介石调兵遣将，妄图围歼红二、六军团于金沙江边。石鼓渡口浪急滩险，素有"万里长江第一湾"之称，红军先头部队依靠仅有的一条渡船控制对岸滩头，主力到达后，又分别找到七条渡船并扎好一批竹筏以备渡江，正是"前得轻舟喜欲狂"。为了争取渡江先机，红二、六军团先遣队于4月25日从丽江迅速抵达石鼓，乘朦胧夜色过江，占领了对岸渡口。在当地群众的热情支持下，全军1.7万余人用了三天三夜的时间在石鼓、巨甸间胜利地渡过了金沙江。红军将士李真为此写了《金沙江慢》一诗以示庆祝："风淅淅，马萧萧。长驱百里，敌我强行争分秒。排空银浪舞玉龙，半江松影石鼓敲。风乍定，寒如有意，水花银浪玉骢骄。饿虎哮，狐鼠嚣。痴人说梦，妄图重陷翼王道。昨宵火把映旌旗，东风水浪回征棹。西行急，神兵天降，银山雪水下天焱。"[1]这首诗，艺术地再现了红二、六军团抢渡金沙江北上的动人情景。渡江前，敌我双方"强行争分秒"。正如后来李真在另一首诗中所写："打着雨伞，我走在陡崖小路上。炸雷般的炮声在催促，汗水搅着雨水流淌……追兵如饿狼扑食。"由此可见当时的情形何等危急。当红军战士们奔赴金沙江渡口时，只见雪山横空，江水滔滔。李真将红军渡江的英姿描绘成"昨宵火把映旌旗，东风水浪回征棹"。[1]

红二、六军团渡过金沙江后，沿着玉龙雪山西麓前进。"西行急"，如"神兵天降，银山雪水下天焱"。红军将领萧克渡金沙江后写诗一首《过金沙江》："盘江三月燧烽飓，铁马西驰调敌忙。炮火横飞普渡水，红旗直指金沙江。后闻鼙鼓诚为虑，前得轻舟喜欲狂。遥望玉龙舒鳞甲，会师康藏北飞疆。"[1]这首诗的内容是指红二、红六军团接到中革军委的北上命令后，在贵州盘县召开会议，从中国革命大局出发，一路向西，在滇中与敌激战。红军首次渡普渡河失利，为甩开尾追的滇军（敌军）孙渡部，直指昆明，示之以"攻其所必救"之形，迫敌回防。尔后，红军兵锋一转，从富民等地渡过普渡河，直奔滇西，再次甩开滇军，前方路上只剩防守薄弱的金沙江。诗人文字写意恢宏的背后，实则是千钧一发、险象环生，靠的是游击战与运动战相结合的指挥艺术，以及战士的英勇顽强、百折不挠。渡过普渡河后，红军仍面临"敌人以十数倍于我之兵力前堵后追。上有敌机轰炸侦察，下有民团骚扰"的局面，担负军事指挥任务的萧克自然是"后闻鼙鼓诚为虑"。为抢渡金沙江，只有安全渡过金沙江，才让萧克真正松了一口气。渡江后，红二、红六军团向北追寻红四方面军，"会师康藏北飞缰"。两军协同北上，完成长征壮举，为中国革命翻开崭新的篇章。

战胜草地后，红二方面军继续北进，翻越岷山，到达甘肃省的哈达铺，稍作休整后，又向党中央所在地前进。这时，红军的士气分外高涨。将士李真豪情满怀，写下《渔家傲·过岷山》一词："白马乘空浮云涨，红军战士不惆怅，爬冰滚雪迎疬瘴。步步上，踩下岷山北国望。风尘洗炼行万里，镰斧旗下人精壮，眼看北斗心更亮。高声唱，二、四雄师齐北上。"[1]这首词，把绵延雪山喻为"白马乘空"，浮云在山间腾升。然而，英勇无畏的红军指战员爬冰卧雪，奋勇登攀，豪迈地把巍巍岷山踩在脚下。他们登临远眺，心潮激荡。回顾万里征程，历尽艰难，千锤百炼，在党的红旗指引下分外坚强。在即将与党中央会合之际，二、四方面军的将士们心中更觉明亮。他们高唱战歌前进着，决心团结在以毛泽东为核心的党中央周围。

1936 年 10 月，红军第一、二、四方面军在甘肃会宁、静宁地区会师。举世闻名的二万五千里长征胜利结束。这使中国革命从此走出困境，开辟了革命的新局面。李真以无比激动的心情，回顾三军会师前后的战斗历程，写下了气势磅礴的词章《沁园春·会师》："初夏渡泸，姿弄玉龙，无际银涛。看长驱数载，方伸壮志，擒龙伏虎，屡试弓刀。西去东来，胸燃怒火，欲把冰山尽化销。马蹄急，任跨山涉水，千里迢迢。红旗万杆风飘，正爽气朝来破路遥。值穿云逐雾，气吞牛斗，迎风荡雪，直捣敌巢。义聚红军，千锤百炼，北国疆场斩寇妖。从今起，会师三路，荟萃英豪。"[1]这首词，上阕中的"泸"字，是指金沙江，"玉龙"是指玉龙雪山。李真从红二、六军团北渡金沙江写起，回首"数载"万里征程，沿途"擒龙伏虎，屡试弓刀"，"跨山涉水，千里迢迢"，指战员们同仇敌忾，转战东西，不畏艰辛，奋勇杀敌，终于打破了国民党军队的围追堵截，实现了战略大转移。"马蹄急"三字，既道出了红军执行北上抗日命令的迫切心情，也道出了红二、四方面军实现与红一方面军会师的坚强决心。词的下阕主要写三个方面军胜利会师的情景。"红旗万杆风飘"，形象地写出了三军会师的壮观场面；"气吞牛斗"，写出了三军将士的豪迈气概；"义聚红军，千锤百炼，北国疆场斩寇妖"，写明了经过长征艰苦磨炼的红军将士，将奔赴西北战场，成为抗日救亡的主要力量；"从今起，会师三路，荟萃英豪"，指明了胜利会合的三支红军主力部队，将成为中国革命力量的中坚和革命发展的基础。这首壮美词章，艺术地概括了红军长征的伟大历程，生动地阐述了红军长征的历史意义。

二、雪山草地乐观行，艰苦奋斗志更坚

长征途中，爬雪山、过草地是红军最艰苦的挑战。李真赋诗《长征·急行军》："日夜兼程睡意浓，梦中呼唤杀敌勇。荒山霪雨草蛇多，猛然身惊千万重。滑坡胜似秋千荡，失足险堕深潭中。素关汉水从头越，楚泽万千云雾浓。功劳何足挂齿论，一枕兴亡忧无穷。"[1]这首诗真实地描写了红军长征过草地时的艰辛和悲壮。在草地里行军，看不到人烟，看不到树林，甚至连飞鸟也很难看到。对此，红军的一首歌谣写道："川康青边大草原，千里茫茫无人烟。风霜雨雪日夜下，沼泽泥泞漫无边。天上没有鸟儿过，地上不见虫儿前。红军今天由此过，山水草木一片欢！"[1]可以说，过草地的时候红军战士体力消耗最大、物质生活最艰苦。可是红军战士都有那么一股子乐观主义精神。一提到草地，真叫人全身起鸡皮疙瘩。水草地表面上长着三四寸高的绿油油的野草，人在上面走就像踩在弹簧上一样。草皮下面就是很黏很深的污泥，如果不小心陷下去，就会越陷越深，再也爬不出来。在上面走动，一旦发现草皮松动就要停住脚，另选地方探着走。不少人为探路付出了生命。草地里的黑泥污水还有毒，皮肤破了，沾上黑泥污水就会发炎溃烂。有的人因为蚊虫叮咬抓破了皮，不小心被污水感染，无法治愈牺牲。生活更艰难，能拔到野菜吃就算不错了。可是在红军眼里，这些困难都算不了什么。

为了鼓励红军将士走出草地，老红军刘福汉作快板诗一首："草地长来草地宽，草地里面好风光。有时热来有时凉，红军战士铁打汉。不怕冻来不怕寒，大风大雨无阻挡。野草遍地长，野花遍地香。红军战士过草地，全军上下没有粮。野草野菜牛皮草，树皮草根当干粮。吃饱肚子打胜仗，红军战士美名扬。"[2]没有粮食吃的20多天里，红军战士的情绪依然很饱满，这就是红军，打

不垮、托不散，叮当响的革命精神，就是艰苦奋斗、英勇顽强的革命乐观主义精神。还有红军将士编出了赞扬小铜锅的小快板诗："小小铜锅真正好，它为我们服务真不少，烧水煮饭离不了。煮青稞、炒麦花，洗脸洗脚又洗澡。炒菜烙饼煮面条，行军作战又成咱们的钢盔帽，晚上睡觉还可当靠枕。你说铜锅好不好？好好好！妙妙妙！"[2]

1936 年 7 月初，红二、六军团在四川甘孜与红四方面军胜利会师后，遂即组成红二方面军，在红四方面军的左纵队之后跟进穿越百里草地。过草地是红军长征途中最为艰苦的历程。李真作了《咏怀草地》一诗，真实记录了穿越茫茫草地的艰辛："咫尺冰雹远红霞，长川水草无人家。夕阳黄昏金蛇舞，满营篝火自煮茶。人语马啸西风劲，露洗湿衣成冰瓜。野草充腹腿脚肿，风露当饮脸布瑕。倭寇侵华吞辽燕，志士悲欢忆松花。万里行军戈相随，争当英雄不须夸。"[1]草地的环境是异常恶劣的，只有当年踏过这片草地的红军，才能真正体会到。然而，红军将士在过草地时，心中想的不是个人的安危，而是日寇对我东北、华北的侵略。他们万里转战，枕戈达旦，为的就是北上抗日，争当拯救中华民族的英雄。

红军在爬雪山时留下了多首鼓动诗，比如爬玉龙雪山时写道："玉龙山，高又大，蓝天夹在腋窝下。在此横站万千年，谁敢前来碰碰它。玉龙山，不可怕，红旗直往顶上插。龙公龙母真听话，乖乖卧在红军脚板下。玉龙山，再见吧，恕不在此久留啦。全国革命胜利后，再来陪你'扯闲话'。"[1]当红二方面军走到天下长江第一湾的玉龙山下时，大约走了长征一半的路程。从这里开始，一直到甘肃南部的岷山北麓，整整四个月的时间里，他们看来好像是在一个天上无飞机、地下无追兵的太平世界旅行。但是，这段时间却是长征中格外艰难的征途。红军所付出的生命代价，至少是总数的二分之一。登上玉龙雪山，进入一个非凡的天地，这里是个幽深而渺茫的神秘世界，到处是数百里见不到人烟的荒山野岭、原始森林或皑皑白雪。在这样的环境长征，比起那炮火连天的征途艰难得多，险恶得多，但又丰富多彩得多。红军那种藐视困难和所向无敌的精神，在这段征途上更能显示出来，可以说他们阅尽人间"春色"。

红二方面军在翻越哈巴雪山时，李真写了《过哈巴雪山》一诗："百洞寒袭絮纷飞，猛雪飘落换银衣。草鞋连踝陷三尺，飕飕刺骨寒风厉。弓月西挂茫茫夜，饥冷攻齿发故疾。忆愤无悔征万里，壮怀远志今古稀。"[1]诗歌《过大雪山》更是反映出红军将士积极乐观、艰苦奋斗的革命精神。"大雪山，不算大，最高不过七十八，——算个啥！同志们，比赛吧，看谁最先登上它，——顶呱呱！看白军，已抓瞎，金沙江边学狗爬，——没办法。蒋介石，回去吧，送来的礼物全收下，——多谢啦！"[3]

三、各族人民爱红军，军民鱼水话真情

人民群众是历史的创造者，更是革命的重要支持者和参与者。只有团结群众，获得群众的支持与拥护，党和红军才能战无不胜，取得长征的胜利。长征途中，红二方面不仅要进行军事战斗，还不忘进行宣传工作。在红军的宣传下，长征沿线地区的群众都认识到红军是一支纪律严明、值得信任的军队，红军才是他们的救星。很多群众纷纷加入红军，人民百姓为红军提供了巨大的帮助，比如帮着红军修浮桥、医治照顾伤员、为红军带路、提供粮食等。红军离开后，广大群众把对红军的思念编成了诗歌，日日期盼红军早日胜利归来。

1936 年 1 月 8 日，红二方面军进入岑巩地区。红军每到一地，首先进行调查研究，了解到当地恶霸王行仁常年欺压百姓，强令百姓在羊桥街头修筑碉堡，阻挡红军。但是碉堡尚未修好，红军就已到达岑巩。红军了解民情后积极发动群众，打击土豪劣绅，并将土豪劣绅的粮食分给贫困农民。当地群众都把红军看作自己的救星。红军还处决了当地的土豪劣绅，为群众除害。群众特地编了一首诗赞誉红军："红军行动真如神，昨天还在龙溪口，今天就到岑巩第。行仁派人筑碉堡，碉未筑好红军到。鸣枪数十进钟灵，土豪劣绅无处逃。"[4]红二方面军长征经过苗寨时，赢得了苗族群众的大力支持。有的苗族群众冒着生命危险，收留和掩护红军伤病员。在苗族同胞的悉心照料下，红军伤员很快痊愈归队。红军走后，国民党和地方豪绅又恢复了残酷的统治，但红军播下的革命种子已在苗族同胞的心中深深扎根。苗族同胞充满信心地写下诗歌："穿起草鞋踏刺窝，再苦几年算什么？盼到红军回来后，分田分地又分屋。有吃有穿好生活，心焦难过干什么！"[5]由此表达苗族人民对光明的期盼和对革命必胜的坚定信念。

长征沿途百姓创作的诗歌中有反映群众歌颂红军、愿意积极加入红军、投身革命工作的，比如《唱红军》是这样写的："正月里来是新春，加入红军最光荣，红军就是工农兵，热情革命为穷人。二月里来暖洋洋，贺龙家住洪家关，一把菜刀闹革命，为着穷人把身翻。三月里来是清明，贺龙将军正招兵，穷人妇女觉悟高，做鞋做袜送亲人。四月里来麦子黄，红军次次打胜仗，贺龙摆下空城计，向子云匪兵歼灭光。五月里来是端阳，敌人退却红军赶，红军勇敢向

前杀，向子云淹死河中间。六月里来大太阳，敌人进退两头难，红军晚上把营摸，要捉敌人周团长。七月里来七月七，碰到敌人不客气，努力前进不退缩，头颅可断志不移。八月里来八月中，红军八面显威风，敌人一见丧了胆，丢枪逃避狗性命。九月里来是重阳，红军到处受欢迎，打倒土豪分田地，有吃有穿喜洋洋。十月里来小阳春，红旗插遍每个村，成立政府苏维埃，穷人当家做主人。冬月里来天气寒，红军不怕苦和难，英勇奋斗杀敌人，百战百胜把名扬。腊月里来雪纷纷，红菊决定要长征，贺龙将军来领队，连路战火包打胜。"[1]

纳西族诗歌《红旗满天舞》描写的是 1936 年 4 月下旬，贺龙率领二六军团到达云南丽江的石鼓地区，渡过金沙江。木天王为纳西族历代的统治者，相传此地为纳西族木天王的统治地，元代忽必烈曾从此地渡过金沙江，完成对南宋的保卫歼灭战役。词的具体内容如下："贺龙敲石鼓，红旗满天舞，天兵飞渡金沙江，嘲笑当年元世祖。纳西穷人见太阳，不管那'木天王'府。龙云队伍像豆渣，夹尾逃窜像灰鼠，纳西人跟着闹革命，管理江山来作主。"[1]

描写群众不舍红军离开的诗歌包括《八送红军》。歌词如下："一送红军过沅江，木船来往渡送忙，一对金鲤跳进船，煮碗鱼汤红军尝，红军喝了打胜仗。二送红军到溆浦，满山桔子红橙橙，摘篮桔子送红军，一颗桔子一颗心——穷人不忘红军恩。三送红军到新化，满山遍野开鲜花，花不逢春花不发，红军一到百花开——红军功高把花戴。四送红军进蓝田，穷人发誓把话言：海枯石烂不变心，万众永跟共产党——革命一定要成功。五送红军到洞口，平溪河水滔滔流，清清河水酿美酒，红军喝了精神足——行军如飞天下走。六送红军过雪峰，五彩凤凰飞满山。山前山后高高飞，要为红军探敌情——保护红军多平安。七送红军到芷江，飞来红叶几十张，话儿写在红叶上，穷人留着壮胆量——敌后战斗有方向。八送红军到晃城，前面就是贵州境，含泪道别把话说，百战百胜祝红军——早日胜利定乾坤。"[1]

湘西土家族通过诗歌《十二个月唱红军》，歌颂了红军的英勇，表达了对红军的思念与深情。具体内容如下："正月里，闹新春，家家户户邀红军，喝杯翻身团年酒，再耍狮舞和龙灯。二月里，是清明，土家姑娘织土锦，织个百凤朝太阳，送给红军表衷情。三月里，桃花红，红军个个是英雄，永顺城里打一仗，杀得白军喊爹娘。四月里，忙插秧，红军犁田很在行，土家人民子弟兵，群众利益记心上。五月里，是端阳，贺龙将军回永、桑，成立工农苏维埃，红色政权象太阳。六月里，分口粮，地主恶霸见阎王，土家不再吃苦蕨，当家作主乐无疆。七月里，早禾黄，红军抗日往北上，老少拖着不肯放，送过一山又一岗。八月里，一片金，红军辛劳去长征，要救民族脱苦难，要救人民出火坑。九月里，是重阳，国民党杀人好疯狂，不去前方把日抗，后方屠杀共产党。十月里，立了冬，白军劣绅又上台，如狼似虎喝人血，土家如禾遭旱灾。冬月里，落大雪，白军捐款催粮财，肚子填着树木叶，挑着血泪进城街。腊月里，登高望，红军勇猛战沙场，盼星星，盼月亮，盼望红军早回乡。"[1]

1936 年 7 月中旬，红二、四方面军甘孜会师后继续北上，甘孜的藏族同胞依依不舍。他们说红军真好，不舍得红军离开。他们写了诗歌《布谷鸟走后》："布谷鸟走后，柳树空了一半，柳树空了一半我不心焦，我心焦布谷鸟走了。红军走后，寨子空了一半，寨子空了一半我不心焦，我心焦红军走了。"[1]类似的还有藏族民歌《我的家乡在柳树林中》："我的家乡在柳树林中，看到柳树发绿就想起我的家乡。我的朋友贺龙像太阳，看见了太阳就想起了贺龙。"[1]红军北上后，国民党和反动土司头人卷土重来。格达活佛在念经诵文的同时，常常写诗作词，以寄托对红军的怀念之情："云雨出现在天空，红旗布满了大地。未见过如此细雨，最后降遍大地。啊，红军，红军！今朝离去，何日再归。啊，红军，红军！藏族人民的亲人。为了祖国的统一，你们历尽艰辛。愿佛主保佑你们，盼你们早日归回。"[6]格达活佛的诗歌表达了他对红军深深的怀念之情。

四、结语

长征时期，红二方面军在恶劣的环境下艰难前行。他们没有强大的武器装备，时刻要面临物资的短缺和敌人的疯狂进攻。即便如此，他们依然没有退缩，反而继续勇往直前。他们拥有人民群众的大力支持，他们还有坚定不移的革命信念。红二方面军的诗歌宣传时刻体现出红军坚定的革命信念、不怕困难、战斗到底的革命精神以及军民深厚的鱼水情。这些振奋人心、斗志激昂的诗歌，为红二方面军实现长征的胜利提供了重要的动力。

参考文献：

[1] 李安葆. 长征诗歌选 [M]. 北京：北京出版社，1982.

[2] 中共祥云县委党史征集研究室. 红军长征过祥云 [M]. 大理：中共祥云县委党史征集研究室，1991.

[3] 中国人民解放军文艺史料编辑部. 中国人民解放军文艺史料选编红军

时期》（上册）[M].北京：解放军出版社，1986.

[4] 中共黔东南党史资料征集办公室.红军在黔东南 [M].贵阳：中共黔东南州委党史资料征集办公室，1985.

[5] 方素梅，周竞红.播种之旅——红军长征与少数民族 [M].北京：民族出版社，2006.

[6] 苗晓平.永恒情谊——长征与少数民族 [M].北京：中共党史出版社，2006.

荀子论儒家修学的三个次第[*]

  人性完善是儒家修身的内在目的，作为实践之学的儒学，完成个人内在人性的修养是有内在次第的。在荀子看来，人生有小人、士、君子、圣人四个层次，当小人笃信于道并修行之，就可以达至士的层次，以此类推，就可以实现圣人的最高境界。荀子将每一层次的特点描绘得很清楚，依据这些标准，依次修行，就是修身的过程，更是成人的过程。

  修身是儒学的起点，也是儒学的核心，因为儒学不仅仅是知识之学，更是实践之学。杜维明说："儒学从一开始就以修身为出发点。儒家相信，人性通过自身努力可得以完善，这就为将修身当作学的一个项目提供了动力。"[1]人性的完善是就儒家修身的内在目的而言的，此内在完善体现在外就是修身。依《大学》所言，儒家的修学大致可分为内外两层：格物、致知、诚意、正心是为内，修身、齐家、治国、平天下是为外。若以两阶段划分的话，格物至修身为一层，是个人修养的完成；齐家至平天下为一层，是由己而及人。儒家的修学是实践之学，有其既定的程序，借用佛家的话说是次第。此实践的次第，在先秦儒家中，孔孟虽亦有论及，但以荀卿所论为最有系统。牟复礼说："我更倾向于将荀子的立场看法视作早期儒学的标准，而以孟子的观点为变态。"[2]此语虽是一家之言，但由此亦可见荀卿所论之重要。此文就荀卿所论修学次第略谈管见，以期求证。

  在荀子看来，人生有四个层次，或称境界。

---

 * 作者简介：李伟哲，女，北京信息科技大学马克思主义学院讲师，主要研究方向为伦理学史、思想政治教育。
  梁瑞强，男，山西戏剧职业学院教师，主要研究方向为传统史学。

《修身篇》曰："好法而行，士也；笃志而体，君子也；齐明而不竭，圣人也。"[2]《非十二子篇》曰："多言而类，圣人也；少言而法，君子也；多少无法而流湎然，虽辩，小人也。"[2]《儒效篇》曰："行之，曰士也；敦慕焉，君子也；知之，圣人也。"[2]《解蔽篇》曰："向是而务，士也；类是而几，君子也；知之，圣人也。"[2]

由引文可知，人生的四个层次分别是小人、士、君子、圣人。小人是人生而本有的状态，有时也称为众人或俗人，不需学修就可达到。《儒效篇》："志不免于曲私，而冀人以己为公也。行不免于污漫，而冀人之以己为修也。甚愚陋沟瞀，而冀人之以己为知也。是众人也。"[2]同篇还曰："不学问，无正义，以富利为隆，是俗人者也。"[2]《论语》曰："小人不知天命而不畏也，狎大人，侮圣人之言"，[3]小人在这里并无贬义，意为不学之人。《尚书·康诰》亦曰"小人难保"，皆为小民、众人之意。处于小人之境的人，有向上升进的余地，通过学修，可以到达后三个层次，用刘咸炘的话说是学者的三个等次[4]。由小人而士，而君子，层层推进，最后可以成为圣人。

一

荀子说："人之生固小人。无师无法则唯利之见耳。人之生固小人，又以遇乱世，得乱俗，是以小重小也，以乱得乱也。"[2]就是说，人一出生注定就是小人，若没有老师的教导和礼法的制约，那就只能是唯利是图。如果又生逢乱世，或是生在风俗不美之地，那就会更加沉沦，小之又小。那么为什么说人出生就注定是小人呢？因为众人是无知的，无知则无畏，才敢于"狎大人，侮圣人之言"。只有摆脱了无知，达到明的状态，才能摆脱注定的小人的命运。那么处于无知状态下的小人是什么样的呢？

"争饮食，无廉耻，不知是非，不辟死伤，不畏众强，牟牟然惟利饮食之见，是狗彘之勇也。为事利，争货财，无辞让，果敢而振，猛贪而戾，牟牟然惟利之见，是贾盗之勇也。轻死而暴，是小人之勇也。"[2]

"快快而亡者、怒也，察察而残者、忮也，博而穷者、訾也，清之而俞浊者、口也，豢之而俞瘠者、交也，辩而不说者、争也，直立而不见知者、胜也，廉而不见贵者、刿也，勇而不见惮者、贪也，信而不见敬者、好剸行也。此小人之所务，而君子之所不为也。"[2]

"今是人之口腹，安知礼义？安知辞让？安知廉耻隅积？亦呻呻而嚼，乡乡而饱已矣。人无师无法，则其心正其口腹也。"[2]

在荀子看来，小人有三种。一种是活着只是为了口腹之欲，无廉耻，无是非，不辟死伤，不畏众强，其心正其口腹。这和动物没什么区别，是动物型小人。第二种是唯利是图，不顾其他，只要有利，在所不辞，是贾盗型小人。第三种小人既不为饮食也不为财利，为了争口气，没有是非，不避祸害，死不得其所，是无知型小人。不论饮食之欲，还是货财之利，还是一口气，都是为了利欲。"言无常信，行无常贞，唯利所在，无所不倾，若是则可谓小人。"[2]为此利欲，不顾一切，赴汤蹈火，轻死忘生，毫无价值。

那么生活在这样状态下的人自觉幸福吗？《礼记·礼运》说"人是天地之心"，然而小人的话，"其心正其口腹"，他是没心的，他的心就是他的口腹，就是他的欲望。既然心都没有，哪里又有幸福不幸福的感觉呢！这才真正是人生悲剧的所在。身为小人而不自觉为小人，身为禽兽而不自觉为禽兽，那就无可救药了。夫子说"知耻近乎勇"，一个人如果知道羞耻的话，还是有希望的，因为他还有进步的可能。对自己的状态毫无知解，那就非常可怕了，这是世间最大的悲哀，"哀莫大于心死"（庄子语），心之为心的觉察功能丧失，那这个人也就无异于死人。

夫子曾说，"逝者如斯乎，不舍昼夜。"人生在世，不能局限于没有多大价值的口腹之利欲。今天你以此为欲，明天又以彼为欲，没有一点恒常性，又岂能满足？世间的东西莫不如此，所以并没有什么可乐。但世间的人却追逐这些东西，甚至大打出手，举国战之，都不过是为了一己之私。《礼论篇》曰："人生而有欲，欲而不得，则不能无求；求而无度量分界，则不能不争；争则乱，乱则穷。"[2]人因欲而求，求而争，争而乱，乱而穷，到了坏乱的极致。人穷则思变，因为再争下去，整个人类也会因欲望而灭，痛定思痛，寻求解救之方。《强国篇》曰："并己之私欲必以道，夫公道通义之可以相兼容。"[2]只有以道养欲，才能欲道兼得，只有欲没有道，最终连人都做不成。

另外，人也不应该止于小人。《王制篇》曰："水火有气而无生，草木有生而无知，禽兽有知而无义，人有气、有生、有知，亦且有义，故最为天下贵也。"[2]人有知有义，所以不应该止于做小人，而应该有更高的追求。可是人为什么不向上努力而甘为小人呢？

《荣辱》篇曰："今使人生而未尝睹刍豢稻粱也，惟菽藿糟糠之为睹，则以至足为在此也，俄而粲然有秉刍豢稻粱而至者，则瞯然视之曰：此何怪也？彼臭之而嗛于鼻，尝之而甘于口，食之而安于体，则莫不弃此而取彼矣。今以夫先王之道，仁义之统，以相群居，以相持养，以相藩饰，以相安固邪。以夫桀跖之道，是其为相县也，几直夫刍豢稻粱之县糟糠尔哉！然而人力为此，而寡为彼，何也？曰：陋也。陋也者，天下之公患也，人之大殃大害也。"[2]荀子以刍豢稻粱和菽藿糟糠为喻，指出了君子人生远胜于小人人生。对于没有见过刍豢稻粱的人来说，菽藿糟糠就是天底下最美的食物。可是一旦吃过刍豢稻粱之后，就知道还有比菽藿糟糠更好的美味。人之所以会安于小人人生，不去寻求君子人生，是因为陋，即无知。人有知，是就其将然而言；此言无知，是就目前而言。所以就需要仁人，"告之、示之、靡之、儇之、鈆之、重之，则夫塞者俄且通也，陋者俄且僩也，愚者俄且知也"。仁者如柏拉图洞穴比喻中第一个离开山洞看到真实世界的人，也如《法华经》中救子的老父。仁者指示众人要将人生向上翻转，就会见到不同的光景。故此处翻转一着，尤为重要。人无师无法则唯利之见，但如果有师法，则所见便不只是利了，而是比利有价值的东西，即道。夫子说："小人学道则易使。"本篇中说："礼恭而后可与言道之方，辞顺而后可与言道之理，色从而后可与言道之致。"[2]都是以道为教授的内容。信道与不信道，便是士与小人的差别。士信道，故"好法而行"；小人不信道，故"狎大人，侮圣人之言"。对于争于利的小人而言，信道学道可能很难，所以荀子还以利诱之，告诉人学道不但能提升人的境界，还能满足人世间的愿望。"我欲贱而贵，愚而知，贫而富。可乎？曰：其唯学乎！"[2]章学诚也说："今思天下之人，中才为多，勉以力学，犹未能从，更不许其好名，则彼未知学中旨趣，将谓吾何乐乎为学，是欲戒好名而先令惰学也。"[5]好名而为学，亦以利诱之一例，如《法华经》之火宅喻，以利诱儿出火宅，不可谓用心不良苦！小人信道学道，便可成为学者，是为士，这是修学的第一个次第。

二

士是志于道的人，"好法而行"。好法就是喜好道，志于道；行，就是实践。《儒效篇》："不闻不若闻之，闻之不若见之，见之不若知之，知之不若行之，学至于行之而止矣。"[2]小人不闻不见，所以无知。及至师告之而后，闻见了道，就要学，学要落在实处，还要实践。所以在士的阶段，要注重学和行两方面。学为理，为解；行为实践，为理的落实。

先来看学。

"学恶乎始？恶乎终？曰：其数则始乎诵经，终乎读礼；其义则始乎为士，终乎为圣人。真积力久则入，学至乎没而后止也。故学数有终，若其义则不可须臾舍也。为之，人也；舍之，禽兽也。故《书》者，政事之纪也；《诗》者，中声之所止也；《礼》者，法之大分，类之纲纪也，故学至乎《礼》而止矣。夫是之谓道德之极。《礼》之敬文也，《乐》之中和也，《诗》《书》之博也，《春秋》之微也，在天地之间者毕矣。"[2]

学的内容分为诵经和读礼两方面，诵经是理的部分，读礼是行的部分。诵的经有哪些呢？诗、书、礼、乐、春秋。为什么要学这些经？因为书是讲政事之纪的，诗是关于言辞的，礼是法之大分、类之纲纪，乐是用来感化人的善心的，学习《春秋》则能察微见著。

《劝学篇》还说："君子之学也，入乎耳，箸乎心，布乎四体，形乎动静。端而言，蠕而动，一可以为法则。小人之学也，入乎耳，出乎口；口耳之间则四寸耳，曷足以美七尺之躯哉！古之学者为己，今之学者为人。君子之学也，以美其身；小人之学也，以为禽犊。"[2]学了诗书礼乐春秋之后，还要在言行举止之间体现出来，要"入乎耳，箸乎心，布乎四体，形乎动静"。《非十二子篇》有详细的说明："士君子之容：其冠进，其衣逢，其容良；俨然，壮然，祺然，蕼然，恢恢然，广广然，昭昭然，荡荡然，是父兄之容也。其冠进，其衣逢，其容悫；俭然，恀然，辅然，端然，訾然，洞然，缀缀然，瞀瞀然，是子弟之容也。吾语汝学者之嵬容：其冠絻，其缨禁缓，其容简连；填填然，狄狄然，莫莫然，瞡瞡然，瞿瞿然，尽尽然，盱盱然，酒食声色之中，则瞒瞒然，瞑瞑然；礼节之中则疾疾然，訾訾然；劳苦事业之中，则儢々然，离离然，偷儒而罔，无廉耻而忍訽；是学者之嵬也。"[2]

学者能有言行之间的变化，在于其所学为君子之说，"则尊以遍矣，周于世矣"。"学莫便乎近其人。"[2]选择学习的对象，不可不慎。学行之后，又有不同的效果。

《不苟篇》曰："有通士者，有公士者，有直士者，有悫士者。上则能尊君，下则能爱民，物至而应，事起而辨，若是，则可谓通士矣。不下比以暗上，不上同以疾下，分争於中，不以私害之，若是，则可谓公士矣。身之所长，上虽不知，不以悖君；身之所短，上虽不知，不以取赏，长短不饰，以情自竭，若是，则可谓直士矣。庸言必信之，庸行必慎之，畏法流俗而不敢以其所独甚，若是，则可谓悫士矣。"[2]

士好法而行，修身的重点还是在理的学习上，也就是诵经。虽然也要行，但这个层次的行是知其然而不知其所以然，只是按师的教导在实践，并没有自己深切的理解。所以就诵经和读礼二者的侧重看，还是在诵经。再进一步，便是君子，是第二个次第。

三

君子笃志而体，意即笃信于道，无所犹豫，相信自己能修成道，"君子敬其在己者而不慕其在天者"[2]。不为外在所动，且于行动有所现，故说君子是"礼义之始"。"礼义之始"就是说要实践，因为礼是行，不仅仅是理，所以要"为之，贯之，积重之，致好之"[2]。士好法而行，所重在对道的理解上；君子则进一步，由解而进入行的阶段，即实践礼义之内容，由礼义而表现道，体味道。士也有行，但其行有形而无解，仅仅是样子上的模仿，君子之行则因解而有较深的感悟，所以说是体。

那么君子如何体呢？

"恭敬，礼也；调和，乐也。谨慎，利也；斗怒，害也。故君子安礼乐利，谨慎而无斗怒，是以百举不过也。"[2]

"君子耳不听淫声，目不视女色，口不出恶言，此三者，君子慎之。凡奸声感人而逆气应之，逆气成象而乱生焉；正声感人而顺气应之，顺气成象而治生焉。唱和有应，善恶相象，故君子慎其所去就也。"[2]

君子要慎于自己的行动，包括目之所视、耳之所听、口之所言、舌之所尝、身之所行，耳不听淫声，目不视女色，口不出恶言，身要恭敬，远离斗怒。但此行动之注意必借意识之谨慎，故要以心约性，务使内外一致，以身行道。

如果在士的阶段强调的是志的话，在此阶段强调的就是德了，故说"君子以德"[2]。君子因笃志而体，德因此而修，德者得也，故也会有所得。其所得为何呢？

"君子之求利也略，其远害也早，其避辱也惧，其行道理也勇。君子贫穷而志广，富贵而体恭，安燕而血气不惰，劳倦而容貌不枯，怒不过夺，喜不过予。君子贫穷而志广，隆仁也。富贵而体恭，杀势也。安燕而血气不惰，柬理也。劳倦而容貌不枯，好交也。怒不过夺，喜不过予，是法胜私也。"[2]

其得即法胜私，道法统情性，所以可以慢慢成为"道法之总要"[2]，即圣人。

另外，士与君子还有为己与为人的不同。"君者，善群也。群道当，则万物皆得其宜，六畜皆得其长，群生皆得其命。"[2]士因为初学道，对道尚且不坚信，更不能处理好自己与自己之间的关系，真正落实在行动上，所以就谈不上处理人与人之间的争分了。君子已经修养到一定程度，能处理好自己和自己的关系，进而能处理好和别人的关系，处理好众人之间的关系而不乱。所以士侧重自立，君子侧重立人。

四

由君子之积，便成为圣人，这是修学的第三个次第，也是最后的次第，其质为"齐明不竭"。《儒效篇》也说，"明之为圣人"。齐明不竭、明之，皆一明字。什么是明？《解蔽篇》说"知之，圣人也"，可见"明"可以解释为"知"。《中庸》亦曰："唯天下至圣，为能聪明睿知，足以有临也；宽裕温柔，足以有容也；发强刚毅，足以有执也；齐庄中正，足以有敬也；文理密察，足以有别也。"以聪明睿知形容圣人。那么什么是知呢？

《解蔽篇》曰："坐于室而见四海，处于今而论久远，疏观万物而知其情，参稽治乱而通其度，经纬天地而材官万物，制割大理而宇宙里矣。恢恢广广，孰知其极！罜罜广广，孰知其德！涫涫纷纷，孰知其形！明参日月，大满八极，夫是之谓大人。"[2]

这就与《易·乾》所言一致："夫大人者，与天地合其德，与日月合其明，与四时合其序，与鬼神合其吉凶。先天下而天弗违，后天而奉天时。"

"坐于室而见四海"，这是说圣人知天下之事；"处于今而论久远"，这是圣人知古今之事；"疏观万物而知其情"，这是说圣人了解天下万物，无所不知；"参稽治乱而通其度"，这是说圣人明白治乱兴衰的原因。这四句话是分说，从空间、时间、物理、治乱四个方面谈圣人之知，圣人于此四方面完全通达无碍。"经纬天地而材官万物，制割大理而宇宙里矣"两句是总说，意谓圣人无所不知，无所不能。

圣人何以能如此？因为圣人是得道之人，与道为一。

"礼之中焉能思索，谓之能虑；礼之中焉能勿易，谓之能固。能虑、能固，加好者焉，斯圣人矣。故天者，高之极也；地者，下之极也；无穷者，广之极也；圣人者，道之极也。"[2]

道有时也称为一。

"上察于天，下错于地，塞备天地之间，加施万物之上，微而明，短而长，狭而广，神明博大以至约。故曰：一与一是为人者，谓之圣人。"[2]

圣人何以能知道？前文已言积之为圣人，"圣人也者，本仁义，当是非，齐言行，不失毫厘。无他道焉，已乎行之矣"。[2]行之就是积的功夫。除此之外还要能虚壹而静，简言之就是"无欲、无恶、无始、无终、无近、无远、无博、无浅、无古、无今，兼陈万物而中县衡焉"[2]。正因为圣人能虚、能无，所以才能与道为一，可不再三致思焉！

由小人而士，而君子，而圣人，这是荀子关于修学次第的大概叙述，限于篇幅，未完全展开。如荀子修学次第的基础是其心性论，此文未道。也未谈荀子修学次第的孔孟渊源。本文主要想表达的是次第在修学过程中的重要性。从总体来看，儒家修学的侧重点在立人，故而关于修学的实际操作则较少，如对内心修为的具体指导就不如佛家的唯识宗明确。立人的关键在立己，立己则在修身。如何修身？这是儒门的核心，只有修身这一环节弄清楚了，其他的齐家、治国、平天下才能落到实处。而修身又有其固有的次第，学不躐等，如果不按其次第修学则难以成就。西藏佛学至今兴盛，其重要的因素是宗喀巴三士道次第的建立，使修学者有路可循。若无次第，则程序不明，无路可寻，事倍功半，搔不到痒处。今日儒学可谓兴盛，故重提次第，是为必要。唯由此，儒学才能落到实处，不致空谈。

参考文献：

[1] 杜维明. 道学政——论儒家知识分子 [M]. 上海：上海人民出版社，2000.

[2] 王先谦. 荀子集解，诸子集成第二册 [M]. 上海：上海书店出版

社，1986.

　　［3］论语章句集注［M］//宋元人，注.四书五经（上册）.北京：中国书店，1985.

　　［4］刘咸炘.学术论集：子学篇（上）［M］.桂林：广西师范大学出版社，2007.

　　［5］章学诚.文史通义［M］.沈阳：辽宁教育出版社，1997.

六盘山上高峰，红旗漫卷西风

——浅谈宁夏六盘山长征文化资源的开发与利用*

六盘山是红军长征途中翻越的最后一座大山。它是信仰之山，是希望之山，更是胜利之山。因为它，毛泽东写出了著名诗词《清平乐·六盘山》。它显示了中国共产党人革命到底的坚定信念和勇往直前的豪情壮志，是共产党人和革命军队继续前进的强大动力。80 多年前，中央红军长征越过六盘山，到达吴起镇，等待三大主力红军胜利会师的激动时刻。六盘山是中国共产党人和中华民族宝贵的红色文化遗产。今天，做好宁夏六盘山长征文化资源的开发与利用，既是一项艰巨的工作，更是坚持和弘扬长征精神的重要举措。

"天高云淡，望断南飞雁。不到长城非好汉，屈指行程二万。六盘山上高峰，红旗漫卷西风。今日长缨在手，何时缚住苍龙？"这几句话出自于毛泽东的著名诗词——《清平乐·六盘山》。六盘山地处宁夏南部的黄土高原之上，是中国最年轻的山脉之一，也是红军长征途中翻越的最后一座大山。1935 年 9 月 16 日，红军经过英勇战斗，成功攻克天险腊子口，越过岷山，于 9 月 18 日到达甘肃岷县以南的哈达铺。在这里，红军从当地的报纸上获悉陕北红军和根据地仍然存在的情况，毛泽东于是提出到陕北去。同时，根据俄界会议的决定，红军北上部队改编为中国工农红军陕甘支队。同年 9 月 27 日，陕甘支队占领甘肃通渭县榜罗镇。中央政治局常委在此召开会议，正式决定前往陕北，保卫和扩大

* 作者简介：王欣媛，女，北京信息科技大学马克思主义学院讲师，主要研究方向为中共党史。

项目基金：2017 年北京信息科技大学"勤信人才"培育计划项目"长征沿线红色文化遗产的宣传、保护与开发"，项目号：QXTCPC201708。

根据地。陕甘支队越过六盘山，不久抵达陕北吴起镇。《清平乐·六盘山》是毛泽东翻越六盘山时的咏怀之作，它生动地表现了"毛泽东及其统率的英雄红军胜利地登上六盘山后，远望云天，抒发了彻底打垮国民党军的坚强决心，发誓将革命进行到底的壮志豪情"。[1]翻越过六盘山，中国革命就看到了希望与胜利。1936年10月，三大主力红军会师。红军在长征中成功翻越六盘山，表现出革命必胜的信念和一往无前的英雄气概，体现了伟大的长征精神。今天，做好六盘山长征文化资源的开发与利用，是坚持和弘扬长征精神的重要举措，也是实现中华民族伟大复兴"中国梦"的强大动力。

一、深度挖掘长征文化内涵，整合长征旅游资源，开展"重走长征路"活动

目前，除了六盘山，宁夏地区的长征旅游资源还包括将台堡红军长征会师纪念园景区和红军西征纪念园等。将台堡位于宁夏固原市西吉县城南30公里处，堡内建筑分四大部分：将军翰墨碑林、历史岁月、饮水思源、和平年代。其中红军会师纪念馆展厅、现代成就展厅、二方面军指挥部旧址各具特色。将台堡会师是红军三大主力会师的重要组成部分，标志着震惊中外、举世闻名的红军长征胜利结束，在中国革命史上具有同等重要的历史作用。红军西征纪念园坐落在宁夏中部的同心县县城南郊，是国内唯一一家以红军西征为主题的纪念场所，是全国百家红色经典景区之一。园内主体建筑有红军西征纪念馆、世界名著《西行漫记》的大型雕塑、有正反两面镌刻萧克将军"红军长征陕甘宁、三军会聚同心城"的奇石，还有红军井、红军电台遗址和三军会师联欢大会遗址等景点。对此，可以开展"参观红军西征纪念园—登六盘山—参观将台堡会师纪念园"的"重走长征路"活动，不仅能让游客缅怀红军战士，还能亲身体验红军长征路上的艰难险阻，从而打造出具有宁夏特色的长征旅游品牌，既有利于相关单位来到宁夏开展学习实践活动，又能增强宁夏地区长征文化旅游景点对游客的吸引力，也对宁夏长征文化资源进行了广泛的宣传与开发。

二、发展集长征旅游与生态旅游于一身的地区特色旅游

与红色旅游相比，生态旅游更容易受到各部门的重视。当前，很多地区红色旅游的开发热情不高，产生这种情况的原因是多方面的，比如大多数红色旅游景区不收门票，没有收入，当地财政难以维持。因为没有收入，导游亦不愿带团队过来，绕路、耽误时间，成本高且又无收入。考虑到这一方面，可以将宁夏六盘山的长征旅游同六盘山国家森林公园的生态旅游相结合，让这种生态旅游带动长征旅游的不断发展。长征旅游也是对生态资源依赖度较高的一种旅游方式。然而，由于六盘山地处革命老区，经济条件相对落后，加上基础设施薄弱、服务设施不完善，给当地长征旅游发展带来了很大的压力。2005 年 9 月 18 日，六盘山红军长征纪念馆落成，由纪念馆、纪念碑、纪念广场、纪念亭、吟诗台等五部分组成。2006 年 12 月，六盘山国家森林公园被国家旅游局评为 4A 级生态旅游区。毫不夸张地讲，很多游客都是来到了六盘山国家森林公园，才发现六盘山红军长征纪念馆。可见，当地有关部门缺乏对六盘山长征文化资源的大力推广与宣传。因此，将六盘山长征旅游同六盘山地区生态旅游资源有效结合，有利于有效宣传、保护与开发六盘山的长征文化遗产，又能充分发挥六盘山长征文化在弘扬民族精神中的重要作用，还对六盘山的政治、经济、文化、教育、社会等方面的发展有着重要意义。

三、利用信息技术打造网络纪念馆，加大宣传力度

目前，在宁夏六盘山长征景区中，很多展览都是静止的，甚至缺少动态感和生动性，而对于体现出的感染力等效果收效甚微。尤其是面对"90 后""00 后"的年轻人，静止的展览对他们几乎没有什么吸引力，很多年轻人根本不了解长征那段历史，何谈参观后对长征史产生兴趣及对长征精神的继承与发扬？现在已经是 5G 发展的时代，这也给六盘山长征文化资源的宣传、开发与保护工作打开了思路。不管在国内还是国外，互联网已经成为绝大部分百姓生活的必需品。鉴于此，充分利用现代信息科学技术，打造长征主题的网络纪念馆，不仅节省参观时间，而且贴近生活，更能还原当时真实的历史事件。在打造网络纪念馆方面，可以考虑开发一些关于翻越六盘山的小游戏，让观看者亲身体验红军长征在经历种种磨难后成功的喜悦心情，从而在一定程度上触动他们的内心，让他们深深感受红军长征那段悲壮而伟大的历史。当地政府和有关部门如能将这些设置成独特的旅游路线，不仅能够获得很大的经济效益，还能创建自己的品牌，发挥更大的社会价值。

四、多部门协调组织，统筹规划，完善各项配套设施，加大对六盘山长征文化资源的利用与开发力度

目前，通往六盘山地区的道路有待改善。宁夏目前还没有开通高铁，很多地区飞往六盘山的航班不是每天都有。这些都是当地相关部门亟待解决的问题。除此以外，旅游部门可以和当地党史工作部门合作，共同探讨推动六盘山长征文化资源的利用与开发的有效途径。党史研究部门在阐述长征历史与长征文化资源的内涵方面有着较为深入的研究与探索。因此，当地旅游部门可以与党史研究部门协调合作，将这些研究成果与当地的长征旅游、长征文化资源的宣传、保护、开发和利用有效地结合起来，打造出六盘山长征旅游的特色品牌。此外，还要不断提高当地景区的管理水平及从业人员的综合素质，做到与市场接轨，适应市场经济的大环境和大趋势。

五、通过多种途径，加强对六盘山长征文化资源的广泛宣传

六盘山长征文化资源不仅是中国人民的宝贵财富，同样是世界的优秀资源。首先，要培养一支高素质、高能力的对外服务工作队伍。这就要求，当地的导游和进行实地授课的工作人员都能用流利的英语进行交流。其次，定期组织召开以"长征、红色文化、红色文化资源保护、开发与利用"为主题的国际国内学术研讨会，邀请一些国内外学者到会发言讨论，开会之余可以带着他们参观、考察当地的长征遗址。第三，在当地积极开展国际国内摄影大赛，吸引各国游客来六盘山地区参加比赛。开展摄影大赛不仅有利于六盘山文化旅游的宣传，而且有助于向国内外宣传六盘山长征历史的情况，可谓一举多得。最后，充分发挥"六盘山干部学院"的宣传教育作用。自宁夏六盘山干部学院成立以来，干部学院以弘扬"不到长城非好汉"精神和长征精神、坚定理想信念为主题，承办区内外有关班次的党性教育培训，打造面向全国的党员干部"党性教育＋'三同'锻炼"特色基地。课程建设方面，已经开发形成涵盖党性教育、党的民族观教育、马克思主义群众观教育、固原历史文化的四大教学体系，打磨形成了 15 个精品专题，挖掘建成 25 个现场教学基地，形成了"六个一"的特色教学模式，不断加强师资队伍建设。截至目前，已先后承办全国各地各类党性教育培训班 100 期，共培训干部 5653 人次，获得了社会各界广泛好评。

"崇高理想、坚定信念是凝聚人心、催人奋进的伟大旗帜，是战胜困难、赢得胜利的力量源泉。"[1]坚强的意志、坚定的信念、不怕牺牲的勇气，这些精神在红军长征中得到了淋漓尽致的体现。伟大的长征精神，深深地根植在六盘山这片热土上的人民心中，激励了一代又一代宁夏人，战胜一切艰难困苦，形成了"不到长征非好汉"的新长征精神。今天，我们纪念红军长征胜利，不仅要铭记那段苦难历史，缅怀先烈的丰功伟绩，更要继续坚持和弘扬伟大的长征精神，继承和发扬先辈的优良传统，所以，推动六盘山长征文化资源的开发与利用是一项长期的任务，也是十分有意义的工作，应该长期地坚持下去。

参考文献：

［1］宁夏回族自治区档案馆.红军长征在宁夏——档案史料汇编［M］.银川：宁夏银报印务邮箱公司，2016.

遵义长征旅游路线的设计对策[*]

遵义是转折之都、会议之城。1935 年，中央红军长征来到遵义，在遵义召开了重要的会议，取得了娄山关战役和四渡赤水的胜利。遵义是红军长征途中停留时间较长的地区之一。遵义有着大量宝贵的长征文化遗产。当前，设计经典的长征旅游路线，让越来越多的人深刻领会长征精神的内涵，有助于推动遵义长征旅游不断发展。

遵义是著名的革命老区，拥有丰富的长征文化遗产。1935 年，红军长征转战遵义，在遵义召开了著名的遵义会议。这次会议挽救了党，挽救了红军，挽救了中国革命，是中国革命的一个生死攸关的转折点。之后，红军在遵义取得了娄山关战役大捷。毛泽东指挥四渡赤水，甩开了数十倍于我的敌军的围追堵截，使中国革命转危为安。可以说，红军长征在遵义留下了宝贵的文化遗产，为遵义发展长征旅游提供了宝贵的资源基础。

一、长征旅游与生态旅游相结合

遵义拥有众多生态旅游资源，比如赤水丹霞世界自然遗产，赤水竹海国家森林公园、凤凰山国家森林公园、燕子岩国家森林公园、习水国家森林公园、绥阳双河溶洞国家地质公园等。可以看出，遵义生态旅游有着坚实的资源基础，也是促进遵义旅游业发展的重要组成部分。长征旅游也是对生态资源依赖度较

* 作者简介：王欣媛，女，北京信息科技大学马克思主义学院讲师，主要研究方向为中共党史。

基金项目：2017 年北京信息科技大学"勤信人才"培育计划项目"长征沿线红色文化遗产的宣传、保护与开发"，项目号：QXTCPC201708。

高的一种旅游方式。然而，由于遵义大部分长征旅游资源地处革命老区，经济条件相对落后，加上基础设施薄弱、服务设施不完善，给遵义长征旅游发展带来了很大的压力。因此，遵义长征旅游与生态旅游的结合，不仅可以让游客感受长征历史和长征文化，而且游览于绿色生态旅游地区，可谓一举两得。比如遵义会议会址和红军山公园在空间分布上是一致的，赤水河与习水旅游景区也是遵义生态旅游资源的优势地区。利用生态旅游发展长征旅游，不仅能够扩大长征旅游的宣传，而且能够使游客既欣赏了美景，又受到了革命教育。

对此，应从以下几个方面着手：第一，加大遵义长征旅游与生态旅游的宣传与推广。在此过程中，要充分利用电视、报纸、信息网络、微信、艺术多种方式进行宣传，尤其是抓好大型节日的庆祝，树立营销意识，建立长期有效的营销机制。第二，建立长征品牌，提升地区形象。当前，提到遵义，人们第一想到的是遵义会议，但其实除了遵义会议会址，遵义还有很多长征遗址和景区，比如一渡赤水的土城镇、三渡赤水的茅台镇、毛泽东诗词《忆秦娥娄山关》中的娄山关，这些地区不仅是风景优美的地方，而且都是遵义长征旅游的重要标志。因此，要利用遵义长征旅游与生态旅游功能上的互补性，在遵义长征旅游和生态旅游资源丰富的地区，利用其特有的长征经典历史文化，如四渡赤水、土城战役、青杠坡战役、娄山关大捷等，开发几个主题鲜明的旅游产品，让游客在感受遵义长征历史文化的同时，又能感受遵义生态旅游的魅力。

二、长征旅游与酒文化旅游相融合

遵义的酒文化历史悠久，有着"中国酒文化名城"的美誉，名酒众多而且世界闻名，尤其是以茅台为最。1915年在旧金山举行了"巴拿马万国博览会"，展览会上茅台酒征服了世界各国的评酒专家，被誉为世界名酒，从此蜚声中外。茅台酒曾在新中国外交史上发挥了不可估量的作用，成为世界认识中国的窗口，被尊为"国酒"。1998年10月，遵义被文化部等单位授予"中国酒文化名城"的称号。从此，遵义成为中国著名的酒都。目前，贵州省在"贵州酒文化之旅"的活动中推出了东西南北四条酒文化主题旅游线路，其中北线就是以展示遵义酒文化为主要内容。具体内容包括："遵义（游遵义会议会址旅游区，参观董酒厂董苑，了解独树一帜的'董香型'国密董酒；参观珍酒厂，了解'易地茅台酒''酒中珍品'的珍酒）—仁怀（参观茅台新厂区国酒文化长廊、酒文化博物馆—国酒文化城、中国酒都酱酒文化纪念馆、美酒河景区、了解茅台镇酒业源远流长的历史和酱香白酒的生产工艺，茅台发展史及国酒文化）—习水（参观习水酒厂、宋窖博物馆、千年宋窖遗址、酱香白酒生产工艺演示车间，了解习水悠久的酿酒历史及赤水河畔丰富多彩的酿酒文化与酿酒工艺，参观土城四渡赤水纪念馆）—赤水。"[1]此外，近几年遵义还积极举办各种酒类博览会，打造和提升遵义名酒品牌形象，促进遵义酒文化旅游的发展。

仁怀、习水、赤水不仅是遵义酒文化集中的地区，更是革命文化集中的区域。四渡赤水就发生在这一区域。四渡赤水是毛泽东一生中的巅峰之作。长征期间，毛泽东等老一辈无产阶级革命家根据敌我作战情况的变化，指挥中央红军巧妙地穿插于国民党军重兵集团之间，灵活地变换作战方向，调动和迷惑敌人，创造战机，在运动中歼灭了大量国民党军，牢牢地掌握了战场的主动权，取得了战略转移中有决定意义的胜利。这是中国工农红军战争史上以少胜多变被动为主动的光辉战例。四渡赤水使红军摆脱了敌人的围追堵截，粉碎了敌人妄图围歼红军于川、黔、滇边境的计划，也使中央红军在长征的危急关头，从被动走向主动，从失败走向胜利。而美国作家哈里森·索尔兹伯里在所著的《长征——前所未闻的故事》中指出，四渡赤水是长征史上最光彩神奇的篇章。红军在茅台镇所待时间虽短，却和茅台酒结下了深深的情缘。很多红军战士长途跋涉，脚上磨出了血泡，茅台酒就成了为红军疗伤治病的良药。因此，可以依托仁怀、习水、赤水这一区域长征历史文化和酒文化，开发旅游资源，打造长征精品旅游路线和神秘茅台酒文化旅游品牌。游客可以在参观茅台酒生产流水线和酒文化博览城的同时，感受伟大的长征文化。这样不仅能够吸引游客，拉动消费，提高当地人的收入，带动旅游业的发展，而且广泛地弘扬了革命文化，打造出遵义地区的特色品牌。

三、长征旅游与乡村旅游相结合

近几年来，遵义的乡村文化建设成就显著。2014 年，遵义市以"美"字优先，以"全景域、大景观"为理念，充分发挥各地农业产业、自然景观、气候条件、红色文化、集镇建设等优势，推进特色版村庄建设，形成了红色旅游型、避暑旅游型、乡村休闲型、特色集镇型、农业产业型、农民新村型的遵义"六型"特色"四在农家·美丽乡村"示范。[2]如果将遵义的乡村旅游与长征旅游结合起来，不仅有利于利用长征旅游的影响力，而且能够为遵义乡村文化的发展注入新的活力。在这方面，遵义枫香镇取得了显著的成绩。

枫香镇位于遵义市西部，地理位置优越。近几年来，枫香镇利用苟坝会议旧址、红军洞等长征旅游资源，努力实现长征旅游与乡村旅游的融合，打造以苟坝会中心的长征文化旅游体验基地，深入挖掘长征历史文化和当地的地区文化，实现长征旅游与乡村生态旅游共同发展。其中，"枫香镇花茂村抓住开发苟坝会议遗址红色旅游的契机，重新打造花茂村。通过建设陶艺风情街、无公害农业产业示范基地，改造乡村生态环境，将传统陶艺、乡村旅游、红色旅游、现代农业与商贸相互融合，吸引了大量的游客前来休闲度假"。[3] 目前，枫香镇已经成为遵义长征旅游与乡村旅游融合发展的样本。

对此，可以利用遵义汇川区董公寺及桐梓、余庆、习水、赤水等地的乡村旅游资源，以长征旅游带动乡村旅游，促进长征旅游与乡村旅游的结合与发展。在开展乡村旅游的同时，可以开展重走长征路的活动。遵义地区有很多农家乐，农家乐的环境可以试着模拟当年红军居住的环境，食物也可以模仿当年红军吃的那样，让游客亲身体会红军长征的艰苦环境，感受非凡的长征精神。这样，既能改变遵义长征旅游单一的形式，又能使游客通过长征旅游得到革命教育。除此以外，还可以利用湄潭地区的茶文化资源，让游客感受长征文化的同时还可以到茶叶生产基地参观漫山遍野的茶园，亲自上山采摘茶叶、制作茶叶、细细品茶，感受浓浓的茶文化，实现长征文化与茶文化的结合。

四、长征旅游与民俗文化相结合

长征旅游与民俗文化相结合，主要是指长征旅游与遵义仡佬族民俗文化的整合。仡佬族是中国西南地区一个非常古老的民族，它主要分布在贵州，贵州仡佬族人数占全国仡佬族总人口的98%，而遵义仡佬族则占全国仡佬族总人口的70%。除了长征文化和茅台酒文化，仡佬族文化是遵义另一大文化王牌。仡佬族是贵州最早的土著民族，拥有源远流长的民族历史。当地独特的民居建筑、风味美食、文体艺术和婚丧嫁娶文化，每年都吸引着大量的游客前来参观游玩。仡佬族民俗旅游资源主要体现在以下三个方面：第一，遵义仡佬族的生产生活民俗，具体体现在其民居建筑、风味美食、文体艺术和婚丧嫁娶等。第二，遵义仡佬族的民间艺术，包括民间传说、舞蹈、歌曲、戏剧、诗手工艺术等。比如音乐形式以唱歌为主，戏剧充满着古朴与神秘感，具有典型的宗教色彩和地方文化特色。第三，摘老区的民俗节日，除了"二月二""三月三""四月八"等，还主要有春节、清明节、吃新节、祭树节、牛王节等传统节日。

遵义长征旅游与民俗文化融合发展，可以通过将长征资源与民俗文化资源从旅游路线上进行规划和设计，从而打造出几条精品旅游路线。比如，遵义会址—红军山烈士陵园—苟坝会址—平正仡佬族乡—四渡赤水纪念馆。[4]此路线很好地融合了遵义长征旅游资源和民俗旅游资源，让游客在感受长征文化的同时体验民族文化。遵义长征文化的内涵在此就不必多说了。平正仡佬族乡珠宝有博览园、石头城、风情街等几项重要的仡佬文化的体现。其特点是：缤纷多彩、神秘古朴、原汁原味，较为完善地展现了仡佬民族的风貌。平正乡又与仁怀市相邻。游客可以经过平正，进入仁怀市。在仁怀，游客可以参观四渡赤水纪念馆和茅台渡口。整条线路充分地展示了长征文化内涵，让游客流连忘返、回味无穷。整条线路更有助于来遵义参观、考察、调研的专家学者。此外，"遵义会址—娄山关战斗遗址—仡佬古镇安场—龙潭民族文化村[5]线路在突出遵义长征旅游文化内涵的同时也突出了仡佬族的民族文化内涵。娄山关战役是红军长征以来的第一次胜利。1935年，毛泽东写下的《忆秦娥娄山关》豪放的诗词，也吸引着中外广大游客前来欣赏。而正安县的仡佬古镇安场和务川县的龙潭民族文化村都保存了较完好的仡佬传统民族风情，这也是条极具吸引力的旅游路线。

五、长征旅游与体育旅游结合发展

长征旅游与体育文化融合发展即体验式旅游，在强身健体的同时感受长征文化。遵义地区体育旅游资源丰富。一方面，遵义是少数民族聚居地区，少数民族传统的体育项目非常丰富，比如仡佬族高台舞狮、独竹漂等都被列为遵义市首批非物质文化遗产；另一方面，遵义境内有丰富的山脉，如大娄山、凤凰山等，为遵义开发登山体育运动提供了重要的条件。目前，遵义地区已经举办了"中国贵州遵义娄山关·海龙屯国际山地户外运动挑战赛"体育项目，如今已经连续举办六期，得到了专业认可，算是比较成熟的体育项目。不仅如此，遵义的水资源也是专业、非专业漂流运动的理想之地。遵义地区有赤水河、乌江等，可以开展水上体育运动和旅游，还可以开展赛龙舟等活动，实现长征旅游对体育旅游的带动，开发集长征旅游和体育旅游于一体的旅游产品。

六、长征旅游与相邻地区红色旅游相结合

遵义地处云贵高扬大娄山中段，北部与重庆相邻，南面与贵阳市连结，西面与泸州相邻，区内地形多样。遵义地区长征旅游资源丰富，如今也有多条经典的旅游路线。在建立遵义境内长征旅游路线的同时，还可以实行"走出去"战略，结合周边地区红色旅游资源，打造出跨市跨区的长征旅游路线。比如，长征中精彩一战"四渡赤水"的第二渡和第四渡都在泸州古蔺县，与遵义隔着赤水河畔。对此，可以根据四个渡口的位置，专门设计一条四渡赤水的路线，让游客亲身感受80多年前中央红军在川黔边界如何利用游击战，在敌强我弱的背景下摆脱了数十倍于我的敌军的围追堵截。2017年12月，从贵阳到重庆的高铁开通，大大缩短了以前从贵阳去重庆的时间。而遵义就在这条高铁线路沿线，现在乘坐高铁从遵义到重庆的时间不会超过2个小时。

重庆有丰富的红色旅游资源，比如歌乐山烈士陵园、白公馆、渣滓洞、红岩革命纪念馆等。游客感受遵义长征文化后，可以乘坐高铁来到重庆，了解抗战时期大后方的历史和红岩精神。除此，贵阳的红色旅游资源也不少，而遵义到贵阳有多条高铁，时间不会超过1个小时。比如贵阳市息烽县，在抗战时期，息烽集中营关押了多名中国共产党人士和爱国的国民党人士，是国民党残害爱国人士的罪证之地。今天，息烽集中营成了革命精神教育基地。息烽距贵阳的青岩古镇和花溪公园不远，里面有很多历史名人的故居，游客可以前去感受历史文化。可见，遵义长征旅游与周边地区的红色旅游有效地结合起来，不仅能够增加当地的旅游收入，促进经济发展，更重要的是让游客在旅游的同时，感受中国的革命文化。

七、结语

遵义长征文化遗产是承载革命史迹与革命精神的重要载体和中华民族文化瑰宝中的珍品。它不仅是中国革命历史发展的见证，而且还是珍贵的不可再生的红色文化资源。因此，对遵义长征旅游路线进行精心设计，既有利于有效保护遵义的长征文化遗产，又能充分发挥遵义长征文化在弘扬民族精神中的重要作用，还对遵义的政治、经济、文化、教育、社会等方面的发展有着重要意义。

参考文献：

[1][3][4][5]禹玉环.遵义市红色文化遗产保护与开发利用问题研究[M].成都：西南交通大学出版社，2016.

[2]贵州文明网.贵州遵义市强力推进生态文明建设——山川秀美百姓乐[EB/OL].贵州文明网，2014-12-15.

列宁和布哈林关于"文化"的几点争论*

　　20世纪20年代，苏联"无产阶级文化派"极左思想泛滥，列宁和布哈林对此展开了一场关于"文化"的争论。尽管他们都反对"无产阶级文化派"鼓吹历史虚无主义的思想，但是两者在对文化是否有阶级性与文化如何普及和提高、党是否领导无产阶级文化、无产阶级文化由谁创造、如何继承传统文化等方面存在意见分歧。这场争论，使布尔什维克党内对文化发展的问题有了清晰的认识，揭示了文化发展的一般规律，推动了当时苏联文化的繁荣发展。在新的历史条件下，梳理列宁和布哈林关于"文化"的争论，对促进中国特色社会主义文化繁荣有着重要的启示意义。

　　俄国十月革命是在一个经济、文化相对落后的国家取得了胜利，建立了世界上第一个社会主义国家。由于并没有前人经验可循，对于如何进行社会主义文化建设，列宁和布哈林围绕着以下四点，在党内进行了激烈的关于"文化"的争论，极大地推动了当时苏联文化的繁荣发展。

一、文化是否有阶级性、文化如何普及和提高

　　十月革命后，无产阶级文化协会被"无产阶级文化派"引入歧途，他们极力推行宗派主义和文化虚无主义，宣扬舍弃过去一切旧的文化，主张通过人工手段、在实验室中建立一种纯粹的无产阶级文化。[1]

　　针对无产阶级文化派的错误思想，列宁与布哈林都承认文化是具有阶级性的，但两人的分歧在于文化的普及和提高上——列宁主张淡化文化的阶级性，

---

　　* 作者简介：单凌云，女，北京信息科技大学马克思主义学院研究生。
　　　敖云波，女，北京信息科技大学马克思主义学院教授。

认为文化更重要的是表达其大众性，强调当时苏联的主要任务是扫除文盲、普及文化；布哈林则过分强调文化的阶级性，认为文化更重要的是其精英性的一面，所以他觉得当务之急是文化的提高。

列宁在《日记摘要》里清楚地说明，无产阶级文化生产力十分低下的现实，并且要摆脱这种现实需要付出极大的努力。[2]之后，在《论合作社》中他又讲道，需要在文化上给人民群众来一场变革，提高人民群众的文化水平，才能过渡到社会主义。[2]也就是说，列宁认为，当时落后的文化水平已经制约了苏联的社会主义建设，首要任务就是扫除文盲、普及文化，而不是鼓吹阶级文化。一味地鼓吹文化阶级性、创造无产阶级文化的狂热运动，不单单会使原本十分有限的文化资源更加分散，以至于不能满足人民群众对文化的需求，而且更重要的是对苏联的文化事业建设并不能起到助力作用。当文化生产力较弱、文化的领导权者没有足够能力领导其生产时，原有的文化便是使文化不断发展和丰富的基础。[3]列宁主张淡化文化的阶级性、强调文化的大众性，大力推广文化的普及，正是为了提高苏联人民的整体文化水平，以期早日摆脱"不文明"的文化对社会主义建设的制约。

布哈林认为，无产阶级的文化是通过阶级斗争发展来的，[4]如果是在资本主义制度下产生的无产阶级文化，那将会是非常落后的，我们首先要解决的最基本任务就是大力发展无产阶级文化，做到数量和质量上的双重优势。因此，首当其冲的一大任务就是高等学校以及文化的问题。[5]他强调无产阶级文化从原则上来讲就是高于资产阶级文化的，并且更强调无产阶级文化的精英性，主张文化的提高——用更高的原则对无产阶级文化进行"加工"，提高无产阶级文化的深度以及传播广度；通过团结工人阶级、利用知识分子的力量，打破之前的垄断教育状况，通过大力发展教育事业来发展无产阶级文化，使得无产阶级文化首先能在数量上和质量上取得优势地位，然后再来解决无产阶级文化内部蜕化和来自异己阶层文化同化的危险。

我们不难发现，列宁的观点体现了列宁思想一贯的务实性；而布哈林的观点却具有简单化和机械化倾向，这与他偏"左"的认识是不无关系。

二、党是否领导无产阶级文化

无产阶级文化协会自1917年10月成立之日起，就强调其独立自治性，强调其不受制于当时资产阶级临时政府的国民教育部，力图摆脱党和国家的领导。[6]

十月革命胜利后，协会依然坚持独立与自治，大量马赫主义者加入并控制了协会，在"无产阶级文化"的外衣下大肆宣传反马克思主义观点和唯心主义哲学观点，试图摆脱俄共（布）和苏维埃政权的领导。协会认为，如果仅仅由"农民、军队、小市民的思想代表"组成的党来监督和领导无产阶级的文化创作事业，那必然会对工人阶级的文化自决权造成否定。[7]他们觊觎无产阶级文化的领导权，想要协会自己领导文化建设任务，而拒绝党的领导。

列宁和布哈林都反对协会试图摆脱俄共（布）和苏维埃政权的领导而独立存在，认为协会应接受党的领导。但两人的分歧在于，列宁认为协会应与教育人民民委员部直接合并；而布哈林则反对列宁将协会直接合并的形式，也反对列宁通过行政命令、文件决议的形式简单粗暴地管理文化。

列宁是作为政治家看待问题的：无产阶级文化协会拥有 40 多万会员，其中日常活跃者 8 万多、地方组织 100 多个，如果协会坚持不接受俄共（布）和苏维埃政权领导，要求独立，那将造成灾难性的后果。他在《关于无产阶级文化的决议的草稿》中再一次申明，无产阶级文化协会应该接受教育人民委员部的领导[7]，他希望协会能明确自己的定位与职能，希望合并协会与教育人民委员部，接受俄共（布）和苏维埃政权的领导。

而布哈林则是作为理论家看待问题的，他强调文化发展的独特规律，需要从内部进行深刻改造。他不赞成直接合并的形式，主要是基于对无产阶级文化现状的分析，他认为文化领导权尤其是文艺领导权，需要一个有着成熟文化素养的阶级来掌握，但无产阶级还达不到这个要求，因此他希望通过保留无产阶级文化派创造无产阶级文化的职能，来促进工人阶级成熟。另外，布哈林反对用行政命令、文件决议的形式管理文化，强调文化发展有其独特之处，需要的是内部的、深刻的改造。他主张一定要坚持党在文化领域领导权，并且以广泛而多样的竞赛的方式来检验文化发展的成果。[5]这一主张在文化界引起了强烈反响，极大地调动了广大知识分子的创作积极性。

通过普遍而深入的讨论，俄共（布）中央全会于 1920 年 11 月 10 日重新修订了关于无产阶级文化协会的决定草案，规定了协会在科学和政治教育领域的工作，要求协会同教育人民委员部和省国民教育厅合并，只在艺术领域则保持自治。同时，列宁还进一步强调了协会在艺术领域的自治性，并强调了中央要为工人知识分子创造更为健康正常的艺术创造环境，积极调动他们在艺术创作领域的主动性，使他们能做出卓有成效的艺术事业。[7]

三、无产阶级文化由谁创造

列宁认为人民群众才是无产阶级文化当之无愧的创造主体，在他看来，无产阶级文化不是为无所事事的上层人物服务，而是为国家未来不懈奋斗的劳动人民服务。[8]他与布哈林的分歧在于，农民和知识分子是否也是无产阶级文化的创造主体，后来随着布哈林思想的成熟，他逐渐接受并认同了列宁关于谁是文化的创造主体的思想。

"无产阶级文化派"则认为，只有无产阶级才是无产阶级文化的创造主体，并完全把农民和知识分子排除在创造主体之外。1922年9月27日，文产阶级文化协会主席普列特涅夫，在《真理报》上发表了《在意识形态战线上》一文，文章写道：建设无产阶级文化任务的中坚力量是无产阶级本身，无产阶级的阶级意识是其他阶级所不能接受的，因为无论是农民、资产者还是知识分子，他们的意识形态都是以资本主义制度为背景而建立的。[9]

列宁曾在《在意识形态战线上》这篇报道上着重标出"极少数"一词，并为农民发声，写下了："可是农民呢?"这样的批注。同时，他也对"知识分子"一词进行了强调，意在阐释自己的观点与质疑，农民的人口数量庞大，有着强烈的革命性，知识分子拥有深厚的文化背景，他们都应该是文化建设中不可忽视的力量，是革命展现中可靠的同盟者。而这样的强大力量却被从文化建设中除去了，并且批评普列特涅夫这篇文章的言论是"十足的杜撰"。[7]之后，列宁将他的批注递交给《真理报》主编布哈林，这篇"伪造历史唯物主义"的文章遭到了列宁的严厉谴责，他强烈要求编辑部批判这篇文章，被布哈林一口回绝。不仅如此，之后列宁委托雅科夫列夫撰写的批判普列特涅夫的文章，也是经过修改、删减了其中一些段落，布哈林才对其进行了刊登。

此时的布哈林，他对知识分子的阶级属性的认识是有偏见的。他只是简单地根据收入的多少来区分知识分子的阶级属性，因此，布哈林经常把知识分子等同于资产阶级，这使得他非常不信任知识分子并将其视为敌人，担心重用知识分子会动摇无产阶级政权。所以，他主张，培养无产阶级自己的知识分子并"逐步地、在日益增长的程度上取代来自旧知识分子和旧职员的干部"[5]。这样的政策得不到大批知识分子的拥护，使得很多知识分子逃亡国外，而新知识分子的培养又不能一蹴而就，无法满足现实的迫切需求，这就严重制约了苏联经济、政治的发展。

20世纪20年代中期，随着布哈林看到西方资本主义因为科学技术而再次发展，并且对苏联文化与经济十分落后的国情有了清醒的认识，他对知识分子的态度也有了较大变化。在1925年的一次讨论会上，布哈林用"第三阶层"来重新定位知识分子。[7]这表明布哈林纠正了对知识分子的偏见，肯定了其在文化创造的主体地位，提出对资产阶级进行思想改造并且小资产阶级将不断解体的思想，消除了同列宁的人民群众是文化的创造主体的思想分歧。

四、如何继承传统文化

无产阶级文化派在文化领域应用波格丹诺夫的经验主义，得出了"拒绝过去一切文化"这一基本观点。在一次无产阶级文化协会代表会议上，有代表说，在文化方面，无产阶级已经进入了一个全新的状态，纵使面临着一些资产阶级的文化成果，但不应受其影响，必须摒弃其成果，而形成自身的独特性，才能促使无产阶级文化不断前行。[7]

列宁批判"无产阶级文化派"否定过去一切传统文化的极左观点，提出要改造、学习和利用传统文化，无产阶级文化发展和社会主义建设都需要批判地继承传统文化，利用资本主义文化、知识和技术。而早期布哈林则主张摧毁旧的资产阶级文化，不认同学习和利用传统文化的提法，后来经过多年的文化建设实践及新经济政策调整，布哈林逐步理解并认同了列宁的观点，认为应该批判地继承传统文化。

列宁认为，继承人类传统文化是无产阶级文化发展的基本规律，无产阶级文化是经过了其他社会形态的压迫而产生的文化，汲取了现今人类文化发展全过程中的精华并对其进行改造而诞生的符合规律发展的文化。[10]列宁还阐明了马克思主义成为在世界范围内具有广大影响力的思想体系的原因，那就是无产阶级并没有完全抛弃资产阶级的观点，而是将其批判地吸收，继承了它在两千多年发展历程中积累起来的宝贵经验；无产阶级文化就是以此为基础，结合无产阶级专政积累的实践经验，按照无产阶级发展的方向建立并发展起来的。[10]他以科学的马克思主义为例，对无产阶级文化派否定和排斥一切传统文化的观点进行了批判并主张改造、学习和利用资本主义的文化来建设社会主义。也就是说，我们应该注重改造、学习和利用传统文化，以便于能促进苏联经济文化发展、有利于建设社会主义，而不是仅仅着重于传统文化的阶级属性。列宁的这种主张是契合苏联当时落后的经济与文化国情的，意图是加快社会主义建设。

布哈林在传统文化继承方面的观点其实是带有"左"的思想的，这是布哈林激进的文化观在继承传统文化上的表现，他认为无产阶级在意识形态领域会吸收资产阶级的文化因素，毫无疑问，这对于无产阶级文化的发展极为不利，因此他提倡面对资产阶级文化应当全部否定，拒绝吸收。[7]布哈林对于传统文化继承方面的观点也侧面反映了当时政策在文化方面对其的影响。随着苏联的不断发展、政策的不断调整，布哈林关于传统文化继承问题的思想也随之改变，他不再全盘拒绝资产阶级的文化，越发理解并认同列宁关于这一问题的观点。布哈林曾经在列宁的纪念会上指出：列宁从来没有认可要把资产阶级文化原封不动地搬到无产阶级文化上，相反地，列宁对这种做法是持批判的态度——列宁认为是要取其精华而去其糟粕，这样才是正确地发展无产阶级文化的道路。[4]布哈林还认为列宁是一位杰出的战略家，他认为列宁批判当时文化远离群众的做法是正确的，无产阶级文化不能只流于表面的夸夸其谈，必须要与群众充分结合。[4]

五、启示意义

布哈林与列宁这场关于"文化"的争论，使布尔什维克党内对文化发展的问题有了清晰的认识，揭示了文化发展的一般规律，推动了当时苏联文化的繁荣发展。在新的历史条件下，梳理列宁和布哈林关于"文化"的争论，对促进中国特色社会主义文化建设与繁荣有着重要的启示意义。

第一，尊重人民群众的文化主体地位，发展中国特色社会主义文化。列宁和布哈林关于"文化"的争论，其核心就是文化是否有阶级性，这个问题对政党与国家的命运有着深远影响，我们必须牢记苏联无产阶级文化派对社会产生的严重破坏，以及"文革"给中国带来的沉重灾难，坚持尊重人民群众的文化主体地位，发展中国特色社会主义文化。当前，好多电影"叫好不叫座"，这种高口碑低票房的现象从一个侧面反映了电影圈内一直存在着精英评论、大众消费的观念。而尊重人民群众的文化创造与享有主体地位，就是要让文艺艺术性地与人民群众结合，创造出既不脱离人民群众的生活，又使人民群众喜闻乐见的作品，重视人民群众对文艺作品的打分与评价，而不是只关注专业影评人员的评语。

第二，坚持党对文化的领导权。只有将文化置于党的领导下，才能保证文化在正确轨道上进一步繁荣发展。20世纪20年代布尔什维克党对文化的正确领导推动了苏联文化的繁荣和社会发展；而20世纪90年代苏联解体，也与苏共放弃了对意识形态领域的领导不无关系。党的十九大报告指出"意识形态决定文化前进方向和发展道路"，意识形态工作十分重要，关系到党和国家的前途与命运。[11]文化可以成为社会的主流意识形态，对社会有着极大的凝聚作用。当今世界政治斗争离不开反对文化霸权主义，无产阶级文化可以为社会发展提供思想保证，对于巩固政权有着至关重要的作用。

第三，批判性地继承和发展传统文化。传统文化是民族文化的遗传基因，吸取其精华、发展其优秀的部分有利于夯实文化底蕴，建立文化自信。建设中国特色社会主义文化要对中华民族及世界其他国家和民族的传统文化进行甄别，学习和借鉴其中优秀部分并赋予其新的内涵，重焕传统文化生命力。随着传统社会的终结，我们没办法再用传统文化来指导现今社会的发展，从这个角度讲，传统文化就失去了生命力，但是传统文化却有其固有的特殊性，因为过去、现在和未来是一个不可分割而又不断发展的整体，传统文化即使在退出社会主导的地位后，也会随着这个社会的发展诞生新的价值，从而对社会发展产生一定的影响，我们现在要做的就是重构各种传统文化，赋予其新的内涵。

第四，正确处理文化的大众性和精英性的关系。要把文化的普及和提高放在所处的时代背景下进行分析，我们现在处于社会主义初级阶段，这个阶段文化的普及和提高可以等同于实现文化的大众性和精英性。怎样才是正确处理两者的关系呢？其实就是大众文化和精英文化两者能协调而健康的发展——既要对大众文化进行不断深化将之转变成精英文化，又要将精英文化不断融入大众文化中引领其健康发展。对大众文化中落后的一面进行改造，让群众自觉接受优秀的先进文化的熏陶，丰富精神世界、增强精神力量、提升个人素质，使人能全面而自由地发展。

第五，积极发挥文化在综合国力竞争中的精神武器作用。与文化相关的上层建筑会反作用于物质性的生产劳动，文化作为一种精神力量，能够在人们认识世界、改造世界的过程中转化为物质力量。在经济领域，文化生产力有着举足轻重的作用，发展教育、提高劳动者的素质、创新科学技术越来越引起人们的重视。文化越来越成为汇聚民族凝聚力和创造力的重要源泉，越来越成为经济发展的重要支撑，越来越成为综合国力竞争中维护国家利益和安全的重要精神武器。

参考文献：

[1] 马龙闪．列宁同"无产阶级文化派"的斗争 [J]．世界历史，1981 (4)：3-13.

[2] 列宁．论社会主义 [C] //列宁．列宁专题文集．北京：人民出版社，2009：344，351.

[3] 黄力之．列宁无产阶级文化理论探析 [J]．毛泽东邓小平理论研究，2011 (5)：62-66.

[4] 布哈林．布哈林文选：中册 [M]．北京：人民出版社，1981.

[5] 布哈林．布哈林文选：上册 [M]．北京：人民出版社，1981.

[6] 郑异凡．苏联建国初期关于无产阶级文化问题的论争 [J]．国际共运史研究资料，1981 (1)：155-191.

[7] 郑异凡，编译．苏联"无产阶级文化派"论争资料 [M]．北京：人民出版社，1980.

[8] 列宁．列宁全集：第12卷 [M]．北京：人民出版社，1987.

[9] 普列特涅夫．在意识形态战线上 [N]．真理报．1922-09-27.

[10] 列宁．列宁选集：第4卷 [M]．北京：人民出版社，2012.

[11] 习近平．决胜全面建成小康社会　夺取新时代中国特色社会主义伟大胜利——在中国共产党第十九次全国代表大会上的报告 [M]．北京：人民出版社，2017.

"人与自然是生命共同体"的哲学阐释

——基于马克思主义哲学视角*

习近平总书记提出的"人与自然是生命共同体"是"人类命运共同体"生态向度的表达，其中蕴含了丰富的马克思主义基本理论。"人与自然是生命共同体"中贯穿了人与自然要和谐共处这一马克思主义自然观的核心观点，强调了事物是普遍联系永恒发展的观点，深化了以人民为中心的发展思想。"人与自然是生命共同体"理论的提出为应对全球性生态危机提供了一个全新的视角，也为解决人与自然的关系问题提供了根本路径。

在党的十九大报告中，习近平总书记提出："人与自然是生命共同体，人类必须顺应自然，保护自然"[1]，习近平"人与自然是生命共同体"[2]是在对马克思主义哲学进行科学解读的基础上，结合中国国情在生态方面进行实践产生的最新成果，其中蕴含着深刻的马克思主义哲学思想。目前相关研究较为丰富，主要是对"人与自然是生命共同体"的内涵、特征、当代价值的研究成果较多，但从马克思主义哲学角度对其哲学溯源的成果相对较少。本文基于马克思主义哲学视角探索"人与自然是生命共同体"的哲学渊源。

一、"人与自然是生命共同体"中贯穿了人与自然和谐共生理念

马克思主义自然观打破了西方机械唯物主义自然观认为的人是凌驾于自然而存在的说法，强调人是自然界长期进化发展后的产物，人不能脱离自然界存在，人与自然要和谐相处。恩格斯曾经提到过："我们连同我们的肉、血和头脑

---

* 作者简介：张力丹，女，北京信息科技大学马克思主义学院研究生。
胡飒，女，北京信息科技大学马克思主义学院教授。

都属于自然界和存在于自然界之中的。"[3] 这也生动地阐明了人和人类社会都是依赖于自然界而存在的，也从理论上否定了现代西方发达国家工业发展模式。马克思主义自然观要求人类在发挥主观能动性改造自然的时候要正确地认识和利用规律，不能藐视规律、改变规律。

人与自然和谐共生的理念为习近平提出的"人与自然是生命共同体"提供了哲学基础，"人与自然是生命共同体"不仅继承了唯物主义自然观，并且还同当代中国实际情况相结合，创新地提出了一系列人与自然和谐相处的新思路。要求人们在开发利用自然的同时要遵守自然规律，继而提出了"绿水青山就是金山银山"等科学论断。现在全世界范围内普遍出现的生态问题、环境问题、人口问题及资源危机等全球性危机问题，是自然系统内部平衡被严重破坏引发的问题，但是从更深层次而言，这也是人与自然关系严重失衡而引发的恶果。

20 世纪西方发达的工业国家先发展后治理的发展模式已经过时了，如今习近平"人类命运共同体"是要走一条具有中国特色的社会主义发展道路，强调人与自然的和谐友好共生关系。这种关系并不是要人类去征服自然，片面追求经济发展而不考虑自然承载能力去掠夺自然。马克思认为人与自然的和谐一方面要满足人类的发展所需，另一方面要兼顾自然的可承受能力。习近平"人与自然是生命共同体"理念是一种新型的对于人与自然关系的解读，是西方工业文明影响之下发展出来的机械唯物主义自然观的代替性选择。[4] 习近平"人与自然是生命共同体"理念区别于机械唯物主义自然观，它强调人与自然的和谐共生的关系，这为应对全球性生态危机和建设生态文明理论提供了一个全新的视角，与"人与自然是生命共同体"所阐释的理论内涵不谋而合。"人与自然是生命共同体"的理念要求在发展的过程中兼顾经济发展速度、生态环境、人民诉求等多方面因素，将生态治理与经济发展并重，而不是单纯地偏重某一方，将人与自然作为生命共同体。只有不断认识规律，正确利用规律，寻找到人与自然之间的平衡点，形成一种人与自然和谐相处的创新发展格局，才能够实现人与自然双方和谐动态的发展。

二、"人与自然是生命共同体"强调了联系、发展、矛盾的观点

联系、发展、矛盾的观点是唯物辩证法的三大基本观点。联系是事物内部以及事物外部诸要素之间的相互关系，事物内部的联系即内部矛盾，事物外部诸要素之间的联系即外部矛盾，它们之间的普遍联系构成了事物的运动、变化、

发展。"人与自然是生命共同体"的理念强调了联系、发展、矛盾的观点，用科学的眼光来看待生态问题并为全球生态治理提出了新的解决方案。

第一，"人与自然是生命共同体"理念彰显了普遍联系的观点。唯物辩证法明确指出联系具有普遍性，实践和科学的不断发展证明，不管是自然科学领域、社会领域或者是人的思维领域，以及上述各个领域之间，联系都是普遍存在的。马克思强调世界是一个相互联系的有机整体，世界上的一切事物都不是孤立存在的，而是与周围其他事物联系着的。人与自然处于一个整体之中，它们相互联系、相互影响，这体现了联系的普遍性原理。由联系的普遍性原理出发，要求人们从动态中来考察事物的普遍联系，要善于分析事物的具体联系，要坚持唯物辩证法的整体性、开放性原则，从全局出发，从长远出发，重视世界的整体性。在建设生态文明的过程中也是如此，要注重整体性系统性建设，还要树立开放的全球性思维，加快生态文明建设，建设美丽中国。

习近平"人与自然是生命共同体"理念是构建"人类命运共同体"思想在生态向度的表达，其中包含着丰富的内涵，它要求着眼于全局，从长远出发，强调整体性与系统性。"人与自然是生命共同体"首先强调了生态建设是一个系统性的工程，不能单单从某一方面入手，要坚持整体性的原则，要正确处理生态问题与经济发展、人民的需求等各方面之间的关系，确立了"五位一体"的战略总布局，要将各个要素作为统一整体来推进。此外，习近平指出要将人与自然界作为一个有机整体，将自然界中的各个要素作为一个系统来共同治理。

如今，全球化趋势不可逆转，世界日益变成一个开放程度越来越高的整体，这样各个国家之间的联系也越来越紧密，越来越多的问题也成了全球性问题，这就要求我们要树立一个开放性的、整体性的世界眼光。

目前，世界各国都面临着严峻的全球性问题，其中生态问题尤为突出，各类生态问题频发，生态问题已经不仅仅是某一个国家的事情，仅凭一国之力也不能将这个问题处理好，生态问题已经是全球各个国家都亟待解决的难题。地球是我们共同的栖息之地，生态系统一点细微的变化都将对我们的生活造成极大的影响。生态问题不仅仅是某一个国家的事情，也没有哪个国家可以独自解决全球性的生态问题，习近平"人与自然是生命共同体"理念极具整体性和开放性，是站在全人类的高度来探讨生态问题，是顺应了世界发展潮流的正确观念。

第二，"人与自然是生命共同体"理念深化了事物是永恒发展的观点。发展的观点是唯物辩证法的又一重要观点和特征，事物都是处在变化发展之中的，不仅如此，事物的发展还具有一个过程，一切事物只有经过了一定的过程才能实现自身的发展。所以不但要用发展的眼光看问题，还要用历史的眼光看问题，把一切事物都看作变化、发展的过程，要了解它们的过去、现在，还要预见它们的未来。

习近平"人与自然是生命共同体"理念不断总结以前的发展道路，放眼未来，创新发展思路，发展手段。我国作为一个后发展国家，曾经在经济高速发展的过程中忽视了对生态环境的保护，对生态环境造成了严重的破坏。随着我国经济发展形势日趋向好，我国经济的发展模式也有了转变，从粗放型发展转向密集型发展，对生态环境的重视程度也日渐提高，这使得目前我国生态环境有着稳中向好的趋势，但是现在正是生态文明建设的关键时期，加之人们对生活环境的要求不断提高，生态问题成为影响我国发展的重要因素。中华民族想要长期可持续发展就要坚持生态文明建设这一根本大计。简而言之就是要转方式、调结构、稳增长，注重技术的提升与发展，要摒弃过去片面强调经济增长的发展模式，正确处理人与自然的关系，在经济和生态之间不能单纯侧重某一方面，而是要两手抓，让经济发展模式同时满足现在经济和生态环境的双重要求。

第三，"人与自然是生命共同体"理念贯彻了矛盾分析法。坚持矛盾分析，要求要全面地、辩证地看待问题，反对片面地、孤立地看待问题。人与自然也是对立统一的关系，人类为了追求发展掠夺自然，导致生态环境恶化，日益恶化的生态环境又将制约着人类的发展，这就是人与自然斗争性的体现，这时二者都呈现出一种对立的状态。但是在分析问题的过程中不能只是片面地看到矛盾的斗争性，还要看到矛盾的统一性。我们要实现人与自然的辩证统一，就应该顺应自然规律，适度地开发自然，建立良好的人与自然的关系，让自然界内部维持平衡，也让人与自然之间的关系达到和谐共生。

之前我国片面注重经济的发展而忽视了生态环境，以环境污染为代价来发展经济使二者呈现出一种对立的状态。经历过一段快速发展的阶段，我国的发展开始面临着一系列重大的问题：环境污染严重，资源过度开发并且利用率低等。习近平"人与自然是生命共同体"理念贯彻了矛盾分析法，追求经济发展与生态治理的有机统一。习近平总书记强调要改变过去传统的发展模式，并且提出了"绿水青山就是金山银山"等重要科学论断，认为要将生态环境放在首位, 当发展经济与生态环境相冲突时, 生态环境不能为经济发展让路, 要优先支持生态环境的保护和发展。在实践中要改变过去的"唯 GDP 论", 将生态治理纳入政绩考核之中, 从各方面努力改善我国生态环境。但是, 这并不是片面地强调某一方面, 而是要实现二者的有机统一, 寻找一个平衡点实现二者和谐动态发展, 探索出一条中国特色社会主义发展道路, 创建有着良好生态环境的美丽中国。

三、"人与自然是生命共同体"深化了以人民为中心的发展思想

以人民为中心的发展思想与唯物史观的群众观点相契合, 也是习近平"人与自然是生命共同体"理念的思想来源。生态问题直接影响到人民生活的方方面面, 关系到人民生活的幸福感, 我们党坚持一切为了群众, 就有责任解决人民所需, 为人民营造一个良好的生态环境, 让千千万万的群众获益, 在良好的环境中生活。党的十八大以来, 以习近平同志为核心的党中央向人民庄严承诺: "人民对美好生活的向往, 就是我们的奋斗目标。"[5]

中国在发展过程中一直坚持以人民为中心的发展思想。在党的十九大习近平总书记指出: "中国特色社会主义进入新时代, 我国社会主要矛盾已经转化为人民日益增长的美好生活需要和不平衡不充分的发展之间的矛盾。"[6] 由此可见, 以前人民更多的是追求经济上的富足, 随着时代的发展, 我国经济状况也有了极大改善, 人民对生活有了更高的需求, 不仅仅是物质上的满足, 对居住环境、法治、社会公平等各方面的要求也随着生活水平的提高而赋予更多的重视。而其中环境状况是和人们最息息相关的一方面, 已经成为人民普遍关注的问题, 这就要求国家在经济发展的同时要积极治理环境问题, 营造良好的生态环境造福于人民群众。

在发展中不坚持以人民为中心的理念, 那么结果必然适得其反。人类进入资本主义社会时期, 当时欧洲各国都前赴后继地追求经济的高速发展, 环境作为发展的代价被抛诸脑后, 这种牺牲了人民的切身利益来谋求发展的方式引发了一系列的生态问题, 甚至时至今日人们都还深受这些问题的困扰。随着人类社会的进步, 西方发达国家将这些负面影响转移到了发展中国家, 这种非正义的举措严重损害了发展中国家的利益。习近平总书记提出的"人与自然是生命共同体"理念要求人与自然和谐相处, 这并非是原始社会时期的消极地顺应自然, 而是认识并掌握自然规律, 在尊重自然规律的前提之下, 适度地开发自然,

合理地利用资源，实现人与自然的和谐相处、共同发展。习近平总书记提出："保护生态环境就是保护生产力，改善生态环境就是发展生产力。"[7]这符合唯物史观的主张，并且将生产力与生态环境有机结合，突出了生产力的决定性作用也肯定了生态环境的重要作用，只有将二者有机结合，才能改变原有的经济增长模式，实现生产力的可持续发展。

习近平"人与自然是生命共同体"立足于马克思主义基本理论，着眼于世界，正确处理了人与自然、经济与自然之间的关系，是有机地将马克思主义哲学与中国具体国情相结合而形成的科学论断，这是马克思主义中国化的又一伟大理论，为解决全球问题贡献了中国智慧。在全球严峻的生态背景下，习近平总书记提出的"人与自然是生命共同体"体现了马克思主义理论的人文关照，这为应对全球性生态危机提供了一个全新的视角，也为解决人与自然的关系问题提供了根本路径。用马克思主义哲学从上述三个角度去阐释习近平"人与自然是生命共同体"，探寻了该论断现有理论的哲学渊源，为这一科学论断奠定了哲学基础，更为以后"努力走向社会主义生态文明新时代"[8]的实践指明了方向。

参考文献：

[1][2][5][6] 习近平.决胜全面建成小康社会夺取新时代中国特色社会主义伟大胜利——在中国共产党第十九次全国代表大会上的报告［M］.北京：人民出版社，2017.

[3] 恩格斯.自然辩证法［M］.北京：人民出版社，2015：313-314.

[4] 李猛.共同体、正义与自然——"人与自然是生命共同体"与"人类命运共同体"生态向度的哲学阐释［J］.厦门大学学报，2018（5）：9-15.

[7][8] 习近平.习近平谈治国理政［M］.北京：外文出版社，2014.

浅析文化自信与传统文化的关系 *

在全面建成小康社会的决胜时代，我们更加需要通过保护民族文化，提高文化自信、促进文化繁荣发展。文化自信体现在对国家、民族文化的认同及坚定上，包括了中国优秀的传统文化、革命文化和社会主义先进文化。由此可见，文化自信与传统文化之间存在着紧密的联系。文化自信内在包含了中华优秀传统文化，优秀的传统文化又作为坚定文化自信最为根本的一部分。研究文化自信与传统文化之间的关系，我们需要先清楚地了解什么是文化自信和传统文化，从而才能进一步分析，在当今时代，我们所提出的文化自信与传统文化之间的关系。

从国际角度看，随着全球化的发展，各国之间的文化交流碰撞日益凸显，文化发展趋于多样化。在面对外来文化的入侵与演变时，我们则需要保护好民族文化，维护国家文化安全，树立文化自信。习近平总书记在庆祝中国共产党成立95周年大会上的重要讲话中指出，中国共产党不应该忘记它的初衷，坚持"四个信心"，将文化自信与其他三个自信提到了并列位置。习近平总书记非常重视文化自信的提出和落实，在当天的讲话中，习近平总书记进一步指出："文化自信，是更基础、更广泛、更深厚的自信。在5000多年文明发展中孕育的中华优秀传统文化，在党和人民伟大斗争中孕育的革命文化和社会主义先进文化，积淀着中华民族最深层的精神追求，代表着中华民族独特的精神标识。"① 可见，习近平总书记十分重视文化自信以及其与传统文化之间的关系。研究文化

---

* 作者简介：李佳颖，女，北京信息科技大学马克思主义学院研究生。

① 郑承军. 文化自信：更基本更深沉 更持久的力量［EB/OL］. 人民网，2016 – 07 – 05.

自信与传统文化之间的关系，有利于充分了解民族文化，面对传统文化要"取其精华、去其糟粕"，还明确了中国优秀传统文化在文化自信中的地位，实现文化自信，关键则在于不忘本。

一、文化自信与传统文化的内涵

随着社会生产力的不断提升和人们物质生活水平的不断丰富，在满足了基本需求之上，人们对于精神文化生活的质量越来越重视。文化的发展是全球化的，世界上越来越多的国家注重文化的发展和传播，因为文化正逐渐成为经济社会发展程度和文明程度的重要价值尺度。五千年的中国文化，在漫长的历史长河中孕育了无数的光辉与灿烂。在文化交流日益密切的今天，中华文化应该被我们所重视，更应该被世界其他文化所认可。那么，我们要实现文化自信先要认识什么是文化自信。

（一）文化自信的内涵

自信从心理学角度讲，是指人们在社会生活过程中所反映的心态。在生活中，人们在面对陌生环境时能够利用有限的经验应对自如，称为自信。当自信的对象指向文化时，它就形成了文化自信，它不是文化和自信两个词语的简单相加，而是包括了中国优秀的传统文化、革命文化和社会主义先进文化。中国优秀传统文化是文化自信的深厚底蕴所在，是最深层次的文化。在我国革命时期所形成的文化是革命文化，它既来源于中国传统文化，又在特定的历史时期用富有时代特征的方式展现。"文化觉醒，文化自信"出自安徽安庆黄晶的论文《中文正在缺失》。因此，文化觉醒和文化自信的第一个提出者是黄晶，他在中国文化自卑的背景下，提出了一系列关于文化自信的观点。从那时起，"文化觉醒、文化自信"的论述逐渐出现，党的十八大后逐渐提出了文化自强、道路、制度自信。社会主义文化先进则是以马克思主义为根本指导思想的具有社会主义性质的文化，融入了中华文化中的优秀成分和新时期的文化特征，是继中国的优秀传统文化的创新性发展。对于我们现在所强调的文化自信，它不仅包括要充分肯定自身的文化价值、坚定对自身文化生命力的信心，还包括了对自身文化价值的积极实践。无论是传统文化、革命文化还是社会主义先进文化，我们能够肯定这三大部分文化皆具有其自身的文化价值，我们应发自内心地对文化价值充分肯定，这样的文化是有持久生命力的文化。

文化自信是对国家或民族文化价值的肯定。它是最深沉持久的力量，是国家或民族的精神依托。中华民族在历史文化实践中创造了优秀的传统文化，在保卫祖国家乡与各侵略者斗争中创造了顽强不息的革命文化，以及在社会主义改革时期、建设时期创建了所奉行的社会主义先进文化。从根本上讲，中国文化的主体是由传统文化、革命文化及社会主义先进文化构成的。要不忘初心地坚定文化自信，基于对自身文化认同，弘扬优秀的传统文化，立足于现实基础，从而促进社会主义文化创新发展。

（二）传统文化的内涵

中华民族有五千多年的文化遗产。在漫长的历史中，善良智慧的中华儿女继承和丰富了许多优良的风俗习惯和优良传统，这些优秀文化是中国文化的象征，是中华民族的精神支柱。在每一个历史时期，都能赋予中华民族精神活力。必须要以一个清晰的认识来看待中国优秀的传统文化，它是在中国历史发展过程中，随着文化的不断演变而逐渐形成的反映民族风格、民族特色和民族精神的民族文化。它是各种思想文化的体现，也是中华民族历史演进中观念形态的一般特征。中国传统文化是一个极其宏观的概念，包括民族精神、乡土风俗、思想文化等，它是中国传统文化的精髓，是经过悠久历史的洗礼而继承的优秀文化。文化的继承和发展往往能够适应文化的历史发展，达到特定历史时期的标准，是无论哪个时期都可以被认可和追求的文化，也就是优秀的文化。今天我们讲中国优秀的传统文化，是对中国文化发展的认可，是一代又一代的中华女儿继承和弘扬优秀的中国文化，是中华民族的智慧结晶，推动了中国发展。中国优秀的传统文化包含了数百种流派的思想和文化珍品、延至今日的地方风俗习惯、当代的爱国主义为核心的民族精神等。

中国优秀传统文化是具有十分重要的时代价值的，是我们中华民族伟大的精神财富，其时代价值曾多次被习近平总书记谈到，如他在党的十九大报告中指出："深入挖掘中华优秀传统文化蕴含的思想观念、人文精神、道德规范，结合时代要求继承创新，让中华文化展现出永久魅力和时代风采。"通过习近平总书记的表述，我们可以坚信的是，优秀传统文化的良好基因贯穿于我国发展的各个历史阶段，体现在政治、经济和社会的各个方面，它更是我国能够长期稳定发展的精神支柱。

二、文化自信的历史依据是中国传统文化

文化自信不是无根所寻的，中国优秀的传统文化便是它的主要根源之一。

可以说，文化自信是对中华民族优秀文化的充分肯定，更是对中国优秀传统文化的尊重。从国家、民族的文化特征与文化价值的准确判断出发，可以得出结论：中国文化自信的根源之一就是优秀的传统文化。通过国内外各大新闻报道，可以清晰地了解习总书记对中国传统文化有高度的自信心，在熟悉中国传统文化的基础上，准确把握其历史和本质，与社会实践相结合，使之具有新的时代意义。习总书记根据实际情况灵活地在国内外各种演讲中引用了传统文化的经典名言，在语言上对中国文化表现出了信心，向更多的人分享了中国传统名言或中国传统文化智慧的思想。一方面，把中国文化带到世界各地，使我们的文化得到更多人的认可。另一方面，希望能够增强我们的文化意识，习近平总书记最先起到带头作用，将他的思想扎根于中国优秀的传统文化，增强了文化自信。文化自信不是口号，是每个中国人都应该有一种精神风格。

中国传统文化的内容十分丰富，博大精深，它承载着中华民族的精神内核和思想背景，是属于我们自己的永恒的人文家园。在当今时代，中国特色社会主义的发展必须借鉴吸收优秀传统文化的营养，在传统的基础上进行创新和改革，增强文化信心。中国优秀的传统文化不仅为中国的发展注入了不竭的力量，而且在漫长的发展过程中也对中国人民的后代产生了深远的影响。无论是最早萌芽的、引领世界的科技，在当时改善了生活条件，开创了新的领域发展；还是至今我们一直在学习的哲学、宗教、道德思想、深厚的文化经典，使我们在树立人生观、价值观、世界观时不迷茫；抑或在几千年的漫长历史中，所留下了的丝绸、陶瓷等具有中国特色的艺术，这些都是中国优秀传统文化送来的礼物。自古以来，中国坚持"以和为贵"精神，也正是有了如此优秀的儒家思想，作为和谐统一的精神支撑，实现了民族区域自治，才实现了国内的和平统一。在面对香港澳门的问题时，中国又有了"一国两制"的政治制度；面对世界的其他国家时，中国坚持友好对待，奉行"海内存知己，天涯若比邻"的邦交原则，更塑造了良好的国际形象，从根本上讲，这样的成就都源于中国优秀的传统文化。"天人合一"在中华民族中浸透了几千年，自古中国都强调尊重自然，爱护自然。中国传统文化的基本思想和价值，如"人与自然的和谐"和"自然与自然的和谐"，是不言而喻的。小到我们个人在生活中处理人际关系时，更是谨记"己所不欲，勿施于人"的道理等。所以，在上下五千年的文明发展过程中，中华民族创造了博大精深的中华文化，它是我们民族独树一帜的精神代表，也蕴含着我们的伟大追求。

我们应秉承科学辩证的态度，来面对我国优秀的传统文化。我们必须坚持用马克思主义的态度、方式继承和发展它们，不可片面地谈过去和现在。这使得中国传统文化能够超越自我。面对西方文化中心主义与文化历史虚无主义的冲突，中国传统文化能够牢牢把握民族根源。在宣扬优秀传统文化的战略中，习总书记也提出了相关的要求，优秀的中国传统文化的思想及道德都需要我们认真学习其精华，改革创新、爱国主义是我们当下的时代精神及民族精神，须以此为基础来探索和阐释中国优秀的传统文化。还有以人为本、诚信、尊重正义、寻求大同的时代价值等。在形式上则需要与当代文化相适应，与现代社会相协调，使用人们喜爱的方式将其推广。这使得传统文化有可能被重塑和发扬，能够与时代的要求相结合。中国特色社会主义文化，更是在中国特色社会主义实践中不断创新和实践。

综上所述，我们能够了解到中华民族的文化自信植根于中华文化的精神沃土，在源远流长的中华文明史上不断扩展，生生不息。中国人民骄傲于此，站在广阔的土地上，以同舟共济的力量，走自己的路，以无与伦比的力量向前迈进。中国人民在面对国家时要有付出一切的奉献精神，面对社会生活时要具备胸怀宽广的绅士精神等。让中华民族的骄傲和脊梁凝聚成坚强的精神内核，引领中华民族充满活力的创新和发展。因此，我们应将其融入中华民族的血脉之中、充分发挥它的凝聚力和指导性作用，激发中国人民的无私精神和深厚的责任感，为建设有中国特色的社会主义一起努力，向世界展示一个更美好的中国。

三、中国传统文化促进文化自信

（一）中国传统文化是促进文化自信的基础

优秀的中国传统文化蓄积了我们民族的向心力，对我们的伦理道德起到规范的作用，更具有强大的民族生命力，是我们民族的精神支撑。中华民族的传统文化经历了几千年的历史，经历了生命的沧桑，其实质是能够超越时空限制的永恒价值、生生不息的精神传承。我国社会主义文化的重要组成部分是优秀的传统文化，其核心价值也体现在了传统文化上。我国传统文化如同镜子一般，通过历史的沉淀，推陈出新，既对我们起到警示作用，又能够推进社会主义文化建设创新发展。

通常，某个时代的主要思想精神等主要是源于国家或民族自身的以往传统。我们是在祖先的文化基础上来看待世界的。从我们的国家来讲，中国比其他国家拥有更深远的文明传统的优势，因而我们要更加注重传统文化，它既是中国文化的基础，也是我们国家的精神文明的"血脉"。在弘扬优秀民族文化的基础上，还要接纳与尊重他国优秀文化成果，并以此吸收借鉴形成世代相传的、符合当下时代特点与实践的中国文化。中国的传统文化有着非常丰富的内涵，它是提升文化自信的基础。二十世纪时，有位著名杰出的哲学家、思想家罗素，他认为现代世界迫切需要中国的一些最高的道德品质，地球上一定有比现在更多的欢乐与和平。除此之外，美国学者亨廷顿也描述了东亚人在经济成功和文化自信复苏后对文化独特性做了强调，特别对中国的情况进行了详细的描述。他认为正是因为中国选择了大力弘扬传统文化，才推进了中国、中国人民对自身文化的文化自信的树立心的恢复。而在社会主义发展的背景下，能够为人类社会的发展提供产生共鸣的价值资源是传统文化的当代价值。

从另一个角度来看，国家的文化自信的树立也需要依靠综合国力的提高。要想实现文化自信，则需要文化软实力的支撑。另外，其发展与硬实力也是密不可分的。改革开放40年来，中国始终把重点放在经济建设上，我国综合实力逐步增强。中华民族的伟大复兴正呈现出光明的前景。随着中国文化对世界的吸引力日益增强，中国正步入世界大国的行列，中华民族文化自信不断增强。正是在此基础上，习近平总书记提出了弘扬中国优秀传统文化，增强文化自信心。

中国传统文化的复兴、普及，可促进人与自然、社会关系更加和谐，为推进文化建设提供坚实的文化基础，为可持续发展起到重要的积极作用。因此，习近平总书记提出的文化自信思想，不仅继承了中国传统文化遗留下来的文化基因，也是总结中国特色社会主义道路上国内外经验的现实需要，而中国传统优秀文化是增强文化自信心的重要基础。

（二）传统文化的时代价值促进文化自信的提升

世界上任何一个国家或民族要想提升文化信心都必须从其传统文化中汲取力量。传统不是保护和僵化的代名词。继承传统文化是为了保存我们祖先的成就，使后世适应社会中既定的生存形式。中国优秀的传统文化是中华民族几千年来理性和生存智慧的积淀。它不仅解决了中国在发展中所面临的难题、中国人民的精神生活问题，而且对当代中国和世界的发展也有许多价值和启示。它为中华民族文化自信心的重建和提升提供了丰富的营养。

当今时代，和平与发展是世界的主题。从整体上看世界是处于和平状态的，仅仅在某些国家或局部地区还有些动荡。中国素来是以和为贵的国家，各个民族团结统一，爱好和平；面对世界各国亦是以仁义之道来相处。无论是以儒家思想中的仁、义、礼、智、信来处理与他人的人际关系、与其他国家之间的友好交往关系，还是以道家思想中的"大国要仁"的邦交原则，对我国甚至是世界各国都具有一定的影响。树立和平理念，减少争端和战争，维护世界和平。

而随着全球化进程的推进，出现了一些环境问题、生态问题、能源问题、可持续发展问题和极端恐怖主义问题，这些问题关系到全人类的根本利益，威胁着人类的生存和发展。这些现实危机的出现，引起了西方社会对现代性的反思。持续了200多年的全球化进程确实改变了整个世界的面貌，但随着经济的发展和科学技术的进步，人类的环境正处于危险之中，使人成为"机器的一部分"和"片面的人"。当然，这些问题的出现与西方单方面追求经济增长有关。然而，其深层原因与人的缺陷是分不开的：人的贪婪本性和人是自然的主人的文化价值观念，使人陶醉于科学技术的力量之中，并不断地攫取和征服自然。在中国优秀的传统文化中，自然与人的结合、自我完善、宽容与和谐、礼貌与务实思维是解决这些问题的重要途径。

从中国优秀传统文化的时代价值表现来看，中国优秀传统文化具有超越时代的历史恒久性。它突破了数千年的历史，经历了岁月和风暴，依然明亮而耀眼。中华民族优秀文化的现代价值是世界上任何文化和文明都无法比拟的，是我们增强文化自信的重要宝藏之一。

四、结束语

习近平总书记就如何继承和发扬中国优秀传统文化等问题提出了一系列强调论述，引起了海内外中华儿女们对中国的优秀传统文化的重视，掀起了复古潮流。不仅如此，也在世界的舞台上展示了独树一帜的中国传统文化。这种文化自信在不同层面有着丰富的内涵和价值，如实现中华民族伟大复兴的中国梦，为当今中国的国家管理和政治管理提供了传统因素，在不同层面上，如培育社会主义核心价值观等。当然，文化自信也不是墨守成规的，而是立足于现实生活中、基于实践基础上，不断批判继承、创新发展的。我国推进文化自信不仅是对中国的优秀传统文化的继承与创新发展，也是为社会主义文化强国的建设提供了正确的思想指导。

参考文献

［1］张婷婷．坚定文化自信，弘扬中华优秀传统文化［J］．人文天

下，2017.

　　[2] 杜芳，陈金龙. 中华优秀传统文化与社会主义核心价值观的涵养［J］.中国高等教育，2014（23）：35 - 37.

　　[3] 张小荣. 中国传统文化及其现代价值［M］. 西安：西安出版社，2010.

　　[4] 高长武. 中国优秀传统文化的价值定位［N］. 光明日报，2016 - 09 - 05.

　　[5] 杜维明. 中国传统文化的当代价值［J］. 江海学，2011（5）.

　　[6] 黄鹤唐，孝祥，刘善仕. 中国传统文化释要［M］. 广州：华南理工大学出版社，2004：5 - 11.

　　[7] 刘修明. 中国传统文化的承续、扬弃和开拓——关于中国历史和文化的几点思考［J］. 历史教学问题，1990（1）.

　　[8] 云杉. 文化自觉　文化自信　文化自强——对繁荣发展中国特色社会主义文化的思考（中）［J］. 红旗文稿，2010（15）.

　　[9] 张雷声. 文化自觉、文化自信与社会主义核心价值体系［J］. 思想理论教育导刊，2012（1）.

　　[10] 刘士林. 中华文化自信的主体考量与阐释［J］. 江海学刊，2009（1）.

　　[11] 任淑艳. 全球化语境下的文化自觉与文化自信［J］. 长白学刊，2013（3）.

　　[12] 漆玲. 从人的发展看文化自觉、自信、自强的重要意义［J］. 道德与文明，2011（6）.

马克思资本主义批判思想的形成理路探究 *

马克思的资本主义批判思想是在理论发展和实践发展的条件下产生的，是马克思主义思想的重要组成部分。马克思批判思想是历经不同的历史时期，基于不同的研究角度而形成的，这一过程是一种非线性动态过程，不管是思想内容本身还是提出和形成的过程都有极其重要的研究价值，对我们研究和创新发展马克思主义具有指导性意义。本文通过对批判思想的形成、社会环境探究、理论背景溯源、形成过程阐释及时代价值展望的探究，力求对资本主义批判思想有一个全面而系统的认识。

资本主义萌生于大航海时代的西欧国家。在资本主义生产关系的带动下，生产力水平迅猛提升，世界资本得到广泛交流，但资本在全球的流动也大大加强了资本主义自身的剥削性和压迫性，阶级矛盾在资本控制的社会中日益激化。马克思对待资本主义是一种全面而客观的态度，他能够运用辩证的眼光看待资本主义存在的正反两方面意义。一方面，资本主义的出现改变了传统的生产方式与交换方式，打破了封建枷锁对生产力的控制，结束了腐朽的封建统治。资本在世界范围的流动拓展了资本主义的发展空间，在物质财富积累过程中催生的阶级分化与阶级矛盾，为新社会形态的产生打下了坚实的阶级基础，为人类物质和精神的各方面发展提供了新的契机。另一方面，资本主义的发展带有非正义性、剥削性和阶级性，从人道主义的角度考量，资本主义发展过程一直伴随着人的异化与劳动的异化。异化、物化导致拜物主义的出现，从而失去人类应有的自由和全面发展的机会。纵观历史发展脉络，资本主义的发展伴随着野

---

* 作者简介：马欣悦，女，北京信息科技大学马克思主义学院研究生。

蛮和残酷，资本家积累财富的背后往往是奴役、暴力、压榨和掠夺等。除了对劳动者本身的严苛剥削，资本原始积累还包括对其他阶级的劫掠，以及对其他国家的资源掠夺、土地占用、劳动力收购甚至是环境污染的转嫁。从价值标准的角度考量，资本主义社会是金钱价值标准下的社会，资本家对利益的追求是无休止的，资本主义制度具有非理性的特质，他们用一切可以利用的条件，打破不利于自身的社会关系，为了长期不断地获得利润，他们以纯粹的金钱利益为纽带建立一种物质关系，以此尽最大可能剥削劳动者的剩余价值。

马克思资本主义批判思想是马克思主义的重要组成部分。马克思早年时期运用哲学思想从理论角度对资本主义进行深刻分析。随着研究的深入、时代背景的变化及其研究领域的拓宽，中晚年时期马克思的研究重点转向工人阶级的生产实践，挖掘资本主义的本质特征，对资本主义的剥削性进行了深刻批判。批判思想的形成是一个动态的过程，在不同的历史条件和认知条件下都有不同程度的补充。

从国内外对马克思批判思想的研究状况来看，其研究成果十分丰富，涉及的内容广泛，包括对旧哲学的批判、对神学的批判、对资本主义生产方式的批判及对金钱利益关系的批判等，但对于这一思想形成过程的深入挖掘较少，缺少系统性。因此，研究需要在此方面进行完善。

二、马克思资本主义批判思想形成背景

社会背景和思想背景是孕育理论的土壤。一种理论思想的形成离不开当时特定环境所提供的思想基础和实践基础。不管是理论成果还是科研成果，总是基于前人的研究之上或是在某种历史条件的熏陶之下而产生的。马克思资本主义批判思想是马克思深入分析当代资本主义实际状况，深入实践设身处地去感受工人们的境遇，从时代高度、理论深度、实践广度提出的科学思想。

（一）资本主义的发展是批判思想形成的世界背景

资本主义批判思想所形成的时代是一个资本主义生产方式在各国兴起并相继确立的时代。当时，商品经济中最为普遍、最为发达的形式就是市场经济，资本在各种经济活动中不断流转，取得市场经济中的支配地位。资本家往往以利润最大化为价值目标，因此他们通过控制资本来控制经济活动，资本的控制权成为他们在市场活动的方方面面谋取最大利益的砝码。

资本主义生产方式的广泛确立，在社会上促成了一种资本思维，学术界又

称其为资本逻辑。在近四百年的发展进程中，西欧国家从自然经济解体转向资本主义生产方式。在 15 世纪，随着新大陆的发现和航海活动的大规模展开，资本主义生产关系开始在海岸沿线萌发。早在 16、17 世纪，资本就已经零散地存在于各种社会经济形态之中，其出现的时间比资本主义的出现要早。航海时代的开启为世界建立了广泛的联系，资本生产也在葡萄牙、西班牙等国家开始兴起，但就其规模而言还是十分有限的，无法称为资本主义。资本的诞生基础是商品流通和贸易活动，但是生产和贸易本身的发展也需要一个过程。资本积累途径中最为迅速的就是殖民掠夺。因此随着十六世纪到十八世纪中期黑人劳动力的大批量贩卖和殖民地产品的疯狂掠夺，大西洋三角贸易的规模成持续扩大的态势。资本的原始积累开始逐渐形成，早期的资本主义形态逐渐显现。工业资本居于统治地位的十八世纪中期，资本主义生产方式促使生产力大幅度提升，可是这也让资产阶级紧握资本大权，越来越追逐最大化的利益，为此加剧了对劳动力的剥削、世界性的资本扩张和资源掠夺。资本逻辑影响下的资本主义社会，以价值增值为目标，这就使得经济危机在生产相对过剩的影响下周期性爆发。贫富差距急剧增大，社会矛盾日益激化，阶级之间的冲突给社会增添了很多不安定因素。因此，马克思对待资本主义的态度，由《共产党宣言》中表现出的认同，转变为《资本论》里基于人道主义和道德立场的批判。

（二）马克思的个人经历是批判思想形成的主体因素

形成资本主义批判思想的主体是马克思，那么从主体层面来考虑，马克思的个人性格、生活经历和情感同样对批判思想的形成起到至关重要的作用。马克思的幼年时期，当时的德国，受早期法国人文思想的影响，拥有浓厚的民主气息，但是由于经济方面的资本积累，人的自由难以实现，人们对人道主义的探讨成为当时的焦点问题。马克思的父亲，是法国大革命的支持者，受这种成长环境的熏陶，人道、自由的思想便从小扎根在马克思的心里。在青年时期，马克思热爱古希腊文学，他以其中的"普罗米修斯"充实自己的精神信念，这种富有抗争和批判性的普罗米修斯情怀始终影响着马克思的思想。他在《莱茵报》《德法年鉴》工作期间，对普鲁士政府的旧制度做出了强烈的批判。这一举动也让他经历了很长一段时间的颠沛流离的生活。在流亡途中，他深刻体会到了贫苦人民的艰难，这为他批判思想的形成提供了现实的基础和实践的土壤。

（三）前人思想的积淀是批判思想形成的理论根源

任何一种思想的产生都有其根源，绝不是个人的奇思异想。马克思对资本主义的批判追本溯源还是在前人思想的影响下形成的，在社会实践中检验的思想。其中包含了前资本主义时期对"资本"的阐释，德国古典哲学、英国法国古典政治经济学，以及法国空想主义中对资本主义的解读等，以上这些都是马克思批判思想的重要来源。

1. 对"资本"概念的扩充

"资本"绝不是在资本主义之后才出现的名词，早在古希腊时期，交换活动已然出现。在交换过程中，人们不仅追求获得物品的使用价值，还开始关注所获物品增值的部分，这也是"资本"的早期形态。人们在追求增值的过程中久而久之衍生出了"资本"一词，不仅是在西方社会，在我国传统文化中，例如北宋的《春渚纪闻》中，就有"资本耗折殆尽，其子愧之"这样的说法。在西方，"资本"一词在新航路开辟之前就已经出现，主要指的是牛羊家畜等一些可增殖的资产。到 16 世纪后，新航路开辟，西欧一些国家通过殖民掠夺进行资本原始积累，这也扩充了资本的含义。

2. 对德国古典哲学的辩证思考

德国古典哲学被誉为 19 世纪人类思想史上具有重大影响力的成果，也是资产阶级思想家根据当时社会历史条件初步形成的哲学体系。马克思辩证历史唯物主义就源于德国古典哲学，他在黑格尔提出的唯心主义辩证法的基础上进行更深入的辨别和阐发，提出了与之联系又相区别的辩证唯物主义，揭示了自然与人类社会的发展运动规律。[1]后来，在费尔巴哈人本唯物主义的影响下，马克思又将唯物辩证法加入了人文色彩，形成了辩证历史唯物主义。这也为他批判资本主义对劳动力的压榨提供了充分的理论依据和哲学凭证，让资本主义批判思想更具有科学性。

3. 对古典政治经济学的合理批判

英、法古典政治经济学的代表人物之一亚当·斯密，以原有的政治经济学为基础创造性地提出了劳动价值学说，它是批判封建统治分析资本主义经济规律的理论源头。[2]亚当·斯密所阐释的劳动价值理论是对黑格尔的唯心主义哲学中部分思想的继承，认为人的本质是自由的、精神的劳动。创造人和人类社会的是人有目的、有意识的自由的劳动，劳动不是社会财富，而是一种私有财产。李嘉图除了继承他的部分观点以外，更侧重在价值方面的阐述，但他的观点并没有理解价值的实质，对劳动和资本的研究并不透彻。马克思的剩余价值学说就是基于此二人的观点创立的，其中对资本主义剥削与压迫的实质做出了深刻剖析与合理阐释。

4. 受空想社会主义的影响

空想社会主义是托马斯·莫尔、圣西门、傅立叶、欧文等代表人物对美好社会的大胆构想，其中多次提到人的自由、公平、正义的问题。这也是马克思科学社会主义关于"人自由而全面发展"思想的重要来源。空想社会主义对未来的设想与当时资本主义社会现状形成鲜明对比，在资本主义的压迫下，劳动者的自由时间不断被压缩甚至被彻底剥夺，资本主义对社会财富的奠基是建立在残酷的金钱利益之上的，因此，空想社会主义畅想的蓝图成为马克思资本主义批判思想的源泉。

三、马克思资本主义批判思想的形成过程

马克思的生活背景较为复杂，社会变化性十分巨大，而他一生研究涉猎的领域庞杂广泛，是以，他的资本主义批判思想的提出不是一蹴而就的，而是一个动态的过程。马克思的思想一部分来源于前人的思想总结，另一部分来源于现实的生产生活实践，二者完美融合是马克思理论创新所在。之所以提出资本主义批判理论，就是为了揭露资产阶级的丑行，使工人阶级深刻清醒认识到自身处境，并对实现自身解放和自由发展付诸实际行动。对马克思资本主义批判思想的形成过程研究，不是一个节点研究，而应该是一种线性研究。

（一）批判思想的理论性初探

《1844 年经济学哲学手稿》（以下简称《手稿》）是马克思最初探究政治经济学并以大篇幅体现资本主义批判思想的著作。

《手稿》的创作初衷是为了总结政治经济学学习后的个人思考，但在资本主义经济的研究中，马克思发现当时阶级关系的实质。真正开始以资本为切入点，以人本主义为落脚点对资本主义进行批判。

在《手稿》中可以看到马克思对资本本质的初步解释。他通过比较分析工资、资本的利润、地租这三大资本范畴，从资本与劳动者的角度提出了"异化理论"，这也是对国民经济学的未提及部分的重大创新。马克思所提出的"劳动"带有深层次的含义和一定的指向性，已经不是单纯的抽象的劳动，而是带有一定人本主义色彩的人的劳动，在《手稿》中特指工人劳动。资本的剥削本质源于私有权问题，资本家拥有剥削的特质的根源在于他是资本的所有者，而拥有资本的多少决定了他对劳动力的购买能力，对多资本的追求决定了他的剥

削程度。而作为不具有资本的工人阶级来说，他们只有通过出卖劳动力才能够维持自己的生活，由此便不难发现资本所取得的是对他人劳动产品的私有权。相较于国民经济学的观点，马克思更深刻地挖掘出了资本掩盖下的人与人的关系，即资本家对工人劳动产品的占有和对工人的剥削，发现了资本主义生产方式的平等形式所隐藏的实质的不平等。[3]

《手稿》是资本主义批判思想提出的最初文本，从人道主义来讲，它是一部顶峰性的著作，但从系统性和全面性的角度考量，它还属于马克思的早期思想，有些许不成熟的地方，只是理论层面的研究，并没有落入实践当中去。

（二）批判思想在现实活动中的提出

《1844年经济学哲学手稿》完成了理论层面对资本主义的初探，是一部初步定向性的文本。而《神圣家族》《费尔巴哈提纲》和《德意志意识形态》则是基于工人阶级生产劳动实践的背景之中对资本主义提出的新批判，体现了实践唯物主义的新的世界观。首先，在批判对象方面，从对理论观念的批判落实到以人为主体的批判。其次，社会生活的本质特征是实践性。区分马克思唯物主义和旧唯物主义的显著性标志就是是否能够在实践中充分理解理论。实践活动是人类生存方式，人类劳动同样也是人们实践活动的一部分，实践不仅能够创造人类的物质生活，还能丰富人类的精神生活，扩充人与人之间的社会联系。自然界只有通过人类的实践活动，在人类的实践活动中打上人类生活的烙印，才能成为人们所生活其中的现实世界的一部分。实践本身的历史性决定了感性世界也是历史性的，即处在不断生成变化的过程中。马克思对资本主义的批判思想正是看到了生产实践中阶级的矛盾性而提出的，是具有实践背景和实践意义的批判。最后，从马克思的关注角度来看，他的思想理论关注的是现实的、具体的人。不同于形而上学中对人的抽象化、概念化的理解，马克思认为人应该处于一定的历史环境下和现实生活中，现实中的人应该不仅是自然存在物，更应该是社会关系中的一部分，个体的实践活动与社会的整体或者说与人类整体息息相关。人的具体性、现实性和历史性为资本主义批判思想提供了新的认知角度。

（三）批判思想的纲领性表达

在唯物主义实践观提出之前，马克思的批判思想一直徘徊于思辨哲学与人本主义之中。在新的世界观确立之后，马克思创作了《哲学的贫困》《雇佣劳动与资本》和《共产党宣言》等一系列著作，在著作中我们可以看到他对资本主义的客观评价，其中包括历史层面和价值层面等各方面的解读。这些著作产生之初的历史境遇和文本所用的特殊形式决定了资本主义批判思想的纲领性阐述。其中，《哲学的贫困》的本质是在唯物史观的科学逻辑之上对资产阶级政治经济学和形而上学的双重批判，是基于唯物史观对资本控制下资本逻辑的形成的初探，是资本主义生产方式及其社会危机的辩证分析。《雇佣劳动与资本》第一次解释了什么是资本增殖方式。通过探究资本增殖方式，马克思阐明了资产阶级社会生产关系的实质是对雇佣工人劳动的残酷剥削，从而揭示了劳动与资本具有对立性的事实。《共产党宣言》中马克思从历史唯物主义的角度揭示了资本拥有社会控制力的发展趋势。它不仅是一部经典的理论著作，更是对工人阶级具有指导意义和实践意义的纲领性文件。

（四）批判思想的成熟表达

《资本论》是马克思的一部比较成熟的经济学著作，但究其文本不仅具有经济学价值，其中对资本主义批判思想的成熟表达更具有时代性和价值性。相较《1844年经济学哲学手稿》，《资本论》是基于工人阶级的社会实践而创作的。对资本主义的科学阐释的内容主要包括以下方面：

第一，详细阐述了资本的生产过程，即剩余价值的生产。马克思对古典政治经济学的超越在于他在不同领域对资本主义的研究和反思，不仅包括生产领域，还包括历史领域、人文领域等。资本的主导性不是与生俱来的，而是在增殖与积累的过程中产生的，更本质地说是在剥削劳动中产生的。第二，资本家在资本流通的过程中获取剩余价值。流通是剩余价值生产的前提和实现条件。但也正是通过流通环节将劳动者与资本家分离开来，加大贫富的差距，使资本又重新回流到资本家的手中。通过购买阶段，资本才能把原来分离的生产资料和劳动者结合起来，进行剩余价值的生产；再通过销售阶段，资本家才能通过让渡新商品的使用价值而获得包括剩余价值在内的新商品的全部价值。第三，资本生产的过程始终以剩余价值的分配为主线。剩余价值的分配，从本质上来看是资本家等剥削阶级对剩余价值的瓜分问题。剩余价值转化为利润、剩余价值率转化为利润率、利润转化为平均利润的一系列的转化实际上都是为了掩盖资产阶级对工人阶级剥削的真相。

《资本论》诞生于马克思的中晚年阶段，是一部较为成熟的作品，其中的批判思想是基于经济学和哲学层面的合理批判和科学表达。

四、马克思资本主义批判思想的时代价值

（一）批判思想有助于坚定"两个必然"的信念

马克思基于资本主义进行深刻剖析和科学批判，发现私有制与社会化大生产之间的矛盾是资本主义发展过程中不可避免的，这也在无形之中为资本主义的发展设置了障碍。从社会基本矛盾本身而言，资本主义生产方式极大提高了生产力的发展，但是这必将导致生产关系与生产力的不适应，使发展受到阻碍。就社会关系而言，资本主义形成的是一种资本控制下的金钱利益关系，这种以金钱为尺度的关系具体表现为资本家与劳动者之间的雇佣关系，在这种雇佣关系中，以利益为主的观念使得资本主义生产中出现两种对立的阶级——无产阶级和资产阶级。从资本主义的自身特性来看，资本主义的实质就是通过剥削不断形成利益最大化，资本家对剩余价值的追求使得劳动者的自由时间不断缩短。而这种残酷的生产方式就势必会带来工人阶级的强烈抗议，由此，阶级矛盾激化，为"两个必然"的实现提供矛盾基础和阶级基础。

资本主义带来的世界性的资本扩张，促使经济全球化趋势的形成。劳动力、自然资源等将在经济全球化的进程中实现高效配给。世界性的生产要素交流和资源整合能够提升资源的利用率，使其发挥最大的功效。世界交往的普遍性、广泛性与频繁性能够加速商品的流通，促进产品的生产。资本主义推动下的生产力飞速发展为社会主义的实现，甚至是"两个必然"的实现提供更为丰厚的物质基础。

（二）资本主义中蕴含着社会形态发展因素

马克思认为，"无论哪一个社会形态，在它所能容纳的全部生产力发挥出来以前，是绝不会灭亡的：而新的更高的生产关系，在它的物质存在条件在旧社会的细胞里成熟以前，是绝不会出现的。"[4]旧的社会形态中往往具有推动新的社会形态萌芽的因素。资本积累为新社会形态的产生提供了丰厚的物质财富，与此同时，滋生的社会矛盾致使工人阶级的队伍不断强大起来，这就形成了新社会形态产生的阶级后盾。从物质财富的角度看，生产力与生产关系是具有辩证统一关系的矛盾，只有生产力足够发展完善到生产关系不能与之相匹配的程度，产生矛盾时，新的社会形态才会应时而生。工业革命完成后，科技作为资本主义生产中的重要部分，促使物质财富在劳动力与生产资料密切配合的条件下实现最大化。这比起封建社会控制下的腐朽保守式的生产模式，有了本质性的提升。与此同时，资本和资源在世界范围的流动让经济全球化成为一种必然

趋势。在社会发展过程中，人类能够真正利用的资源是非常有限的，国家、地域的限制使得资源和资本的合理配置成为生产的关键性问题。经济全球化是世界发展的一部分，但它并不是社会发展之初就有的，而是随着资本主义的发展逐步形成的，是资本推动下的全球化。

资本主义的发展带来了阶级分化，这也为新社会形态的产生准备了条件。阶级斗争是社会发展的动力。资本主义生产方式催生的阶级分化将封建时期贵族与平民之间的阶级斗争转化为无产阶级和资产阶级的斗争，但究其根源依然是生产资料私有制导致的贫富差距，以及由于贫富差距导致的剥削。劳动者为社会创造了巨大财富，却不能真正占有全部财富，这也就促使阶级矛盾出现，推动阶级斗争促成社会形态的变革。

（三）资本的合理利用有利于我国经济的发展

资本主义存在很多弊端，但我们不能忽视它推动生产力发展的重要作用。马克思曾指出"生产力的普遍发展和与此有关的世界交往的普遍发展"[5]是共产主义实现的前提。资本主义的发展促使资本在全球的流动，尤其是冷战结束后全球经济高速发展，这也为处于相对落后状态的发展中国家提供了突破性的发展机遇。

在社会主义初级阶段，我国的经济基础较为薄弱[6]，发达国家的生产方式中有可取之处，例如资本的合理利用，可以成为促进我国经济快速发展的有利手段。资本流通促进了世界的资源交流，这也为我国提供了一个对外开放的良好契机。资本主义制度下推动了科学和技术的发展，世界性的交流也不只是资本的流动，还包括知识、技术和经验的沟通。对于资本主义的批判并不是一味舍弃，而是发现其中可借鉴的优势，摒弃其中的剥削因素，做到辩证发展。

五、小结

马克思对资本主义制度的批判是基于辩证的哲学思想进行的客观评价，一方面，他从历史发展的角度肯定了资本主义打破了封建制度的枷锁将社会推向一个全新的发展阶段。生产力的大幅发展，为社会发展和社会形态的推进提供了物质基础。另一方面，基于资本主义内部矛盾及其发展前景，马克思在深刻剖析的基础上加以客观批判，他指出资本主义社会内部由于生产关系与生产力相互作用滋生的资本主义社会金钱作用下人际关系问题，以及资本主义社会资本主导性所造成的剥削与压迫等问题是资本主义内部滋生的弊病，同时也是资本主义社会内在冲突的根源。深刻分析马克思资本主义批判思想，从实践层面正确看待资本主义的产生、发展到灭亡这一过程，对于我们辩证地利用资本优势发展国家经济有重大意义。对世界来说，对资本主义的批判，有助于深刻认识资本主义弊端并防范周期性危机及新经济危机有重大理论指导意义。对于我国建设过程中应对世界各种挑战，坚持中国特色发展道路有重要的参考价值。

参考文献：

［1］赵海月，赫曦滢.列斐伏尔"空间三元辩证法"的辨识与建构［J］.吉林大学社会科学学报，2012（2）.

［2］李建国.中国社会转轨时期的经济伦理变异与重构［D］.长春：吉林大学，2008.

［3］吴晓明.论马克思对现代性的双重批判［J］.学术月刊，2006（2）：46－52.

［4］马克思，恩格斯.马克思恩格斯选集：第2卷［M］.北京：人民出版社，1972.

［5］马克思，恩格斯.马克思恩格斯选集：第1卷［M］.北京：人民出版社，1995.

［6］赵存生，王东.邓小平与当代中国和世界［M］.北京：北京大学出版社，2004.

反对历史虚无主义论述的方法论研究[*]

历史虚无主义是一种错误的社会思潮，反对历史虚无主义的相关论述运用社会系统、社会矛盾、社会主体、历史唯物主义和辩证唯物主义的科学的方法论从科学系统的层面批驳了历史虚无主义的错误观点。了解反对历史虚无主义的相关论述，并从方法论的层面进行科学系统的认知，有助于认清历史虚无主义错误思潮，坚定历史唯物主义信念，发扬中国特色社会主义思想。

历史虚无主义是一种错误的社会思潮。近年来，历史虚无主义的思潮沉渣泛起，造成了严重的不良影响，学界形成了众多重要学术成果，严厉批判了历史虚无主义的错误，国内学者就反对历史虚无主义论述的研究成果丰硕①，但当前国内关于反对历史虚无主义的研究集中在对于反对历史虚无主义论述的规律总结方面，从不同的维度，例如意识形态、文化自信、历史、历史人物、网络空间等相关关系、相互影响作用分析解读反对历史虚无主义的相关论述，阐释历史虚无主义的表现、危害、相关主体、解决对策等，主要还是对论述内容本身进行解读分析，很少有文章从科学探讨的角度系统总体地把握和分析反对历史虚无主义的论述，即这些论述分别是从什么样的角度着力，以及致力于解

---

* 作者简介：慕文蓉，女，北京信息科技大学马克思主义学院研究生。

① 相关著作有中共中央党史研究室《反对历史虚无主义》，中共党史出版社 2017 年版；中共中央党史研究室《坚定党的历史自信反对历史虚无主义以习近平总书记系列重要讲话精神统领党史工作》，中共党史出版社 2016 年版；梁柱，龚书铎主编《警惕历史虚无主义思潮》，人民教育出版社 2006 年版等。论文主要有王晓荣、王华《习近平反对历史虚无主义，树立正确党史观思想述论》，《毛泽东思想研究》2017 年第 3 期；李元鹏《学习习近平关于历史、历史问题重要论述的几点认识》，《思想教育理论导刊》2018 年第 9 期；吴德刚《坚持以马克思主义的立场、观点和方法研究党史——学习习近平总书记关于党史工作的重要论述》，《世界社会主义研究》2018 年第 1 期等。

决什么样的现状，这些论述的科学性具体体现在哪里，它们如何体现了马克思主义和历史唯物主义的科学性原则。

本文将着力从方法论的角度分析反对历史虚无主义的相关论述，运用社会系统、社会矛盾、社会主体、历史唯物主义和辩证唯物主义的科学的方法论角度分析反对历史虚无主义的相关论述。科学的方法论分析能够让更多人认识到历史虚无主义的错误性质，明白反对历史虚无主义相关论述的科学性和实践性。通过关于反对历史虚无主义论述的方法论的深入分析，能够更加明确历史虚无主义在历史事实、历史解读、历史认知层面的迷惑性，有助于人民群众坚定历史唯物主义和辩证唯物主义的世界观和方法论原则，从而为推进新时代中国特色社会主义事业奠定基础。

一、用社会系统科学方法论来反对历史虚无主义

马克思主义唯物史观强调，社会本质上是一个各方面相互联系的系统，社会历史也是一个前进的、动态的发展过程，正是各个方面的因素作用、各个阶段的发展变化共同塑造了今天的社会，也可以说，每一次历史进程的重大变革都是各方面因素综合导致的。社会系统科学方法论就是要把社会发展看成一个动态的系统，全面科学地形成系统认识。习近平关于历史的论述体现了社会系统科学方法论。习近平总书记强调，"我们党领导人民进行社会主义建设，有改革开放前和改革开放后两个历史时期，这是两个相互联系又有重大区别的时期，但本质上都是我们党领导人民进行社会主义建设的实践探索。"[1]历史是对一个民族的见证，是一个民族继续向前发展的精神宝典，全面地认识本民族的文化和历史，才能自立于世界民族之林。今天的社会主义中国和中华民族是近代以来我们经历了帝国主义、封建主义和官僚资本主义的剥削压迫之后，中国共产党带领人民浴血奋战、努力奋斗、艰苦建设、深化改革而来的，错误和失败是片面的，成就却是斐然的，中国共产党人的英雄事迹是数不胜数的。李方祥教授也指出，"如果仅仅把个别的历史事件或历史细节作为研究对象，那么往往难以抓住甚至可能忽略了理应加以着重研究的最关键、最重要的历史问题，过分纠缠细节只会使历史显得杂乱无章而难辨本质。"[2]我们在今天认识了解历史、解读分析历史，必须把握历史发展全貌，综合分析各方面因素，进行系统研究。单独片面地使用历史中的部分事件或者个别人物定义历史全貌，是不科学、不客观的，最终必然会导致历史唯心主义的泛滥。中国的历史是悠久的，社会主

义中国的历史也是光辉的，系统分析中国的历史，不能在犯过的错误上妄自菲薄，应该明晰历史全貌，客观认识我们的错误和取得的成就，不因为错误否认已经取得的成就，也不因为历史的发展忘记曾经犯下的错误，不搞历史虚无和文化虚无，根据历史经验为今天的社会改革提供借鉴，指引未来发展的方向。

二、用社会矛盾分析方法论反对历史虚无主义

社会是一个复杂的大系统，而社会的各系统之间、系统的各要素之间呈现出复杂的矛盾关系。矛盾是普遍存在的，而解决矛盾需要抓住问题的主要矛盾，具体问题具体分析。习近平总书记关于批判历史虚无主义错误思潮的论述体现了社会矛盾分析的方法论，一方面，历史虚无主义思潮是我国当前社会矛盾的一种体现形式；另一方面，要抓住历史虚无主义传播的主要矛盾着力解决。

（一）历史虚无主义是我国当前社会主要矛盾的一种表现形式

党的十九大报告指出，"中国特色社会主义进入新时代，我国社会主要矛盾已经转化为人民日益增长的美好生活需要和不平衡不充分的发展之间的矛盾。"[3] 当前历史虚无主义的冒头一定程度上就是我国当前社会主要矛盾的一种体现，人民对于美好生活的需要恰恰就包含人民群众对于文化的追求。在现代化获得发展的今天，在和平的年代，人民群众更加深刻地认识到了中国历史的源远流长，尤其是近代以来的历史，中华民族不屈反抗、建设中华人民共和国的伟绩更吸引群众。一方面，随着人民群众受教育程度的提高，对于历史的全貌充满着好奇和求知欲，渴望了解历史；另一方面，网络的快速发展迎合了这些需求，但其中充斥着各种虚假的历史事实和解读，严重误导人民群众对于历史事实的认识。面对当前人民群众对于文化生活的追求，要着力解决文化发展不平衡、不充分的矛盾，推动文化产业、文化事业的共同繁荣发展，对于人民群众感兴趣的文化领域进行特色发展，对于网络上的不良传播进行打击遏制，保证人民群众对于文化追求的多样性和正确性。

（二）抓住历史虚无主义的主要矛盾

习近平总书记指出，"国内外敌对势力往往就是拿中国革命史、新中国来做文章，竭力攻击、丑化、污蔑之能事，根本目的就是要搞乱人心，煽动推翻共产党的领导和我国社会主义制度。"[4] 习近平的这段话从本质上把握了历史虚无主义的主要矛盾，即历史虚无主义的根本目的在于否认中国共产党执政的合法性，否认社会主义制度。北京大学梁柱教授认为，"在改革开放新时期泛起的历史虚无主义思潮，集中表现为'告别革命'论，有其鲜明的政治诉求。表面看它是一种学术性的思潮，实质上是一种政治思潮。历史虚无主义虽然只是史学研究中的支流，但它起到搞乱人们思想，消解主流意识形态和社会共同理想的恶劣作用。"[5]可见历史虚无主义思潮是有其政治诉求的，国内外敌对势力利用人民群众的好奇心，歪曲历史事实，对于近代以来中国革命的历史和细节进行过度解读，为反动分子辩白，否认革命英雄，否认革命的成功，否认大无畏的革命英雄主义，动摇社会主流价值观。同时，国内外敌对势力将改革开放前后分为两个孤立的阶段，否认改革开放之前的社会主义建设成果，放大党犯过的错误，将其归结于领导个人，割裂两个时期，妄图抹黑中国特色社会主义。看清楚历史虚无主义的根本目的，就抓住了主要矛盾，就可以对症下药，基本找到应对历史虚无主义的解决办法。十一届六中全会《关于建国以来党的若干历史问题的决议》就是应对历史虚无主义的典范，通过官方决议的方式给予历史事件、人物最客观的描述、评价，给人民群众吃一颗定心丸，消除国内外敌对势力的蛊惑。

三、用社会主体分析方法论反对历史虚无主义

社会主体分析方法论，就是要把社会主体的人，作为当前社会历史研究的出发点和落脚点，通过研究人的本质、人的社会关系、人的实践活动，揭示社会的本质及其发展规律，为社会进步提供指导。习近平总书记关于如何应对历史虚无主义论述体现了社会主体分析的方法论，一方面，领导干部应该多读历史自觉抵制历史虚无主义错误思潮；另一方面，哲学社会科学工作者要利用学术的手段对历史虚无主义错误思潮进行反击。

（一）领导干部

习近平说过，"领导干部不管处在哪个层次和岗位，都应该读点历史"，"这样才能使自己的眼界和胸襟大为开阔，认识能力和精神境界大为提高，使自己的领导工作水平不断得以提升"。[6]中国的历史中蕴含着各种丰富的治国理政、与民生息的经验，关于义利判断、廉洁奉公的价值选择对于今天的工作都有很强的启示，社会主义建设的历史也能为今天的社会主义改革提供指导和参考，避免着急冒进或者畏缩不前、机会主义的错误倾向，决不能忽视历史经验的重要作用。领导干部作为立足当下的新时代社会主义建设者，就应该多读历史，以史为鉴，既学习服务人民的公仆精神，也增强开展工作的尽职能力。领导干

部同时也是向人民宣传社会主义正能量思想的先锋队，领导干部只有自身读史学史，才能了解历史真相，透析历史社会发展规律，自觉增强抵制历史虚无主义的能力，才能做好工作，并在工作中向人民群众宣传历史，使人民群众了解真相，最终引导广大人民群众自觉抵制历史虚无主义的侵害。

（二）哲学社会科学学者

习近平在哲学社会科学座谈会上强调，"只有真正弄懂了马克思主义，才能在揭示共产党执政规律、社会主义建设规律、人类社会发展规律上不断有所发现、有所创造，才能更好识别各种唯心主义观点、更好抵御各种历史虚无主义谬论。"[7]哲学社会科学学者是历史学、社会学、法学等学科的先锋人物，自身必须要加强对于马克思主义基本原理的认识和把握，通过探究历史事实，钻研哲学社会科学著作，深刻把握历史和社会发展规律，以严谨的学术态度认识历史事实和历史人物，自觉用历史唯物主义的方式应对历史虚无主义。另外，历史虚无主义思潮打着学术的幌子，造成了很不好的学术影响。因此，哲学社会科学学者应该用自身擅长的专业的学术成果对历史虚无主义进行最为直接的批判和反击，批判的武器不能代替武器的批判，但是可以让人民群众能够最直观地认识到真正的历史、社会和科学，明白社会发展规律、共产党执政规律，清楚历史人物的评价方式，利用科学的头脑武装自己，自觉抵制历史虚无主义，消除历史虚无主义的谣传对于社会的不良影响。中国社会科学院的龚云教授也认为，"要总结我们党长期反对历史虚无主义的经验，正确处理政治和学术的关系，区分两类矛盾，既不能把政治问题学术化，也不能把学术问题政治化，既要团结尊重绝大多数知识分子，又要对极个别长期系统地、公开地否定党的领导和社会主义制度的鼓吹者，严格依法依纪进行处理，严肃查处长期为传播历史虚无主义观点提供阵地的个别媒体。"[8]

四、用辩证唯物主义和历史唯物主义方法论反对历史虚无主义

辩证唯物主义和历史唯物主义是马克思主义最为根本的方法论原则，也是批驳历史虚无主义错误观点所要遵循的根本准则。历史唯物主义是指经济社会的发展决定了历史进程，社会历史的发展有其自身的客观规律，人民群众推动了整个人类社会历史的进步发展，个人意志难以改变历史发展的主流。辩证唯物主义认为世界在本质上是物质的，物质世界按照一定的规律运动、变化和发展。关于历史虚无主义的危害，习近平总书记也指出，"历史虚无主义公开否定

中国五千年历史的优秀文化，千方百计地去找一些个别事例来论证中国人'愚昧''落后''不文明'，把中国五千年的文明虚无得一无是处；把中国的革命描绘得血雨腥风毫无人道；把改革开放前后两个历史时期割裂开来，对立起来"。[9]这段论述表明历史虚无主义本质上是一种僵化的唯心主义历史观，主要表现形式是利用不完整的历史材料，片面僵化地解读历史事实，利用学术研究探讨的名义歪曲历史事实，混淆历史的主流和细节，颠倒历史事件的现象和本质。从方法论原则上来说就是一种错误的思想观点，不符合历史事实，违背历史真相和发展规律，使用片面的僵化的视野和观点评价分析历史，是不科学的，不具有理论价值和实践意义。武汉大学杨军教授认为，"就辨识历史虚无主义思潮而言，尤其要加强唯物史观学习。唯物史观是全部马克思主义科学体系的历史观支柱，具有鲜明的阶级性。"[10]面对历史虚无主义，必须用历史唯物主义和辩证唯物主义的科学思想予以反击，研究历史必须要坚持全面客观地分析看待历史事件、历史人物，不能因为好的方面忽视坏的方面，也不能因为错误的一面否认正确的一面，实事求是、科学全面、辩证客观地评价其功绩与错误，通过严谨的考证和细致的分析，得出关于历史的正确事实结论和客观评价分析。

五、结论

历史并非是不能考证和讨论评说的，我们不能忘记历史，革命先辈抛头颅洒热血争取的和平和解放，他们对于真理的坚持和身体力行的实践必须得到我们全身心的维护和支持，我们必须牢记英雄事迹，牢记共产党人带领人民群众争取解放的光辉历史。但是同时也要注意，必须坚持正确科学的方法论原则和是非观。我国当前学术界对于历史虚无主义进行了严厉的反击和科学的批判，也利用科学的方法论原则对历史、历史虚无主义，以及如何应对历史虚无主义进行了论述和分析。通过进一步关于反对历史虚无主义论述的方法论分析，更加明确了历史虚无主义在历史事实、社会实践层面的不科学性，有助于人民群众坚定历史唯物主义和辩证唯物主义的世界观和方法论原则，发扬中国特色社会主义思想，从而为推进中国特色社会主义事业奠定基础。

参考文献：

［1］中共中央党史研究室．正确看待改革开放前后两个历史时期——学习习近平总书记关于"两个不能否定"的重要论述［J］．中共党史研究，2013

（11）：5－11.

　　［2］李方祥. 历史虚无主义的方法论剖析［N］. 中国社会科学报，2017－07－25.

　　［3］习近平. 决胜全面建成小康社会夺取新时代中国特色社会主义伟大胜利［M］. 北京：人民出版社，2017：15.

　　［4］习近平总书记系列重要讲话读本（2016 年版）［M］. 北京：人民出版社，2016：32.

　　［5］梁柱. 历史虚无主义的政治诉求及其危害［J］. 思想理论教育，2016（2）：11－17.

　　［6］习近平. 领导干部要读点历史——在中央党校2011 年秋季学期开学典礼上的讲话［N］. 学习时报，2011－09－05.

　　［7］习近平. 在哲学社会科学工作座谈会上的讲话［J］. 青海统计，2016（7）.

　　［8］龚云. 历史虚无主义研究［J］. 马克思主义研究，2017（6）：90－95.

　　［9］中共中央党史研究室. 历史是最好的教科书：学习习近平同志关于党的历史的重要论述［M］. 北京：中共党史出版社，2014.

　　［10］杨军. 提升对历史虚无主义思潮的辨识力［J］. 理论与评论，2018（3）：44－52.

浅谈革命文化对文化自信的作用*

　　文化作为当今时代一个国家及一个民族不断在历史发展进程中持续向前的不竭动力，早已凸显出其举足轻重的不二地位。在我国五千年文化历史发展的进程中，孕育出了三类文化，也是最为主要的文化，即传统文化中的优秀文化、中国革命时期的文化与当前社会主义建设下的先进文化。中国革命时期的文化是祖国在内忧外患的局面下中国共产党带领广大中国人民站起来并发出世纪呐喊的波澜壮阔的文化，中国革命文化不仅是不断完善文化自信理论的思想源泉，同时也是指引着中国共产党人的崇高信念。

　　文化自信是作为一种文化层面的理论，在党的领导人全面剖析国内外文化背景之后被广泛研究的。首先，在世界领域的大背景下来谈，苏东剧变、社会主义阵营的"老大哥"解体的二十多年以来，一超多强的局面并没有延续多久，转而因为经济全球化而在文化方面呈现出多元化的局面，加之在国外文化层级之上的比拼竞争愈演愈烈。如此一来，文化在当今以"和平与发展"为主题的各个民族国家之中的地位显而易见，文化作为国家软实力的一种体现，已经在日益彰显其重要性；其次，在国内的背景下来谈，纵观我国的近代史实则是一部奋进史，由于文化的落后而导致我国错过了两次工业革命的发展黄金期，刚刚借助于改革开放的意义重大决定补上了一些短板的我们，如今站在了社会主义新时代的潮头，并且每个公民都将为实现五千年中华民族的伟大复兴使命而攻坚克难、努力奋斗。故而，中国革命文化已然不可或缺，革命文化对文化自信思想的积极作用更加是助力我国长足发展的力量之源。

---

　　* 作者简介：安宁，男，北京信息科技大学马克思主义学院研究生。

一、革命文化的内涵与历史地位

（一）革命文化的内涵

习近平总书记指出："中国共产党领导中国人民取得的伟大胜利，使具有5000多年文明历史的中华民族全面迈向现代化，让中华文明在现代化进程中焕发出新的蓬勃生机。"[1]中国革命时期的文化是祖国在内忧外患的局面下中国共产党带领广大中国人民站起来并发出世纪呐喊的波澜壮阔的文化，同时也是从1921年中国共产党诞生之日起，从无到有、从一到多而形成的强大推动力，一点点促使中国革命从星火之势头走向燎原之胜利的精神武器。中华优秀传统文化的精华通过革命文化的形式得到了充分的继承和发扬。与此同时，中华优秀传统文化的精华还奠定了社会主义先进文化的基础，它还为文化自信提供了理论源泉。革命文化产生的途径是中国共产党带领下的革命实践基础，与党的革命实践密不可分。文化自信也包括革命实践之中锤炼出的革命先进文化，可以说是文化自信的很重要的一部分。革命时期，在中国共产党的带领下，中国人民在革命实践中创造了前所未有的先进的革命文化。与此同时，在中国共产党带领下的革命斗争进程中，中国共产党的先辈们为革命文化的发展和继承创造了许多优越的条件。举例来说，自强不息的奋斗精神，爱国敬业的奉献精神，艰苦奋斗的创业精神等，这些精神时刻鼓励着党和人民为民族的复兴而勇往直前、艰苦奋斗。与此同时，这些伟大的精神力量还为革命文化的形成奠定了大量的实践基础。波澜壮阔的革命实践与先进的革命文化的发展壮大密不可分，后者为前者提供了强大的理论支撑。革命实践与革命文化互为表里，互相促进，相辅相成，二者缺一不可，假如没有深刻的革命实践，革命文化也就不复存在。

（二）革命文化的历史作用

可记得在那个众多仁人志士身怀报国宏愿的时期，中国共产党人帮助广大群众于战乱里挺进，于苦难中重生，所谱写的不仅是一部在漫漫征途里顽强拼搏的嘹亮军歌，更是拯救亿万人民于水火的宏伟史诗。

鸦片战争后，中国积贫积弱，国民生活于磨难与困苦之中。为实现心中宏愿，前赴后继的革命者们甘愿流血、情愿牺牲，进行了数次的道路探索及不懈斗争，却依然无力回天。只有中国共产党在那个旧时期力挽狂澜，中国共产党人革新的是从近代以来中国百年的混沌秩序，于民族解放的这一过程里，它所缔造的历史地位及重要革命文化成果，始终是我们整个民族与全体中国人民不断开拓社会主义文化建设新局面的精神支柱。革命文化实则彰显了"唯有共产党方可救中国"这一真谛，共产党人在那个时期所进行的伟大实践是不容忽视的，所取得的重大历史成就不论置于何时何地都是不可磨灭的。

二、中国革命文化对文化自信的积极作用

（一）革命文化与文化自信的关系

中国优秀的革命文化是中国共产党人于近代以来的战争年代里，带领着广大先进分子及社会大众一起建设出的马克思主义中国化的红色文化，囊括了我们党智慧的结晶与内涵丰富的历史文化。倘若说华夏五千年的优秀传统文化是作为习近平总书记文化自信思想源起的，那么风起云涌的近代历史中的中国革命文化则是习近平总书记文化自信思想的活的灵魂，中国革命文化不仅是不断完善文化自信理论的思想源泉，同时也在指引着中国共产党人的崇高信念、规范着共产党人的道德标准，这就令当今时代的我们对于自身文化具备了更坚定的信心与勇气。在中国波澜壮阔的近代革命进程里，中国革命文化承接了中华民族优秀传统文化并奔腾出新血液、新活力的同时，又培育出了迈向未来的社会主义先进文化，故而革命文化的关键作用体现在它继往开来的要义所在。中国革命文化为马克思主义在我国社会主义新时代背景下的弘扬与发展培育出更加优质的文化养分，同时也确立了马克思主义思想于人民群众的汪洋大海中永远矗立而不倒的地位。

中华民族优秀的红色基因文化要薪火相传、绵延不熄。我们立足本国，更要放眼世界，争取将我国优秀的红色文化之独佳魅力展现在世人眼前，这将是提高我国目前文化软实力的重大举措，所以要将其提升到战略性目标的高度来重视。并且我们还要把中国共产党人奋进的革命精神及其文明硕果同当代的社会主义文化相融合并强强联合，得到最好且最优的文化，如此一来，我们才能如总书记所言"在文化自信的道路上越走越远"。[2]

（二）继承革命文化才能坚定文化自信

有这样一句诗，"一寸山河一寸血，一抔热土一抔魂"。从这句古诗中我们得到了一个启发，革命文化的产生与革命实践密不可分，具有坚实信仰的伟大革命文化必然通过伟大革命实践而孕育，二者是这样一种关系。习总书记指出："对马克思主义的信仰，对社会主义和共产主义的信念，是共产党的政治灵魂，是共产党人经受住任何考验的精神支柱。"① 通过习总书记的话我们得知，伟大的革命文化具备先进性和进步意义。与此同时，正是由于整个文化核心被马克思主义的世界观、价值观、方法论始终如一地贯穿着，而且马克思主义的极其崇高的信仰决定了整个先进革命文化的目标是广大的人民群众，革命文化还有一个重要使命就是从根本思想上解放广大的人民群众，所以这种伟大的革命文化顺应了历史发展的需求，并符合当时中国国情与社会的性质，极大地满足了自近代以来广大人民群众对先进文化思想的迫切需求，即对伟大的革命文化的迫切向往。

如果要树立起新时代的文化自信，那么其中必不可少的一部分就是传承与弘扬革命文化中的伟大革命精神。与此同时，将信仰理念同新时代中国特色社会主义下的社会政治、经济、文化理念与传承与弘扬革命文化中的伟大革命精神意识相结合，这样才能极大地使革命文化的崇高的思想价值观念在新时代的背景下深入人心，也只有这样才能极大提高人民群众的高尚的思想素质，从而使广大的人民群众在社会当中能够积极进取、艰苦奋斗，实现自己的社会价值与个人价值，与此同时也为社会培育出更加文明、团结、和谐的社会氛围。伟大的革命文化包括很多的价值层面，其中最为典型的有优秀的实践观、方法论和伟大的革命精神信仰。在精神和思想的改造提升方面，革命文化的功能与特征发挥了较大的作用，尽管新时代下发生了许多的变化，但唯一不变的是勤俭节约、艰苦奋斗的革命精神还依旧是广大的人民群众在新时代所必须具备的重要的优秀品质。与此同时，我们国家和民族如要始终保持积极进取、不断发展的精神面貌，进而实现国家的强大和民族的复兴，那么所有的一切都要以正确的思想价值观念为导向。

三、新时代文化自信实现的路径

（一）新时代下肩负的责任

在当今这个信息爆炸的时代，这个社会的很多人对于文化这个概念会感到迷茫，当代大学也同样如此。在西方文化的冲击之下，我们被一点点地灌输欧美文化，一点点地认同其他民族的价值观念，而对我们老祖宗留下的悠久灿烂文化和革命先辈创造的革命文化及符合国情的社会主义先进文化很少过问。造成这种现象也并非是社会大众有意为之，并非是我们对本民族文化的不认同，

---

① 对马克思主义社会主义和共产主义的信念是共产党人的政治灵魂［EB/OL］. 人民网，
2013 - 03 - 11.

实则在于我们缺少对自身文化的了解。所以一旦谈及我们自己文化的时候便懵懵支吾而不敢多言，以致越来越没自信，愈加缺少中华民族的文化自信。

　　文化领域从来都是我们党所重视的，文化自信也作为当下的重要问题被多次强调。早在 2014 年，中共中央政治局的第十三次集体会议中，"增强文化自信和价值观自信"这一重大理念被习近平总书记反复重申后，他又于此项内容数次进行了补充阐述："中国人需要有坚定的道路自信、理论自信、制度自信，但是其本质是来源于五千多年文化传承基础之上的文化自信。"[3]后在 2016 年，文化自信的形式与内容又更加充分且具体，"我们要坚定中国特色社会主义道路自信、理论自信、制度自信，说到底就是要坚持文化自信"，对党员和领导干部更有针对性，就是要"坚定中国特色社会主义道路自信、理论自信、制度自信、文化自信"。[4]

　　在热烈庆祝中国共产党成立第 95 周年大会之上，习近平总书记强调："中国共产党人要坚持'不忘初心、继续前进'，就要坚持'四个自信'，即'中国特色社会主义道路自信、理论自信、制度自信、文化自信'。"与此同时他明确指出，"文化自信，是更基础、更广泛、更深厚的自信"[5]。这一番慷慨陈词表现出的不仅是习近平总书记的信心与决心，更庄严地阐述了中国共产党人对于当前形势下文化自信的重视程度。如此重大的理论彰显了中国共产党人在新世纪初的大背景下充分认识到社会主义文化自信的非凡地位与特殊作用，不仅阐述了以习近平同志为核心的中央领导集体在继续弘扬社会主义文化领域的信心，也体现着我们国家在推进社会主义现代化进程中的积极性与主动性。

　　面对如此局面，广大人民群众应该充分意识到文化、信仰的重要性，作为撑起祖国未来的我们，在这个新时代的背景下，更要认清形势、辨析自己所处的位置，尽自己最大的努力，树立起文化自信，实现文化强国。众所周知，我们的总书记在各类讲话中引经据典是常态，他谈吐之间的神态、语气及非凡气场无不彰显着其强大的民族自信心和自豪感。数十年知识文化素养的奠基和往昔峥嵘岁月的阅历令他通晓古今更学贯中西，尤其深谙中华优秀传统文化、革命文化与社会主义先进文化，拥有如此文化自信，方可称得上大国自信。榜样尚且如此，那我们大学生更应该在日常学习生活中，不断地提高自身文化素养，多阅读，多思索。从小事之中锻炼自己，从平时的行为中规范自己的人格品性，同时也在社会这个大熔炉里日益完善、修正自己，才能不断进步，才能培育出自己对于中华民族文化的正确认知；另外，即便我们在不同程度上存在本民族文化底蕴不充足或对历史文化认识狭隘等诸多缺陷，也不应对西方文化价值理念盲目追捧。我们应唤起内心深处的文化自觉意识，努力践行社会主义核心价值观，激发我们内在的精神力量，巩固我们社会主义接班人所应具备的理想与信念，并非不可学习借鉴西方优秀文化，而是在"以我为主"的基础之上强调树立自己民族的强大文化自信心，只有当我们的文化自觉意识建立起来以后，形成全社会范围内的文化自信，方可保证我民族文化通达长久并发扬光大。综于以上，当我们认清了自己的身份和肩负的责任，熟悉中华民族自己的文化，理解当下的国际形势，并对历史的发展进程有了一定的把握，我们的文化自信将会坚定下来并日益增强，如此，方能达到文化强国，方能实现新时代下文化的大发展大繁荣，方能实现中华民族伟大复兴的中国梦。

（二）当前文化自信实现的途径

自从迈入 21 世纪，我国为着力进入全面小康社会及不断推进社会主义现代化之进程全民携手努力。进而必须充分发挥革命文化的良性作用，如此方可为我国新时代下的民族自信给予无坚不摧的凝聚力及向心力。其一，不管在什么时候都要将马克思主义当作一面永远矗立着的绝不倒下的旗帜，把其置于指导地位永不动摇。唯有依靠这一科学理论，我们党才能将革命先辈传承下来的革命文化深化及升华；其二，每个公民切身履行社会主义核心价值观念，激扬社会主义文化的主旋律。正向的积极的社会主义价值观不光是存乎我们心中，还要在潜意识里形成框架体系，再加之以新时代背景下的文化主旋律做外衣，具体又形象地令文化自信活生生地树立在每个人心中。其三，不断改革我国目前存在些许弊端的文化体制。改革是寻求生存和长足发展的唯一法门，提升文化发展的活力，以创新找出路，为我国文化的自信开山辟路。

参考文献

[1] 习近平. 在庆祝中国共产党成立95周年大会上的讲话 [N]. 人民日报，2016 - 07 - 02 （2）.

[2] 李泽厚. 中国现代思想史论 [M]. 北京：东方出版社，1987.

[3] 习近平. 习近平谈治国理政 [M]. 北京：外文出版社，2014：164.

[4] 习近平. 在哲学社会科学工作座谈会上的讲话 [N]. 人民日报，2016 - 05 - 19.

[5] 习近平. 在庆祝中国共产党成立95周年大会上的讲话 [M]. 北京：人民出版社，2016：13.

青年马克思批判思想的理论逻辑*

马克思早期的批判思想主要分为三个层次，它是一个比较系统的理论体系。第一层次在马克思读博士期间，他的主要思想是对封建宗教的理论批判；第二层次是在马克思担任《莱茵报》主编之后，通过了各种现实的斗争，开始对黑格尔哲学进行理论批判，理论结合实践，从宗教的批判深入到对政治层次的批判；第三个层次是马克思在《1844年经济学哲学手稿》中对资本主义经济进行了经济学理论批判。马克思早期批判思想从封建宗教理论的批判，构建人类解放的理论框架，发展到从政治理论批判再发展到运用对资本主义经济理论的批判，批判资本主义的现实，最终提出人类解放的途径。青年马克思批判思想包含内容丰富，范围广泛，逻辑清晰，为马克思主义的创立奠定了理论上的基础。

1848年《共产党宣言》的发表，标志着马克思主义的创立，马克思主义汲取了法国的空想主义、德国的古典哲学、英国的古典政治经济学的精华，这些汲取建立在青年马克思对这些理论的批判基础之上。青年马克思从一个批判思想的开端开始研究，进而根据这个批判思想衍生到对其他方面的批判，最终找到批判的关键点，在深入批判与思考后，最终建立起科学社会主义理论。

一、青年马克思批判思想的开端——宗教理论批判

马克思早期批判思想一开始是针对宗教而进行批判的，宗教批判在一定程度上为马克思后续的批判思想奠定了基础。如果青年马克思没有对宗教进行批判，那么就不会有后来的对政治的批判和对经济的批判，而宗教批判就是对封

---

* 作者简介：耿成，男，北京信息科技大学马克思主义学院研究生。

建愚昧的批判，可以说宗教批判是对一切批判的开端。

马克思在大学时期主要是受到了黑格尔哲学的影响，十分重视对于理性的宣扬，并希望通过这种理性的精神来说明当代的德国现实。马克思在博士论文《德谟克利特的自然哲学与伊壁鸠鲁的自然哲学的差别》中，认为在现实生活中根本不存在神灵，强调所有的神灵都是维护封建愚昧统治的工具，认为一切的封建宗教迷信都是妨碍人们自由发展的重要因素。

青年马克思表示这种宗教思想是落后的封建思想，并且想要通过一些哲学概念来说明和宗教的关系。青年马克思强调传统的宗教神学思想和科学的哲学理性思想是相互对立、相互排斥的，两者具有不可协调的矛盾。虽然在这篇学术论文中，青年马克思主要比较的是德谟克利特和伊壁鸠鲁的两个自然哲学的差异，但是青年马克思比较认可的是伊壁鸠鲁的哲学。伊壁鸠鲁的主要理论是原子论。他认为世界本质大部分都是原子组合而成的，这个思想观念对于反对那些封建神学具有重大的意义。青年马克思认为哲学的自我意识的立场是与封建宗教神学相互对立的。综上所述，马克思在学生时期所注重的无神论的自由思想是对宗教进行批判的一个重要来源，这种思想也表明了他是站在无神论的立场上去看待事物的。首先，青年马克思通过比较德谟克利特和伊壁鸠鲁两者的原子理论学说，认识到了德谟克利特主要是研究世界万物的本源，而伊壁鸠鲁更加重视的是个体上的意识。青年马克思反对德谟克利特的必然性命运，但是对于后者的原子偏斜说却十分认同，认为每一个原子都有独特的自由意识，从这里可以体现出我们需要对个人自由意志给予高度的关注。其次，青年马克思强调所谓鬼神的存在不过是人脑中自我意识的反映，认为宗教是自我意识的异化。但是在神学宗教的理念中，基督教和其他派别教的神全部是一种客观存在的事物，是完全具有真实性的，但是各个教派仅仅只信奉自己的神灵，并认为自己所信奉的神灵是高于一切的，这毫无疑问地表明了自我意识是具有能动作用的，而宗教的起源是因为人们的愚昧无知，缺乏对自然界的理性认识，从而对自然界产生了畏惧心理，也就是一种人类意识上的异化现象。因此青年马克思不应该只通过人类意识去了解和认识宗教的文化，更应该从自然界的物质现象去认识其中的本质与真理。最后，青年马克思十分赞同伊壁鸠鲁关于无神论的学说，更进一步指明需要将这种无神论的思想与政治变革紧密地联合起来，指出了实践的重要作用。青年马克思无论对于天上的神灵还是地下的神灵都是秉持否定的态度，简而言之，就是否定一切封建愚昧和专制的落后理念。这样就可以把无神论的思想理念和政治上的变革紧紧地联系一起。这也刚好诠释了哲学上的理论联系实际。

马克思在学生时期所写的论文是马克思批判宗教神学的主要武器。论文中主要是对无神论的认可，这种科学的思想观念为马克思以后的探索的道路打下了牢固的理论基础。

二、青年马克思批判思想的进一步深入——政治理论批判

马克思在毕业以后一直关注着社会现实问题，马克思在《莱茵报》期间，开始从现实生活中发掘问题，而主要的就是关于自由的问题。

（一）从宗教理论的批判到与现实的结合

但是在这个时候青年马克思遇到了被学术界称为"莱茵报难事"的关于现实物质利益的难题，这是一个世界性的难题。青年马克思没有摆脱黑格尔的形而上学国家观的理性主义。当他在论述自由问题的重要性的时候，通常是通过自由的精神对他进行批判。青年马克思说明了在这种封建宗教统治的专制制度下，是一小部分人统治了大多数人，更是少数人攫取了大多数的利益，特殊利益管制了普遍利益。而少部分人的自由也高出了大多数人的自由。但是，现实存在的问题是现实物质利益和国家的法律制度之间的相互排斥性，统治阶级为了各自的利益，甚至可能损害大多数人的普遍利益。青年马克思开始反思自己的哲学立场，并对黑格尔的理念产生了质疑。

青年马克思对社会批判的过程中同时触碰到了统治阶级的利益，而黑格尔的形而上学的国家观也引起了马克思的深入思考，青年马克思从对宗教批判开始逐渐转入对政治的批判。

（二）对黑格尔国家观的批判

黑格尔把国家看作至高无上的存在，所以，当家庭和市民社会的利益和国家的利益发生冲突的时候，黑格尔主张牺牲家庭和市民社会的利益来维护国家的利益。

青年马克思受到了费尔巴哈理念的影响，针对黑格尔对于国家、家庭和市民社会三者之间的关系进行了批判。青年马克思认为国家是包含着社会和家庭的，离开了家庭和社会，国家也不能算是真正意义上的国家，一个国家是离不开社会及所有家庭的，但是黑格尔并没有意识到这一点，对三者的关系存在颠倒的错误认识。

青年马克思对黑格尔认为特殊利益高于普遍利益进行了批判，并且对黑格尔所主张的君主立宪制也进行了批判，极力反对王权对行政主权的干预，同时也描述了私有财产是国家最本质的，而国家也是由私有财产所影响的。

（三）从市民社会中讨论人类的解放

青年马克思对黑格尔的国家观的哲学批判，也是对德国现实社会的一种批判，其中对宗教解放和政治解放的关系进行了说明。在大多数青年黑格尔派代表来看，犹太人解放的根源就是宗教问题，要想实现人的解放，必须要消灭宗教，消灭人们对宗教的信仰。然而，在青年马克思看来，这无疑是一种谬论。青年马克思主张的政治层次的解放和人类层次的解放完全是两个不同的概念，因为政治层次的解放的实质就是资产阶级的解放，这不过是将宗教和国家相互分开，但是宗教仍然是在社会中存在着的。在宗教层次上的解放、人类层次的解放和政治层面上的解放中，政治层次上的解放和宗教层次上的解放是完全不同的，也不能把宗教层次上解放和政治层次上的解放的定义混为一谈。两者之间的联系并不是必然的。

青年马克思认为，资产阶级的政治革命最本质的前提是整个市民社会及市民社会的成员们。所以，如果想要达成人类解放的目的，或者说超越政治的解放，客观上就表达了超越市民社会，在主流意义上则是找到并培养"市民社会阶级"。虽然这些人可能会存在很多的缺陷与不足，但是，人正是因为缺陷和不足才是一个现实存在的人。所以青年马克思认为，必须要依赖市民社会中的这样的人，最终才能完成对市民社会的超越。青年马克思对市民社会进行研究，同时也构建了关于人类解放的新学说。

三、青年马克思对资本主义经济理论的批判

马克思在《1844 年经济学哲学手稿》中开始从政治上的批判转变为经济上的批判，并且表明人们的本质的活动应该是主观能动的，是一种自由自在，没有约束的劳动，而在资本主义社会中的人的劳动本质是一种异化行为。由此对资本主义的经济批判，产生了"劳动异化"的著名思想。

（一）资本主义社会的劳动异化

青年马克思认为，在资本主义社会中，工人的生产劳动实际上是资本家对工人进行压迫与剥削的一种行为。青年马克思针对这种行为提出了"劳动异化"的理论，并主要从四个方面分别进行分析和讲述。

第一点是劳动工人同他所生产的劳动产品相异化的关系。因为在资本主义社会中，社会上的各种生产资料大部分都掌握在资本家的手中，也就是大部分的生产物品、金钱都由资本家所掌控，劳动工人不得不为资本家进行劳动，这就形成了一种支配与被支配的地位，资本家通过物来奴役和支配劳动者。工人所生产的劳动产品虽然是劳动者自己创造的，但是却不属于自己，劳动者没有资格和权利享有这些物品，相反，是劳动产品反过来去支配劳动工人。工人们所生产的劳动产品成为一种敌对的异己的力量。在资本主义社会中，工人生产的劳动产品是和劳动工人的贫富程度成反比的，也就是说，工人生产的劳动产品种类越多，那么他自身所得到的财富就会越少，自身的劳动价值相对应的就会被贬低。劳动工人所生产的商品越多，创造出来的财富越多，那么劳动工人自己就会变为越来越廉价，自身的价值也会越来越低。

第二点是劳动工人和自己劳动本身之间的相异化。而劳动产品的异化其实也就是劳动活动的异化所导致的。其实劳动的本质就是人类的一种最基本的行为实践方式，但是在资本主义社会中，劳动就不仅仅是简单的自由的实践活动了，劳动就会变成一种强制性的活动，变成一种谋生的工具与手段，劳动工人没有办法去选择，只有被选择的权利。这样就变成了资本家牟取利益的工具。劳动工人的劳动将不会属于自己，而是属于别人。不会肯定自己的劳动行为，而是否定自己的劳动行为；在劳动的过程中也不会感受到快乐，相反会感到压抑和不幸；在劳动的过程中更不是根据自己的主观意愿去自由地运用自己的智力与体力，相反是一种残酷的肉体上与精神上的折磨与摧残。在青年马克思看来，劳动应该是能够让人们更好地创造人类生活所需要的功能，而不是被剥削和占有。

第三点是人和自己的类本质的异化。也就是说异化劳动把人的自由的劳动行为变成了一种谋生的工具。然后使得劳动变成一种异己的力量来支配自己，使得劳动工人同他自己的类本质产生了异化。人作为一种类存在物，他的本质是主观能动地自由地做自己想要的活动。但是在资本主义的社会中，人们却丧失了这种能够自由活动的机会，资本家残酷的剥削使得劳动工人不得不把劳动变成勉强能够维护自己生活的一种求生手段。青年马克思强调了人对自然具有能动的改造作用，主张人们应该自由自觉地劳动。

第四点是人和人之间的相互异化。这一点是以上三点异化的最终结果。正如马克思早期所说"人同他人，同他人的劳动，同他人的劳动产品相异化，由此产生了无产阶级和资产阶级的对抗和斗争"。人和自己的劳动产品、自己的活动及类本质的相互异化这个存在现实就会导致人和人的相互异化,当一个人和自己都对立时,那么一个人也肯定会与他人相互对立。人不只会创造出自己的劳动产品,更会产生出一系列的人与人相互对立的关系,最终导致人与人的相异化。

马克思早期通过"劳动异化"理论向我们说明了劳动异化产生的根源实际上是在资本主义社会中,资本家对劳动工人无情地压榨与剥削。

(二)摒弃异化的方式

异化的概念是随着资本主义的发展逐渐发展出来的,最后也是一定会被消灭掉的。马克思早期在《1844年经济学哲学手稿》中分析讲述了什么是异化劳动理论,仔细剖析了资本家残酷虚伪的一面,并且阐述了资产阶级的本质就是要保护资产阶级私有财产。所以,青年马克思主张一定要消灭异化劳动。

青年马克思表示如果想要完全地消灭异化劳动,首先就是要消除资本主义私有制的问题,劳动工人应该有权利去享有自己所生产的劳动产品,应该对自己所生产的产品享有支配权,但是实际上劳动工人和他所生产的产品是相互分离的,正因为如此才造成了劳动异化的现象。所以,在一定程度上,异化现象的消除和资产阶级私有财产的消灭是相同的。

然后,青年马克思认同需要依靠阶级斗争的方式来消灭异化的存在,也就是资产阶级和无产阶级的相互对抗。因为劳动工人所生产的劳动产品最终都会被资本家占为己有,无产阶级需要依靠斗争对抗的方式来反抗压迫与剥削,最终才能消除私有制。

最后,青年马克思还认为需要通过共产主义运动的方式来最终实现异化的消灭。共产主义是作为全部占有人的本质的力量学说,使人的本质能够得到真正意义上的回归,也就是可以把人们从私有制中彻底解放出来。所以说必须要通过无产阶级的革命斗争才能够维护无产阶级的利益,最终从压迫和剥削中解放出来。

马克思早期批判思想从封建宗教理论的批判,到理论联系实际,构建人类解放的理论框架,到从政治理论批判发展到对资本主义经济理论的批判,进而批判资本主义的现实,最终提出只有通共产主义运动,才能达到人类的解放。

参考文献:

[1] 黄徐平.马克思哲学的"社会"概念[D].南京:南京大学,2012.

　　[2] 李成旺．马克思哲学革命的文本学解读 [D]．北京：清华大学，2008.

　　[3] 王海锋．论历史唯物主义的世界观 [D]．长春：吉林大学，2010.

　　[4] 陶翀洋．马克思早期人本质理论的发生学解释 [D]．广州：广州大学，2010.